幼稚教育的理論與實務研究（二）

黃文樹　編

主編序

　　幼稚教育，乃一切教育之基礎，其重要性不言可喻。幼稚教育的理論與實務知能，是鋪陳幼教專業的津梁，也是提升幼稚教育效能的法門。本書研撰、編輯之動機，即在充實幼稚教育相關之理論思維及實務研究成果，期以增益同道之幼教理論與實務知能，共同來耕耘幼教園圃，涵育、提昇幼教專業。

　　本書乃有關幼稚教育的理論與實務研究的論文彙集。概分四大篇：第一大篇「幼教思想尋根探源」；第二大篇「幼師培育理念思索」；第三大篇「幼兒教師相關研究」；第四大篇「積木遊戲相關研究」。第一及第三大篇，各有五篇論文，第二大篇有四篇論文，第四大篇有三篇論文，合計十七篇。作者群含蓋國立高雄師範大學教育系、樹德科技大學幼保系和師資培育中心、輔英科技大學幼保系等校幼教相關學系教授，以及現職具有碩士學位之幼稚園教師。每一篇論著均為各文作者之最新力作，體悟與專精各有其獨到處，頗能從多元層面切入，探研幼稚教育的理論與實務。

　　本書脫胎於樹德科技大學師資培育中心最近三年來主辦的學術研討會論文，除將各篇論文依內容性質重新歸類為前舉四大篇外，並修正原作謬誤，增添新識，使架構及品質更臻理想。惟侷限於吾人才學與資料，不當之處，一定存在，尚請讀者批評指教。

黃文樹　謹識

樹德科技大學師資培育中心教授

2007.10.16

目錄

第三篇　幼兒教師相關研究

幼教老師與學前特教老師角色異同之初探
——藉由四位幼兒教育現場的老師談起

陳慧真　劉玟伶　林季樺　徐憶雯
（樹德科技大學幼保研究所碩士）

壹、前言

　　回顧幾年來的教學經驗，先歷經了幾年普通班幼教老師的教學工作，緊接著又加入學前特教班的行列，老實說一開始難免會有點擔心，因為在沒有任何特殊幼兒的教學經驗之下，身為一名學前特教老師該做怎樣的準備呢？著實令人擔心接下來實際的教學會遭遇怎樣的問題。猶記當時，充其量僅認為學前特教老師就是要修有特教學分、教學的對象是特殊幼兒，這些表面上看似簡單的差異罷了！然而，特殊教育在教育學門中是非常專業的一門學問，在這樣自以為是的粗淺認為後，所幸到現在一直又擔任著學前特教老師，這時才能深刻地瞭解到普通班的幼教老師與學前特教老師之間的差異。

　　面對幼兒的教育，幼教老師和學前特教老師不僅僅是老師教學態度上的差異，一般幼兒和特殊幼兒在各項發展上也大異其趣，就連社會上對他們的期望與觀感也是不同的。不過，如果單單全以個人的角度去分析這之間的差異，或許並無法那樣地客觀，因此藉由初步、簡單地訪談四位資深的幼兒教育現場老師，共同來討論思考這兩者間的異同，試著由教師角色、職責、社會上給予的期望觀感、課程設計……等等面向去分析探討，幼教老師與學前特教老師角色的異同。

貳、訪談對象簡介及訪談內容紀錄

一、幼兒教育現場老師背景介紹

（一）幼教老師 A

高雄縣某國小附幼老師，大學畢業至今已從事幼教工作達十年之久，其中亦兼任過組長工作，有過兩次幼稚園評鑑的準備與經驗，也曾被教育局借調擔任屏東縣巡迴輔導老師一年。屏東教育大學國民教育研究所幼兒教育組碩士。

（二）幼教老師 B

台南縣某私立幼稚園老師，幼教資歷九年，亦曾任特幼班代理老師一年。台南師院學士後幼兒教育學分班畢業。

（三）特幼教師 A

台北市某國小附幼學前特教老師，大學畢業至今已從事幼教工作近八年，擔任過特殊幼兒班及普幼班老師，亦兼任過園長工作，也有過幼稚園評鑑的經驗。台灣師範大學家政教育研究所肄業。

（四）特幼老師 B

台南市某特殊教育學校學前部老師，普幼班年資十年、學前特教班十四年，多次擔任身心障礙學生國語文競賽之評審，亦經歷過特殊學校（班）身心障礙幼兒之教學觀摩。台南師院幼兒教育學系畢業。

二、訪談內容整理

（一）訪談題綱列舉如下

1、就你個人而言，你覺得教師的角色為何？
2、就你個人而言，你覺得教師的職責為何？
3、當你接受師資培訓時，有哪些相關的課程？
4、你覺得社會大眾對教師的期望為何？
5、身為老師，你自己對現今教育環境的的想法與觀察為何？
6、如果要跟幼教老師（學前特教老師）合作，你覺得對方缺了什麼？
7、如果要跟幼教老師（學前特教老師）合作，你覺得自己缺了什麼？
8、如果要跟幼教老師（學前特教老師）合作，你覺得會遭遇怎樣的問題？
9、其他觀點。

（二）訪談內容歸納整理如下

表一：幼教老師與學前特教老師在不同面向之思維

	幼教老師	學前特教老師
教師角色與職責	1、藉著長時間地與幼兒相處，培養他們獨立自主、生活自理的能力，像是保母與照顧者。 2、營造一個快樂的學習環境，讓幼兒在園所裡安心愉快的學習，是教導者。 3、是家長意見的參考者，也可以成為家長的好朋友，並且和家長溝通正確的教養觀念，是協助家長及幼兒間互動的溝通者。	1、是一位有第二專長的幼教老師，但是有時隸屬輔導室，有時又聽命於幼稚園。 2、當特殊幼兒有需求時，老師可以依個別的差異而從旁提供一些學習經驗並提昇其各項技巧。 3、幫助特殊幼兒發揮他們各項優勢，而非著重在其障礙的部分而強補其不足。 4、學前特教老師需要比幼教老師有更多的愛心與耐心，以及學習各種教學技巧。

社會對教師的期望	1、期望老師有技巧的建立幼兒正確的概念與習慣，並且盡心照顧幼兒的安全，與家長溝通正確的教養概念。 2、家長大多會要求老師著重認知及讀寫上的課程，市場導向常常凌駕專業。	1、家長常希望我們老師能將特殊幼兒教育成「正常」的幼兒，以幫助這些特殊幼兒回歸到普通班進行所有的活動。 2、在雙薪家庭日漸增多的社會，有些家長會將教養的責任視為老師理所當然的工作之一。
教師的想法與觀察	1、教書久了會疲乏，又如果任教的地方是較鄉下的地方，幼兒的純樸自然不在話下，但是親師溝通相對的會較不易。 2、近年來也出現越來越多的外籍媽媽，親師生三方的互動更是困難。	1、教學上低成就感一直考驗著教師的教育熱忱。 2、經驗中願意配合的家長並不多，身心俱疲的父母會將幼兒送到學校，除了義務教育的權利外也是存有短暫跳脫逃避的心態，對特教方面的親職互動並不熱衷。
對兩人合作的想法	1、因為很少接觸學前特教老師，所以也無法很深入的回答這個問題，不過倒是希望學前特教老師有機會可以和我們分享他們的經驗，這樣也能使我們對於學前特教有更多的了解。 2、回歸主流我想對於普通班老師會是一種壓力，一方面不知道如何幫助他，只能求助於學前特教老師，一方面恐怕無法兼顧到其他小朋友。而且在觀念上，或許幼教老師與學前特教老師會有不同的考量，某些事情上也可能會出現爭執。	1、融合或者回歸是有利於幼兒的嗎？其實不然，得視幼兒的狀況而定。但是太多的父母對於融合有了迷思，以為幼兒進了普通班，他就會變成正常了，但是對幼兒而言，或許被剝削了學習機會也說不定。 2、學前特教老師必須分出心力來與其他普幼生互動，而忽略了自己班上幼兒的學習，另外在課程上的安排除了深淺範疇都比之前負載加重外，因為兩個領域老師的主觀著眼點不同，謀合討論課程的時間會加長，協同教學上也會出現默契的考驗。
其他	現在政府普設國幼班，國教向下延伸，是一種對幼教的重視，但是對於老師的福利卻沒有任何改善的措施，對於改變家長重視認知的概念，也沒有任何宣導。對於學前特教方面的福利，似乎也沒有改善措施。	愈來愈多的外傭代勞了父母親應該扮演的角色，語言及文化上的隔閡，加上非親身孩子的冷淡，這些孩子的未來只是一直停留在吃喝溫飽的階段，教師在學校裡短短的互動，無法經由外傭的理解而延續，這讓特殊教育的精神之一「反覆練習與操作」因為雙薪家庭的忙碌及外傭的介入而中斷。

參、綜合討論

綜合上述四位幼兒教育現場老師的想法觀點，接著分別從幾方面來加以分析探討：

一、在教師角色上

教師的角色是應隨著時代背景脈絡的更迭而有所調整的，教師角色的扮演與功能的發揮，也由靜態趨向動態，並從單一的角色扮演轉向多元的發揮。說穿了，這兩者都是老師啊，就這麼簡單。在角色上也並無差別，都應該是一名學有專精的專業人士，對工作懷有高度的熱忱與責任感，隨時瞭解孩子的需要，適時掌握孩子的身心狀況，傾聽孩子內心的聲音。

二、在教師職責上

如上所述，幼教老師與學前特教老師兩者的職責並無不同，都是要將教學工作做好，完成份內的工作，讓幼兒在安全無虞的教學環境中，促進他們在認知、情意、技能上的發展，快樂自信的學習。老師們是專業的互動人才，應該是天生具有吸引幼兒那顆好奇心的魔法師，在與幼兒愉快的互動之下，讓幼兒自然而然的信任他，願意跟隨著老師的步伐，往快樂學習之路大步邁進。

三、社會上對「教師」這個角色的期待

一般社會大眾多數認為幼教老師是「騙嬰仔」的工作，這一點並未因為最近這十年來幼教老師教育程度的提昇，或國內幼教環境的改變而有所不同；再加上目前國內幼教市場又以才藝學習當道，在這種以消費者需求

為導向的教育事業經營之下，幼教老師的專業性及地位在短期之內還是不會有太大的改變。但我們仍然要提出呼籲，不僅是幼教老師，特別是學前特教老師，在南台灣或許不像北部那些資訊充分且快速的學校，我們這些幼兒教育現場的老師們，說不定是這個初進教育環境裡的幼兒，人生當中的第一位啟蒙老師，我們能不慎重、不專業、不認真、不對他們負責嗎？社會大眾對幼教老師不恰當的期望與觀感，或許得等待我們大家共同的努力來扭轉並建立形象。

然而，幼兒教育現場的老師們長期地不受重視，加上現在是一個家長取向的幼教環境，我們能做的又是什麼呢？這些問題都是一直存在的，能做的只是把孩子教好，做好親師溝通，因為不能漠視那些每天用殷殷期盼眼神望著我們的幼兒，不能辜負那些願意配合的家長，這些外來世俗給的價值判斷，在幼教工作者的心中自有一把尺，我對我自己負責，我只想問心無愧地陪孩子們長大。

四、教師的想法和觀察

幼教老師的工作是同中求異，學前特教老師的工作是異中求同；幼教老師的工作較單純、內容較一致，雖然需要面對的幼兒及家長較多，但在教學現場中大部份的工作內容都是為了「整體」而設計，再依照不同狀況下的個別需求去做調整及改變；然而每一位特殊幼兒的狀況都不相同，就算是相同的障礙但在程度上亦會有所不同，所以學前特教老師必須針對每個孩子設計不同的教學方法和內容，但其最終目的都是希望孩子們能學會自己照顧自己並改善他們的狀態。

讓幼兒在快樂中學習，安全的環境中成長，應該是所有家長與老師的期盼。但是我們認為，學前特教老師在親職溝通上，更需要花費更多的心力，不論是其社經地位、教育程度較低的家長，甚或是一些社經地位、高

教育程度並且對幼兒療育、教育很積極的家長，他們對於其障礙子女特殊教育權益、服務、法案……等等的資訊來源，都是非常缺乏的，這些都需要學前特教老師再多付出一些心力，如果這些有特殊需求的幼兒家長們，教養態度又有所偏頗，那就更需要花費加倍的心力去教育家長，透過經常性地溝通與討論，讓他們與老師互信，也願意認同並執行老師擬定的教育方針，這樣才能創造親師生三贏的局面。

在課程設計方面，普通班裡的幼兒年齡上差距並不大的，所以孩子們的互動良好、認知方面的學習也較快，課程上會給予主題式的活動，讓幼兒去體認生活，並做經驗上的分享，在生活上也會培養幼兒常規的建立和激發創造力的發展；在學前特教方面，則應先了解每位幼兒的障礙類別，較著重生活自理及常規上的訓練，並且依幼兒的各項發展能力來擬定 IEP（個別化教學計畫），在行政和專業團隊的配合上，例如：語言、職能、物理、感覺統合的治療均有所加強，並藉由遊戲時培養這些特殊幼兒肢體上的協調能力，並且在自然情境中培養其和同伴溝通的能力，藉以促進其人際互動、社會情緒的發展。這些課程雖然有部分差異，但最終目標均是希望讓父母瞭解到教育幼兒的正確專業資訊，讓家長和幼兒們一起成長，這才是真正符合幼兒教育的課程設計。

五、幼教老師與學前特教老師合作可能會遭遇的問題

以幼教老師的立場來看，學前特教老師在團體帶班的經驗較為不足，可能一次無法兼顧所有幼兒的需求，班級常規也較差；有時習慣性的不想讓幼兒在學習上遇到挫折，可能會低估幼兒的能力，無法激發出幼兒發展上的潛能。但是以學前特教老師的立場來看，會覺得幼教老師缺乏對特殊兒的同理心，還有下意識的不知所措，更甚的可能會排斥這些特殊兒，在教學現場，由於幼教老師及學前特教老師所關注的對象不同，對於幼兒教

養及照顧的目的亦有所不同，所以無論是在生活照顧、常規培養及認知學習方面，兩者針對不同對象所設計出來的教案及施予的教學方式都會有極大的不同。

再者，幼教老師在收集資訊時，大部分會著重於教學法、活動設計、或是幼兒的問題行為處理技巧以及親職溝通的文章等等。而學前特教老師除了收集以上這些資訊外，對於特殊幼兒的相關資訊（如：導致障礙的原因、程度、家庭狀況、評量結果、輔具、相關服務、法令……等）更是要隨時掌握，一方面可瞭解這些幼兒的可能發展狀況，一方面可知道其特殊需求，進而加以協助。所以幼教老師在面臨班上有融合生時，能適時掌握這些相關資訊，就不易有措手不及或不知如何是好的憂心。

六、其他觀點

一般都認為當老師必須具備有愛心及耐心的特質，而特教老師除了愛心及耐心之外，毅力也很重要，因為特殊學生的進步較緩慢，真的需要長時間的陪伴及不斷的練習，要能在這種不易得到成就感的工作中堅持下去，就需要超乎常人的毅力。因此特教老師，需要在人格特質上有更多的要求，對自己及未來工作的認識也要更深入，否則是無法長久持續下去的，不適任的教師往往會對自己及學生造成不良的影響。

凡事都有一體兩面，一個總是正向積極的老師，他的學生必然也都是在灑滿溫暖陽光的氛圍裡快樂學習的，一個有著開朗個性的老師，他的學生必定也是擁有花朵般笑容的小天使，所以老師的人格特質對於幼兒而言，也是具有影響力的。

肆、結語與建議

針對前面的討論，我們提出以下建議：

一、教師不只是教師，是具有多元角色的老師

從前面的討論我們可以瞭解，教師的角色是應隨著時代背景脈絡的更迭而有所調整的，並從單一的角色扮演轉向多元的發揮，不管擔任幼教或學前特教老師，如果逐漸無法忍受日復一日、年復一年將工作帶回家的壓力，或當我們無法再關懷時，那麼，或許就真的該轉換跑道了……雖然大家都知道教書真的很辛苦，但它是個能獲得回報的工作，不過教導特殊幼兒所要面對的挑戰卻格外艱鉅，如果我們很在乎自己的工作，孩子便會進入我們的生命，以我們絕對想像不到的方式成為我們生活的一部分。結果我們不只是他們的老師，還有可能變成心理學家、社會工作者、醫生、養父母及朋友等等。

二、幼教老師與學前特教老師應摒除成見相互合作

幼教老師和學前特教老師在教學上的最終目標均是希望讓幼兒在最佳的狀態與環境中快樂的學習，但是在課程上針對幼兒的個別需求可能有所差異，所以兩者若要合作，就必須先在最基本的的觀念溝通上達成共識，先分別針對一般幼兒及特殊幼兒設定不同的教學目標及選擇適當的教學方法，當幼教老師與學前特教老師兩者均對這些基本項目達成共識之後，日後合作較不會產生問題，就算產生問題也比較容易解決。因為在教學現場中，各式各樣的問題都有可能發生，事先若沒有共識或某一方專業知能不足時，合作便不太可能會成功。只要有心，一切問題都會迎刃而解的。

三、教師角色的特質是恆久不變的教育愛

　　從傳統、現在到未來，教師角色均具有一恆常不變的特質，那就是教育愛，不論是處於哪一階段的教師，對學生一定要有愛心，否則就不太適宜為人師表。作為一個深愛孩子的老師，他的愛是對孩子的承諾，憑藉著它才能讓老師們堅持教育的理想。這份愛會促使我們不去附和社會大眾不適切的期待，也不會讓我們只是消極的配合種種不符合專業知識的課程，相信每位老師都會為了讓孩子快樂的學習，而不斷的精進教學知識與技能，並且努力的以愛來教育孩子。

　　總而言之，身為一位教師，不論是幼教老師、學前特教老師或是其他階段的老師，都不應以自認為專業的立場，來質疑或貶低其他老師，應該互相學習，彼此討論教學上遭遇的問題，共同成長以獲得工作的樂趣，如此最大的受益者才會是我們的孩子。期待所有的老師不分幼教或學前特教老師，均能拋棄成見，回到教育的本質，回到孩子的身上，來自不同專業力量的整合，必能創造出可貴的成效！

幼兒教師的一般智力、情緒智能、實用智能之關聯與其對工作表現之影響：g因素之外的人類能力面貌探析

李新民
（樹德科技大學幼保系副教授）

陳薔雯　邱啟員
（義守大學資訊管理研究所碩士）

壹、緒論

一、研究動機

　　有關智能（intelligence）預測工作表現（job performance）的研究一直是實務界以及學術界所熱衷的探討議題。在實務領域中，智能測量的結果廣泛應用在學生教育的因材施教工作上，同時也為各種職場領域的人力資源管理決策提供了莫大的助益。而在學術領域裡，人類智能理論不斷推陳出新，從傳統心理計量取向的智能觀過渡到認知能力取向的智能觀，逐漸演化至今日的非知性智能、脈絡化智能，智能論述指涉涵義日漸豐富多元，人類智能研究已然到了典範轉移的地步。但是究竟智能所指為何？智能實際預測工作表現的能力如何？卻也越來越令人困惑。

　　儘管傳統智能觀的擁護者堅信標準化智力測驗所測量的「一般智力」（general intelligence, g），乃是預測工作表現的最佳指標（Schmidt & Hunter,

1998）。但隨著非傳統智能理論所牽動的相關實證研究報導問世，這種觀點遭受質疑的聲浪也越來越大。事實上，根據相關實證研究後設分析估算的效果量，所謂的「一般智力」其實只能解釋工作表現變異量的 20%至25%，還有 75%至 80%的變異量留待其他智能因素解釋（李新民，2004; Jensen, 1998）。Goleman（1995）認為支配自我情緒及人際關係管理能力的「情緒智能」（emotional intelligence, EI），是解釋這些未被傳統智力測驗分數解釋的工作表現變異量之主要因素。而 Sternberg（1997, 1998）卻認為「實用智能」（practical intelligence, PI）這種靈活運用內隱知識（tacit knowledge, TK）以解決問題、克服困境的能力，才是解釋工作表現殘留變異量的主要因素。究竟一般智力、情緒智能以及實用智能此三構念是否有所區隔？三者對於工作表現的預測解釋變異量為何？凡此種種，仍有待實證研究去加以釐清，此乃本研究動機之一。

另一方面，教師的專業工作本身即是一種智能活動，其工作表現優劣實乃潛在智能的外在行為產出（Kagan, 1992）。而幼兒教師肩負教育照顧國家未來主人翁的重責大任，其工作表現對國家未來人才培育具有關鍵性的影響力。因此，實證研究探析幼兒教師一般智力、情緒智能、實用智能對其工作表現的影響作用，不但可釐清不同智能對於工作表現的預測解釋效果，同時也對幼兒教師人力資源管理實務提供莫大助益，此乃本研究動機之二。

二、研究目的

循上所述，本研究的主要研究目的臚列如下：
(一) 分析幼兒教師的一般智力、情緒智能與實用智能不同構面之差異。
(二) 瞭解不同背景幼兒教師的一般智力、情緒智能與實用智能之差異。
(三) 探討幼兒教師一般智力、情緒智能、實用智能之間的關聯。

(四) 釐清幼兒教師一般智力、情緒智能、實用智能對於工作表現的影響。

三、名詞釋義

基於清楚論述研究主題之便利，茲將本研究所涉及之重要名詞加以詮釋說明如後。

（一）幼兒教師

本研究所謂的幼兒教師係指服務於高高屏地區的公私立幼稚園教師、托兒所保育人員，其具有合格證照，且實際從事幼兒教育與照護工作。

（二）一般智力

傳統智能觀將智能視為一般心理能力（general mental ability, GMA），其對智能意義的界定通常採取智力測驗所得分數或「智商」此種操作型定義（Kaufman, 2000）。本研究將此種傳統智能觀點所界定的人類能力稱之為「一般智力」，一方面符應學術社群既有的說詞，另一方面藉此區隔其與新興智能觀點指涉的學術用語。而評量一般智力的測驗大多數是針對發展中兒童而設計，測量成人智力的一般智力測驗工具不多。本研究以「加州心理成熟測驗第五種」（California test of mental maturity, CTMM-V）的非語文力智力測驗——相對測驗、歸納測驗、類推測驗、算術推理測驗、數系測驗，來評量一般智力。前三個分測驗評量「邏輯推理能力」，後兩個分測驗評量「數目推理能力」。幼兒教師在「加州心理成熟測驗第五種」非語文智力測驗的得分越高，表示其一般智力越高。

（三）情緒智能

　　情緒智能是人類智能中的非知性層面，其強調感性的智能面向。根據 Goleman（1995, 1998）的見解，情緒智能是一種能夠自我控制、維持熱誠和堅持，且能自我激勵的一組能力。本研究所謂的情緒智能係指受試者在研究者自編的「幼兒教師情緒智能量表」上的得分。「幼兒教師情緒智能量表」所測量的情緒智能構面有五，其一是認清自我情緒、接納自我情緒的「自知之明」（self-awareness），其二為妥善處理自己內在情緒、控制衝動的「自我規範」（self-regulation），其三為不斷自我勉勵、努力追求卓越的「自我激勵」（motivation），其四為察覺他人的情緒、給予適切關懷的「同理他人」（empathy），其五為妥善處理人際關係、嫻熟社交場合適當反應的「社交技巧」（social skills）。幼兒教師在量表上的得分越高，表示其情緒智能越佳。

（四）實用智能

　　實用智能是個體靈活運用所學，針對不同情勢，巧妙地透過適應、塑造、選擇環境等策略，來解決現實生活實際問題，追求成功生活的內隱機智智能（tacit intelligence）（李新民、陳密桃、莊鳳茹，2004；Sternberg, 1996; Sternberg & Hedlund, 2002; Wagner, 2000）。本研究所謂的實用智能係指受試者在李新民（2004）自編的「幼兒教師情境判斷評量問卷」上的得分。「幼兒教師情境判斷評量問卷」所測量的實用智能構面有三，其一為適應環境能力（adaptation），其二為塑造環境能力（shaping），其三為選擇環境能力（selection）。幼兒教師在情境判斷評量問卷上的得分越高，表示其實用智能越強。

（五）工作表現

　　一般而言，工作表現是指組織成員依據組織目標，展現符合組織期望的行為（Campbell, 1990）。而根據 Katz（1964）的組織行為理論，組織成員在組織中的行為應包含角色內行為（in-role behavior）以及角色外行為（extra-role behavior），因此，幼兒教師工作表現係指幼兒教師展現成功解決實務問題以符合組織期望的角色內行為，以及實踐幼兒教保公益的角色外行為（李新民，2004）。本研究以受試者在李新民（2004）自編的上司評鑑「幼兒教師工作表現評量表」的得分作為工作表現的操作型定義。「幼兒教師工作表現評量表」所測量的工作表現構面有二，其一為「角色內行為表現」，其二為「角色外行為表現」。幼兒教師在評量表上的得分越高，表示其工作表現越佳。

貳、文獻探討

　　茲彙整國內外相關文獻，針對一般智力、情緒智能、實用智能與工作表現相關論述與實證研究發現，扼要說明如後，以便實證研究有所依循。

一、一般智力與工作表現之相關

　　智能的評量與研究之緣起本即是為了實務上的需要，例如編製第一份個人智力測驗的 Binet 乃是應法國教育部之邀，發展能夠區辨不同能力兒童的評量工具，以便教育工作能夠因材施教；而第一套團體智力測驗的誕生則是第一次世界大戰爆發時，美國陸軍為了將大量的新兵迅速有效的進行分類與任務指派，在 APA 協助下所發展的人力資源評量管理決策工具（Kaufman, 2000）。時至今日，傳統智力測驗的發展與應用已近百年，其預測人類真實世界行為表現的實證研究也早已汗牛充棟。而這種以智力測

驗分數定義智力的傳統智能觀仍有不少擁護者，例如《鐘形曲線》（The Bell Curve）的作者 Herrnstein and Murray（1994）即宣稱傳統智力測驗所測量的一般智力乃是預測成功的唯一最佳指標，而堅信「g 正統論」（g-ocentric）的 Gottfredson（2002）亦主張一般智力最能有效解釋現實生活的各種智能行為（intelligent behavior）。J. E. Hunter and R. F. Hunter（1984）對 32114 份樣本的傳統智能研究後設分析結果，指出一般智力和工作表現的平均相關 r＝.54。換言之，一般智力大約能解釋 29%的工作表現。但是，較新的報導指出，傳統智力測驗所評量的分數，其實只能解釋 20%左右的真實生活成功表現（Goleman, 1995; Jensen, 1998）。無論如何，根據實證研究發現，傳統智力測驗分數與工作表現有相關乃是不爭的事實，而一般智力無法完全解釋工作表現也是不容否認的事實，吾人必須釐清的是在一般智力之外的其他人類智能面向，究竟可以增添多少解釋量。

二、情緒智能與工作表現之相關

情緒智能是調節個體內在自我體驗以及外在世界人際互動的心理管理機制，屬於情緒訊息的心理管理，其乃「非知性智能」，包含一組影響個人追求真實世界成功的「非一般認知能力」（Bruno, England, & Chambliss, 2002; Mayer & Salovey, 1993）。這一組能力包含正確評估與接納個人情緒的「自知之明」、適當表達個人情緒的「自我規範」、運作情緒激勵行動的「自我激勵」、幫助服務別人的「同理他人」、圓融處理人際關係的「社交技巧」（吳毓瑩，1997; Bar-on, 1997; Goleman, 1995, 1998）。而情緒智能這種如 Bar-on（1997）所謂的「感性智能」（emtelligent）相較於傳統智能觀的「知性智能」（cogtelligent），其所彰顯的是人類智能的非知性層面以及預測真實世界成功的功能。申言之，情緒智能聚焦在個體感情以及感性行為，而非一般智力所關切的個體對事實與知識之理解（Brown,

1999）。也正因為如此，情緒智能影響成功人生的關鍵在於掌握自我以及他人的感情，然後以此為基礎，展現化解衝突、廣結善緣、運用人脈解決問題等等「做人成功」的情緒處理行為，以追求事業及生活的成功。而根據 Bar-On and Handley（1999）、Jae（1997）、Mayer and Salovey（1993）、Sitarenios（1998）等人的相關研究報導，情緒智能與工作表現的相關在.47至.56 之間。換言之，情緒智能可以解釋 22%至 31%左右的工作表現變異量。

三、實用智能與工作表現之相關

實用智能是一種在真實生活世界機巧靈活地克服困難，以尋求個人與環境美滿契合的脈絡化智能（李新民，2004）。實用智能的潛在成分乃是個體的內隱知識，這種內隱知識與一般認知能力不同之處在於一般智力旨在說明「敏於讀書考試的能力」（book smarts），而內隱知識卻強調「現實人生求生存的實用能力」（street smarts）（Gottfredson, 2002; Sternberg & Hedlund, 2002）。而這種以內隱知識為基礎的實用智能之所以與真實世界成功息息相關，乃是因為真實世界的問題為非結構性問題，無法透過僵化演算式程序（algorithmic procedure）套用固定公式按部就班加以解決，而內隱知識所彰顯的行動導向程序性知識（procedural knowledge），則隱含著面對千變萬化情勢時，知道怎樣做才能使工作表現優異的經驗法則（practical know how），以及懂得如何妥善利用不同回饋訊息修正改進的訣竅（Sternberg, Forsythe, Hedlund, Horvath, Wagner, Williams, Snook, & Grigorenko, 2000）。申言之，實用智能影響真實世界表現成功的關鍵，不在於一般智力所強調解決結構性問題之學術智能（academic intelligence），也不在於情緒智能所著重的情緒經營運用之感性智能，而是在特定文化情境中因勢利導、機靈運作內隱知識以解決個體與環境契合問題的脈絡化智

能。根據 Portfield（2001）、Wagner（2000）、Wagner and Sternberg（1990）等人的研究，以內隱知識為基礎成分的實用智能與工作表現的相關在.39至.61 之間。換言之，實用智能可以解釋 15%至 37%左右的工作表現變異量。

四、一般智力與情緒智能、實用智能之區隔

根據 Mayer and Salovey（1997）的見解，在心理學上確認新興智能概念之邏輯步驟有四：其一，針對該種智能加以定義；其二，發展測量該種智能的評量工具；其三，以研究資料證明該種智能與現存已知智能呈現部分或完全獨立關係；其四，以該種智能來預測現實世界的成功。

循此脈絡探討一般智力、情緒智能與實用智能之區隔，不同智能的界定與評量之差一如表一所示。

表一：一般智力、情緒智能與實用智能之差異

	一般智力	情緒智能	實用智能
智能的本質	認知能力	感性知能	直覺性能力
智能的功能	解決學術問題	調和人際網絡	解決實務難題
智能的運作	抽象關係的推理	情緒的心理管理	機智內隱知識運作
評量的方式	智力測驗	自陳量表	情境判斷

（研究者整理）

根據表一，就智能的本質而言，一般智力將人類智能視為一固定不變的結構，是與生俱來的認知能力，到了成年期之後，將隨著年齡漸長而逐漸退化；而情緒智能將人類智能視為個體處理自我情緒與人際互動關係的非知性能力，其乃是個體面對人心澆薄、現實濤濤所得以安身立命的機智，隨著人際互動經驗的真性真情錘鍊而與時俱進；實用智能則是將智能視為一種解決真實世界難題，求取人我共同福祉（common good）的直覺

性能力，其可謂是個體面對變動不居的大千世界之際巧妙地「與造物者同遊」之睿智，透過錯誤經驗教訓與成功經驗啟蒙而欣然會意、權變通達。就智能的功能而言，所有智能觀點都強調預測成功的重要性，但是各種智能觀點對於成功的觀察角度不同，一般智力所指涉的成功是順利解決學術性、結構化問題，以追求所謂學業成就或是專業知能成長；而情緒智能強調的成功是自在逍遙、廣結善緣，以圓融地掌控與應用個體內在與外在情緒關係達到「做人成功」；實用智能則是把成功聚焦在機靈地克服真實世界非結構性的難題，實現個人重要生命目標。就智能的運作而言，一般智力是理性智能的發揮，呈現在抽象關係的邏輯分析與推理歷程之中；情緒智能是感性智能的發揮，展現在彌勒佛「大肚能容，容天下難容之事；慈顏常笑，笑天下可笑之人」的高超情緒心理管理境界裡；實用智能則是德性智能的發揮，反映在老子「反者道之動，弱者道之用」的處世智巧與冷靜智慧之中。就智能的評量而言，一般智力透過傳統心理計量智力測驗的結構化問題來測量，其主要評量工具乃是傳統的標準化智力測驗。情緒智能藉由自陳量表中各種評量指標的自我評估去探測，例如 Bar-on（1997）的「情緒智能問卷」（emotional quotient inventory, EQ-i），Goleman（1995）的「情緒能力問卷」（emotional competence inventory, ECI），Mayer, Caruso and Salovey（2000）的「多因素情緒智能量表」（multifactor EI scale, EMIS）。而實用智能則是透過模擬情境演練測試來推估，其評量工具以 Sternberg et al.,（2000）所發展的情境判斷量表（situational judgment inventory, SJI）為主。

就實證研究資料所提供的不同智能區隔證明而言，一般智力、情緒智能以及實用智能預測真實世界成功表現的能力一如上述各有其解釋量，然而一般智力、情緒智能與實用智能相關的實證研究相當少見，情緒智能與實用智能相關的實證研究更是付之闕如。畢竟，多數新興智能的實證探析皆是以一般智力為基準，意圖從所謂增益效度（incremental validity）的角

度，提出其有異於傳統智力的獨特解釋變異量。無論如何，在為數有限的實證研究中，Bar-On（2000）與 Jae（1997）研究結果提出情緒智能與一般智力的相關在.06 至.12 之間，情緒智能與一般智力彼此分享的變異量在0.4%至 1.4%之間。Eddy（1988）與 Taub（1998）研究發現實用智能與一般智力的相關在.07 至.15 之間，實用智能與一般智力共享的變異量在 0.5%至 2.4%之間。根據國外相關研究，一般智力與情緒智能、實用智能可謂是分離的獨立構念。然情緒智能、實用智能分別與一般智力呈現低相關的現象是否適用於本土幼兒教師？實用智能與情緒智能之間相關程度如何？仍有待實證研究進一步探討釐清。

參、研究方法

一、研究架構

根據研究目的以及上述文獻探討，本研究初步概念架構如圖一所示。圖一包含測量模式以及結構模式兩部分。

在測量模式部分，一般智力有「邏輯推理能力」、「數目推理能力」兩個因素構面，情緒智能有「自知之明」、「自我規範」、「自我激勵」、「同理他人」、「社交技巧」五個因素構面，實用智能有「適應環境能力」、「塑造環境能力」、「選擇環境能力」三個因素構面，工作表現有「角色內行為表現」以及「角色外行為表現」兩個因素構面。在結構模式部分，包括背景變項造成一般智力、情緒智能與實用智能顯著差異（以直線表徵），一般智力、情緒智能、實用智能顯著影響工作表現（以實線單向箭頭表徵），以及一般智力、情緒智能、實用智能三者顯著關聯（以實線雙向箭頭表徵）。

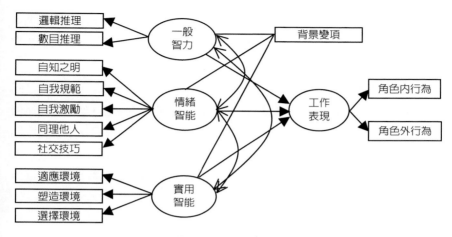

圖一：本研究架構

二、研究假設

根據圖一，研究者提出下列假設：

(一) 幼兒教師一般智力、情緒智能、實用智能的不同構面有顯著差異。

(二) 不同背景幼兒教師其一般智力、情緒智能、實用智能有顯著差異。

(三) 幼兒教師之一般智力、情緒智能、實用智能有顯著關聯。

(四) 幼兒教師之一般智力、情緒智能、實用智能顯著影響其工作表現。

三、研究樣本

本研究以高雄縣、高雄市、屏東縣立案公私立幼稚園及托兒所的幼兒教師為研究對象。根據教育部統計處、內政部兒童局以及高雄縣市、屏東縣政府提供的數據，高高屏地區幼兒教師總數約為 6485 人，以此為本研究標的的母群體（target population）。根據母群體比例進行樣本大小推估，$n = Z^2 \times p(1-p)/\varepsilon^2$，在 $\alpha = .05$，$p = 0.5$，$\varepsilon = .05$ 時所需最少樣本數在 384 以

上。而若依照 Krejcie and Morgan（1970）的抽樣曲數值分析估計應抽取樣本數 364。綜合兩項考慮且力求抽樣比占母群體 5%以上，研究者決定抽取樣本數 450。

研究者參考高雄縣、高雄市、屏東縣政府提供園所名單，採取「多階段抽樣」（multistage sampling），先依照高高屏地區公私立幼稚園托兒所比率抽取公立托兒所 3 所、私立托兒所 60 所、公立幼稚園 9 所、私立幼稚園 53 所，再依照園所規模大小每一園所抽取 1 至 12 人，合計抽取樣本數 450 人，扣除拒絕接受施測、無效資料，實際研究樣本數為 423，樣本結構如表二所示。

表二：樣本結構

變項名稱	人數	百分比%	變項名稱	人數	百分比%
年齡			教育程度		
(1)25 歲以下	123	29.1	(1)高中職	45	10.7
(2)26-30 歲	132	31.2	(2)專科	190	44.8
(3)31 歲以上	168	39.7	(3)大學以上	188	44.5
任教年資			婚姻狀況		
(1)5 年以下	207	49.0	(1)未婚	222	52.5
(2)6-10 年	120	28.3	(2)已婚未有子女	66	15.6
(3)11 年以上	96	22.7	(3)已婚有子女	135	31.9
園所類別			園所性質		
(1)幼稚園	219	51.7	(1)公立	87	20.4
(2)托兒所	204	48.3	(2)私立	336	79.6
月薪			園所規模（收托幼兒數）		
(1)20000 元以下	222	52.4	(1)50 人以下	30	7.1
(2)20001-30000 元	135	31.9	(2)51-100 人	234	55.3
(3)30001 元以上	66	15.7	(3)101-200 人	57	13.5
			(4)200 人以上	102	24.1
園所位置			園所歷史（成立時間）		
(1)高雄市	170	40.1	(1)5 年以下	231	54.6
(2)高雄縣	152	35.9	(2)6-10 年	81	19.1
(3)屏東縣	101	24.0	(3)11 年以上	111	26.2

四、研究工具

本研究以「基本資料調查表」、「加州心理成熟測驗第五種」、「幼兒教師情緒智能量表」、「幼兒教師情境判斷評量問卷」、「幼兒教師工作表現評量表」為研究工具。「基本資料調查表」包括年齡、婚姻、任教年資、教育程度、月薪、園所規模（收托人數）、園所屬性（公立或私立；幼稚園或托兒所）、園所歷史（成立時間）。其中除了年齡、任教年資、月薪、園所規模、園所歷史由受試者直接填寫數字之外，其他題項皆以名義尺度（nominal scale）編擬，由受試者依據實際情況勾選。

「加州心理成熟測驗第五種」是馬傳鎮、路君約（1980）修訂的標準化智力測驗。本研究選擇其中的分測驗一至五，評量「邏輯推理能力」與「數目推理能力」。其題目數分別是 15、15、15、20、15，採取對錯二元計分，評分結果不進行標準分數轉換，直接以原始分數呈現。分測驗一至三，乃是透過圖形此一非語文線索考驗受試者的演繹歸納能力，而分測驗四與五則是以數學應用題和數字系列考驗受試者運用數學原則解決問題的能力。本研究抽取 80 名受試者進行預試，探索性因素分析顯示兩構面解釋變異量分別是 33.44%、18.88%。

「幼兒教師情境判斷評量問卷」係李新民（2004）召集主題專家（subject matter expertises, SMEs）發展建構而成的。問卷型式係以 13 個有關幼兒教保工作的實際情境的「狀況問題」（work-related scenarios）附上 35 個解決問題的「可行選項」（alternatives）呈現，受試者被要求融入狀況題情境中，假想自己就是當事人，並針對選項用來解決問題的有效性提出其個人評估意見。計分方式採 Likert 式五點量表，依照「非常同意」、「同意」、「一半同意，一半不同意」、「不同意」、「非常不同意」等反應程度分別給予五分、四分、三分、二分、一分。35 個可行選項皆為正向題，分屬「適應環境能力」（包括 1.3.6.8.9.11.12.14.16.17.20.23.26.33.35

題項，計 15 個可行選項）、「塑造環境能力」（包括 2.5.7.10.18.19.21.
24.25.28.32.34 題項，計 12 個可行選項）、「選擇環境能力」（包括
4.13.15.22.27.29.30.31 題項，計 8 個可行選項）三個構面。李新民（2004）
探索性因素分析顯示三構面解釋變異量分別是 28.38%、24.65%與
11.11%，內部一致性分析顯示 Cronbach's α 係數分別為.97、.96、.82，其
內容詳如附錄。

「幼兒教師工作表現評量表」係李新民（2004）所編製，包含 22 個
評分項目，由幼兒教師上司就其實際工作表現行為進行評分，其填答計分
方式與「幼兒教師情境判斷評量問卷」相同。22 個評分項目皆為正向題，
分屬「角色內行為表現」（包括 1.4.5.6.7.10.11.13.14.15.17.18.19.22 題，計
14 個評分項目），以及「角色外行為表現」（包括 2.3.8.9.12.16.20.21 題，
計 8 個評分項目）兩個構面。李新民（2004）探索性因素分析顯示兩構面
解釋變異量分別是 34.33%、25.71%，內部一致性分析顯示 Cronbach's α
係數分別為.94、.89，其內容詳如附錄。

「幼兒教師情緒智能量表」由研究者參考 Bar-on（1997）的 EQ-i、
Goleman（1995）的 ECI 召集主題專家合作編擬，選取 80 名受試者進行
預試，蒐集實證資料之後，透過探索性因素分析及內部一致性分析來建構
量表信、效度。量表內容包含 20 個受試者自我評量的題目。填答方式採
取 Likert 五點量表，依照「非常同意」、「同意」、「不同意」、「非常
不同意」、「不確定」等反應程度採分別給予五分、四分、二分、一分、
三分。根據探索性因素分析以及內部一致性分析結果，20 個評分項目分屬
「自知之明」（1-4 題）、「自我規範」（5-8 題）、「自我激勵」（9-12
題）、「同理他人」（13-16 題）、「社交技巧」（17-20 題）五個構面，
解釋變異量分別是 20.69%、18.88%、17.51%、12.80%、10.97%，Cronbach's
α 係數分別是.88、.89、.86、.85、.83。題目內容，詳如附錄。

五、實施程序

（一）組織主題專家團隊

研究者邀請熟悉幼兒教師生態的幼兒園所評鑑輔導委員，以及具備智力測驗施測人員資格的主題專家 5 人組織研究團隊，協助研究者進行抽樣、施測的工作。

（二）研究工具發展

本研究工具中「加州心理成熟測驗第五種」、「幼兒教師情境判斷評量問卷」、「幼兒教師工作表現評量表」為現成工具，「幼兒教師情緒智能量表」則是新發展的研究工具。對此研究者首先立意抽樣 80 名高高屏地區幼兒教師，進行預試及探索性因素分析、Cronbach's 係數分析。

（三）抽樣過程

研究者透過主題專家的協助，取得高高屏地方政府實際可掌握的合格幼兒教師人數，以此研究母群體作為樣本大小估計依據。接著在政府公部門人士以及民間幼教協會的協助下抽取 125 所公私立幼稚園、托兒所，然後在園所長或負責人協助下抽取幼兒教師進行施測。

（四）施測過程

施測過程由研究者聯絡被取樣幼稚園、托兒所適當的施測時間之後，由研究者與主題專家對取樣的幼兒教師進行「加州心理成熟測驗第五種」、「幼兒教師情緒智能量表」、「幼兒教師情境判斷評量問卷」的測量工作，同時邀請實際督導幼兒教師的上司，進行「幼兒教師工作表現評量表」的評分工作。

（五）資料分析

透過實際施測蒐集實證所得實證資料，進行以下統計分析：

1. 相依樣本變異數分析：以相依樣本變異數分析來考驗幼兒教師在一般智力、情緒智能、實用智能以及工作表現不同構面的差異。

2. 多變量變異數分析：以不同背景變項為自變項，一般智力、情緒智能、實用智能以及工作表現為依變項，比較不同背景幼兒教師其一般智力、情緒智能、實用智能以及工作表現的差異。多變量變異數分析達顯著時，進一步進行單變量變異數分析以及事後比較考驗。在進行多變量變異數分析的同時估計關聯強度 η^2，以便了解分析解釋量。

3. 典型相關與積差相關分析：透過典型相關此一多變量複相關分析，探討幼兒教師一般智力、情緒智能、實用智能兩兩之間的多元相關程度，以了解幼兒教師一般智力、情緒智能、實用智能兩兩之間是否有正向關聯。然後再透過積差相關分析，呈現所有變項構面之間的相關以便進行細部探究。

4. 結構方程模式：以結構方程模式（SEM）採用最大概似法進行參數估計，統合考驗幼兒教師一般智力、情緒智能、實用智能影響工作表現的徑路關係，並估算其影響效果量，且進行模式適配度評鑑。

肆、研究結果與討論

一、幼兒教師一般智力、情緒智能與實用智能構面的差異

幼兒教師在一般智力、情緒智能與實用智能之構面差異分析結果如表三所示：

表三：幼兒教師一般智力、情緒智能與實用智能各構面差異分析
摘要表

智能	構面	平均數	標準差	F	事後比較
一般智力				164.94***	(1)>(2)
	(1)邏輯推理	.55	.11		
	(2)數目推理	.44	.17		
情緒智能				161.09***	(3)>(1)>(2)>(4)>(5)
	(1)自知之明	3.50	.57		
	(2)自我規範	3.55	.70		
	(3)自我激勵	3.41	.70		
	(4)同理他人	3.07	.57		
	(5)社交技巧	2.01	.64		
實用智能				297.74***	(2)>(1)>(3)
	(1)適應環境	3.23	.53		
	(2)塑造環境	3.27	.62		
	(3)選擇環境	3.22	.46		

註：此處所謂平均數、標準差係以平均每題得分為依據計算，一般智力採對錯計分，每題滿
　　分為 1 分，情緒智能、實用智能皆採五點式量表計分，每題滿分為 5 分。
　　***$p<.001$

　　根據表三，幼兒教師在一般智力部份，邏輯推理能力優於數目推理能
力，此一現象可能與幼兒教師幾乎皆是女性有關。畢竟女性的推理類型偏
好使用接收式，其對圖形推理的具體刺激反應本即敏於數字處理的抽象刺
激反應（胡妙花，1998）。在情緒智能部份，幼兒教師在自知之明、自我
激勵與自我規範構面得分較高，比較欠缺同理他人以及社交技巧能力。此
一現象與幼兒教師工作場域侷限於「班級王國」，較欠缺與幼兒、家長之
外的其他人士互動機會不無關聯。在實用智能部份，分析結果顯示適應環
境能力以及塑造環境能力顯著優於選擇環境能力，此一發現意味著幼兒教
師對於真實職場的問題處理，擅長以改變環境或者改變自己來加以因應，
比較欠缺另闢新局的靈活應變機智（李新民，2004）。當然在保守的幼兒

教保社群中，幼兒教師受到情勢脈絡的暗示，多少受到改變自己或改變環境的二元思維制約，因而比較無法從「境外決戰」、「迂迴轉進」之類的環境情勢選擇角度來解決實務難題。

二、不同背景幼兒教師一般智力、情緒智能與實用智能之差異

不同背景幼兒教師一般智力、情緒智能與實用智能之差異分析結果如表四所示，造成智能差異的背景變項為年齡、任教年資、教育程度、月薪、園所屬性。

表四：不同背景幼兒教師一般智力、情緒智能與實用智能之差異
分析摘要表

背景變項	智能	構面	多變項 λ	單變項 F	事後比較	η²
年齡 (1)25 歲以下 (2)26-30 歲 (3)31 歲以上	一般智力		.93***			.05
		邏輯推理		17.67***	1>2>3	
		數目推理		10.11***	1>2>3	
	情緒智能		.82***			.09
		自知之明		18.81***	3>2>1	
		自我規範		31.84***	3>2>1	
		自我激勵		30.77***	3>2>1	
		同理他人		19.09***	3>2>1	
		社交技巧		23.26***	3>2>1	
	實用智能	適應環境	.83***	25.93***	3>2>1	.09
		塑造環境		40.44***	3>2>1	
		選擇環境		16.98***	3>2>1	
婚姻	一般智力		.98(n. s.)			.01
	情緒智能		.98(n. s.)			.01
	實用智能		.96(n. s.)			.02

任教年資 (1)5 年以下 (2)6-10 年 (3)11 年以上	一般智力		.96**			.02
		邏輯推理		.480(n. s.)		
		數目推理		1.801(n. s.)		
	情緒智能		.84***			.08
		自知之明		27.40***	3>2>1	
		自我規範		26.32***	3>2>1	
		自我激勵		12.14***	3>2>1	
		同理他人		22.54***	3>2>1	
		社交技巧		24.49***	3>2>1	
	實用智能	適應環境		24.12**	3>2>1	
		塑造環境	.81***	28.54**	3>2>1	.10
		選擇環境		23.79**	3>2>1	

$**p<.01, ***p<.001$

（續上表）

背景變項	智能	構面	多變項 λ	單變項 F	事後比較	η^2
教育程度 (1)高中職 (2)專科 (3)大學以上	一般智力		.93**			.05
		邏輯推理		7.16**	3>1	
		數目推理		4.63*	3>1	
	情緒智能		.97(n. s.)			.02
	實用智能		.98(n. s.)			.01
月薪 (1)20000 元以下 (2)20001-30000 元 (3)30001 元以上	一般智力		.92***			.04
		邏輯推理		4.63*	n. s.	
		數目推理		4.47*	n. s.	
	情緒智能		.75***			.13
		自知之明		14.86***	3>2>1	
		自我規範		41.22***	3>2>1	
		自我激勵		55.74***	3>2>1	
		同理他人		25.54***	3>2>1	
		社交技巧		43.62***	3>2>1	

	實用智能	適應環境	.77***	19.53***	3>2>1	.12
		塑造環境		22.23***	3>2>1	
		選擇環境		18.13***	3>2>1	
園所規模 （收托幼兒數）	一般智力			.98(n. s.)		.01
	情緒智能	自知之明	.97*	1.42(n. s.)		.02
		自我規範		1.93(n. s.)		
		自我激勵		1.91(n. s.)		
		同理他人		1.88(n. s.)		
		社交技巧		1.47 (n. s.)		
	實用智能	適應環境	.92**	2.84(n. s.)		.03
		塑造環境		2.86(n. s.)		
		選擇環境		2.82(n. s.)		
園所屬性 (1)公立 (2)私立	一般智力	邏輯推理	.97**	6.65**	1>2	.03
		數目推理		6.24**	1>2	
	情緒智能	自知之明	.97**	2.02(n. s.)		.03
		自我規範		3.05(n. s.)		
		自我激勵		2.49(n. s.)		
		同理他人		2.11(n. s.)		
		社交技巧		2.21(n. s.)		
	實用智能	適應環境	.99**	2.97(n. s.)		.01
		塑造環境		2.37(n. s.)		
		選擇環境		1.84(n. s.)		
園所屬性 （幼稚園、托兒所）	一般智力	邏輯推理	.99*	3.66(n. s.)		.01
		數目推理		1.24(n. s.)		
	情緒智能	自知之明	.97**	1.59(n. s.)		.03
		自我規範		1.60(n. s.)		
		自我激勵		1.63(n. s.)		
		同理他人		1.64(n. s.)		
		社交技巧		1.61(n. s.)		
	實用智能	適應環境	.99*	2.77(n. s.)		.01
		塑造環境		1.03(n. s.)		
		選擇環境		1.97(n. s.)		

*$p<.05$, **$p<.01$, ***$p<.001$

（續上表）

背景變項	智能	構面	多變項 λ	單變項 F	事後比較	η^2
園所歷史 （成立時間）	一般智力		.99(n. s.)			.01
	情緒智能	自知之明	.94**	1.89(n. s.)		.02
		自我規範		1.41(n. s.)		
		自我激勵		1.49(n. s.)		
		同理他人		1.92(n. s.)		
		社交技巧		2.41(n. s.)		
	實用智能	適應環境	.94**	1.02(n. s.)		.02
		塑造環境		1.01(n. s.)		
		選擇環境		1.17(n. s.)		

**$p<.01$

　　根據表四的變異數分析以及事後比較考驗，年齡越大的幼兒教師的邏輯推理、數目推理等一般智力越差，但是自知之明、自我規範、自我激勵、同理他人、社交技巧的情緒智能，以及適應環境、塑造環境、選擇環境的實用智能越佳。服務年資越久的幼兒教師在情緒智能的五構面，以及實用智能的三構面的能力越佳。教育程度大學以上的幼兒教師其邏輯推理、數目推理的一般智力顯著優於高中職程度的幼兒教師。月薪越高的幼兒教師在情緒智能的五構面，以及實用智能的三構面的能力越佳。公立幼兒園所的幼兒教師其邏輯推理、數目推理的一般智力顯著優於私立幼兒園所的幼兒教師。就關聯強度而言，造成幼兒教師一般智力差異的主要背景變項為教育程度、年齡、園所公私立屬性；造成幼兒教師情緒智能以及用智能差異的主要背景變項為月薪、年齡以及任教年資。

　　根據上述梳理脈絡可發現兩個現象，其一，一般智力與情緒智能、實用智能有明顯差異，其二，組織變項與幼兒教師智能差異的關聯強度不高。從一般智力與情緒智能、實用智能明顯差異的觀察視野來加以論述，幼兒教師一般智力隨著年齡增長而下降，教育程度越高者一般智力越高，

可見幼兒教師一般智力受到生理因素限制逐年流失，以及其與學術教育所提供的學術智能之息息相關。而公立園所幼兒教師一般智力較佳，更是與公立園所幼兒教師職位求取所必須面對的種種學術知識考試篩選難脫干系。而有別於一般智力，情緒智能和實用智能卻是隨著年齡以及任教年資增長所累積的人生經驗、專業工作經驗而逐步提升，並且都與表徵具體工作績效的月薪關係密切。此一發現除了彰顯情緒智能、實用智能與傳統一般智力的學術智能特性有明顯落差之外，更說明情緒智能、實用智能與真實世界的關聯乃是醞釀自個體實務經驗豐富程度，進而展現在具有實際脈絡績效涵義的薪資待遇水準（李新民、陳密桃、莊鳳茹，2004）。

就組織變項與幼兒教師智能差異的關聯強度不高而言，檢視背景變項中帶有組織變項涵義的多變項考驗關聯強度，可發現影響效果量皆在 3% 以下。顯然，幼兒教師智能並無法從園所規模、歷史等組織情境中獲得充沛的滋長成分，但弔詭的是幼兒教師的智能卻又反映在組織對其績效肯定的月薪此一變項上。即使是未造成事後比較顯著差異的一般智力，關聯強度都已達到 4%，影響效果量介於低度效果量與中度效果量之間，情緒智能與實用智能的關聯強度更是超過 10%，上探高度效果量（Cohen, 1988）。此一現象與私立為主流的幼兒教師職場生態不無關聯，在「用後即丟」的市場邏輯宰制下，園所的人力資源管理政策聚焦在人才選拔而非人才培育（李新民，2003）。即使是一般智力優異的幼兒教師在歲月侵蝕下若未能自我鍛鍊情緒智能與實用智能，既有優勢喪失後終究難逃被園所剔除淘汰的宿命。

三、幼兒教師一般智力、情緒智能與實用智能之關聯

幼兒教師一般智力、實用智能與情緒智能之典型相關分析如表五所示，而幼兒教師一般智力、實用智能與情緒智能各構面積差相關係數如表六所示。

表五：幼兒教師一般智力、實用智能與情緒智能之典型相關分析摘要

分析變項	特徵值	解釋百分比	典型相關	ρ^2
「一般智力」與「情緒智能」	.01	86.55	.11	.01
「一般智力」與「實用智能」	.03	90.08	.15	.03
「情緒智能」與「實用智能」	.15	91.58	.36***	.13

***p<.001

根據表五，幼兒教師一般智力與情緒智能典型相關 ρ＝.11，未達顯著水準；幼兒教師一般智力與實用智能典型相關 ρ＝.15，未達顯著水準；幼兒教師情緒智能與實用智能典型相關 ρ＝.36，達.001 顯著水準。就幼兒教師的一般智力與情緒智能、實用智能之關聯而言，其相關考驗不但未達顯著水準，相互解釋量 ρ^2 更分別只有 1%、3%。此一研究發現，與上述 Bar-On（2000）、Eddy（1988）、Jae（1997）與 Taub（1998）的研究結果一致，一般智力與情緒智能、實用智能可謂是分離的獨立構念。

然幼兒教師情緒智能與實用智能典型相關逼近中度相關水準（r＝.4），情緒智能與實用智能兩者之間有 13%的共變量，此一發現是否意味著情緒智能與實用智能是互有關聯的構念，仍需考量兩者預測現實世界工作表現的能力。有些學者指出實用智能與情緒智能系出同門，都是根基於早期的社會智能（social intelligence）的脈絡化智能概念來延伸發展，只是強調的重點不同（Castro, 1999; Kihlstrom & Cantor, 2000）。另外有些學術論述則是指稱，儘管兩者有可能關聯，但仔細區分仍可看出獨特性所在（黃敏華，2004）。一如先前文獻探討所述，情緒智能偏向感性智能，主

在構築建全的個人情緒管理和豐沛的人脈關係；實用智能偏向德性智能，重在建設個體目標導向的實務問題解決與人生理想實踐能力。情緒智能以減輕自我與他人情感痛苦來開啟成功大門，實用智能則是緣事而發、見機行事地巧妙克服現實難題以追求成功。無論如何，過去學術界有關實用智能與情緒智能之關聯的相關研究付之闕如，實際情形如何仍有待後續研究不斷釐清。

表六：幼兒教師一般智力、實用智能、情緒智能各構面之相關

構面	1	2	3	4	5	6	7	8	9
1.邏輯推理									
2.數目推理	.87***								
3.自知之明	.01	.01							
4.自我規範	.01	.01	.86***						
5.自我激勵	.01	.01	.86***	.88***					
6.同理他人	.01	.01	.72***	.73***	.87***				
7.社交技巧	.01	.01	.76***	.72***	.76***	.85***			
8.適應環境	.01	.02	.35***	.32***	.30***	.29***	.35***		
9.塑造環境	.02	.02	.29***	.29***	.28***	.31***	.31***	.84***	
10.選擇環境	.02	.01	.30***	.29***	.30***	.30***0	.32***	.73***	.85***

***p<.001

根據表六，幼兒教師一般智力各構面與情緒智能各構面相關在.01 以下，皆未達顯著水準；一般智力與實用智能都在.02 以下，也都未達顯著水準；而實用智能各構面與情緒智能各構面相關在.28 至.35 之間，皆達.001 顯注水準。此一發現與上述典型相關的分析結果互相呼應。

四、幼兒教師一般智力、情緒智能與實用智能對工作表現之影響

在進行幼兒教師一般智力、情緒智能與實用智能對工作表現影響的統合考驗時，研究者參照 Bollen（1989）的建議，以測量模式為基準納入選替模式（alternative theory-based models），進行模式比較，再選擇契合度較佳模式作為最終模式，並說明其內部估計參數。根基於此，研究者以一般智力、情緒智能、實用智能彼此互有關聯，分別預測工作表現的最多限制模式為模式 1；以去除一般智力和情緒智能、實用智能相關，保留實用智能與情緒智能有關聯為模式 2；以一般智力、情緒智能、實用智能彼此獨立無關，分別預測工作表現的最少限制模式為模式 3。

表七：不同模式適配度指標比較

模式	模式 1[註]	模式 2	模式 3
適配度指標（理想數值）			
卡方值 χ^2（越小越好）	102.24	180.34	142.26
自由度 df	48	50	51
p 值　（>.05）	.00	.00	.00
卡方自由度比 χ^2/df (<3)	2.13	3.61	2.79
漸進誤差均方根 RMSEA (<.05)	.05	.07	.06
適配度指數 GFI　(>.9)	.96	.93	.95
調整後適配度指數 AGFI (>.9)	.94	.89	.92
常態適配度指數 NFI　(>.9)	.91	.79	.84
非規範適配指標 NNFI　(>.9)	.93	.77	.85
比較適配指標 CFI　(>.9)	.95	.82	.88
增值適配度指數 IFI　(>.9)	.95	.83	.89
簡效常態適配度指數 PNFI (>.5)	.66	.60	.85
簡效適配度指數 PGFI (>.5)	.59	.60	.65
期望交叉效度指標 ECVI（越小越好）	.38	.56	.47

註：模式 1 其實與無任何結構關係的測量模式的自由度相同，相關評鑑指標表現也完全相同。

　　模式 3 乃是根據理論推導，強調一般智力、情緒智能與實用智能為彼此獨立的構念，且分別能夠有效預測工作表現。模式 2 乃是根據典型相關分析結果，在最多限制模式基礎上假設情緒智能與實用智能有顯著關聯。模式 1 則是假設一般智力、情緒智能與實用智能彼此互有重疊，且能各自預測工作表現。不同模式分析的適配度評鑑指標表現如表七所示。

　　根據表七，在絕對適配量測（absolute fit measures）指標方面，三個模式的 χ^2 值考驗皆達.001 顯著水準，表示必須拒絕理論上共變數矩陣與觀察資料矩陣相符的假設。但由於 $\chi^2 = $(N-1)F，F 是理論的變異數共變數矩陣 Σ 與實際觀察資料的變異數共變數矩陣 S 之差距程度的指數，N 是指樣本數，χ^2 值會隨著樣本人數而波動，只要樣本數夠大，幾乎所有的模式都可能被拒絕。因此，實不宜據此輕易宣稱假設模式與觀察所得資料不適配。在其他適配指標方面，卡方自由度比、RMSEA、GFI、AGFI 皆以模式 1 的表現最佳，其與觀察資料較契合度，模式解釋力也較大。在增值適配量測（incremental fit measures）指標方面，模式 1 的 NFI、NNFI、CFI、IFI 值皆超越理想門檻，其與沒有任何共變關係的獨立模式相較，改善程度最大。在效適配量測（parsimonious fit measures）方面，PNFI、PGFI 以模式 3 表現較好，顯示其精簡程度最佳，然其他兩個模式的數值也都超越了理想門檻值，簡約程度尚可接受。就專門用來作為模式比較參考之用的 ECVI 而言，模式 1 的數值最小，顯示其適配度的波動性最小。整體而言，模式 1 的適配度較佳，理論架構較具優勢，雖然其簡約性不如模式 2 與模式 3，但是在追求理論假設模式正確性與簡單性時，正確無疑是比精簡更為重要，更何況模式 1 的精簡適配度評鑑指標仍在理想數值範圍內。

　　根基上述評鑑結果，研究者選擇模式 1 作為最終模式，進行內部估計參數的說明，詳細內容如圖二所示。

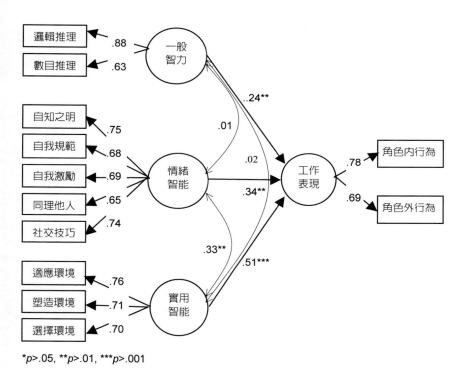

*p>.05, **p>.01, ***p>.001

圖二：幼兒教師一般智力、情緒智能、實用智能影響工作表現徑路圖（標準化解）

　　根據圖二，幼兒教師一般智力與情緒智能、實用智能之相關系數分別為.01、.02 未達顯著水準，而情緒智能與實用智能關係數.33 已達.01 顯著水準，兩者相互解釋量達 11%。而根據徑路係數幼兒教師一般智力與情緒智能、實用智能對工作表現的預測力，分別是.24、.34、.51。一般智力的預測力達.01 顯著水準，但解釋效果量僅有 6%；情緒智能的預測力達.01 顯著水準，解釋效果量達 12%；實用智能的預測力達.001 顯著水準，解釋效果量達 26%。若是考量外衍變項相關所造成的擬似相關（suprios correlation），則透過相關的間接效果，一般智力、情緒智能和實用智能

對工作表現的影響效果量分別可以增加 0.85%、17.67%、11.70%。但是這種非因果關係的係數缺乏理論合理性，並非真實的因果關係，雙向互動也有膨脹效果量之虞，因此僅提出數據但不加入既有效果量合併解釋。

有關一般智力與情緒智能、實用智能相關不顯著，情緒智能與實用智能低度相關的發現與上述典型相關考驗的發現一致，而為何情緒智能與實用智能有些許關聯存在，已在上述討論中充分論述，在此僅聚焦在不同智能的預測能力。就一般智力而言，一般智力對工作表現的解釋量僅有 6%，與 Hunter 和 Hunter（1984）的後設分析結果大相逕庭，造成此一現象可能是因為統合考驗納如其他預測變項而稀釋其影響力，但更值得關切的是，一般智力對於幼兒教師工作表現缺乏預測力，此一現象已然反映出以傳統一般智力來解讀成人智能之窘境。誠如 Ackerman（1996）所言，成人很少學習新知識，而是慣於利用其生活或是職場成功經驗來解決問題，智力測驗所測量的能力對其生活根本缺乏實質助益。Castro（1999）更是直言學校所教導的知識太過抽象，也經不起歲月的試煉，成年人早已不再以認知速度取勝，而是以豐富且實用的智能內涵來嫻熟因應其所面臨的情境脈絡挑戰。

在情緒智能預測工作表現部份，本研究結構方程模式分析所得的解釋效果量略低於 Bar-On 和 Handley（1999）、Jae（1997）、Mayer 和 Salovey（1993）、Sitarenios（1998）等人的相關研究報導。此一現象可能導因於不同工作場域成功表現所需的情緒智能各有千秋，而情緒智能發揮的利基也不盡相同。在幼兒教師的職場生態中，其工作表現展現在幼兒教保品質的提升，因而情緒智能對工作表現的助益與幼兒教保工作利害關係人（stakeholder）——幼兒、家長與同僚息息相關。在教保職場略顯封閉的幼兒、家長、同僚間人際互動系統中的情緒智能發揮，和其他職業場域較開放系統中的五花八門利害關係人相比顯然是小巫見大巫。誠如 Mayer, Salovey 和 Caruso（2000）所言，成功的情緒生活乃是一深受文化脈絡影

響的本能反應。開放系統中錯縱複雜的人際網絡互動交流，顯然更需要也更有利於自知之明、自我規範、自我激勵、同理他人、社交技巧的情緒智能發揮。

　　在實用智能預測工作表現此一部份，本研究發現與 Portfield（2001）、Wagner（2000）、Wagner 和 Sternberg（1990）等人的研究發現相符，而且實用智能和一般智力、情緒智能相較是最預測能力的變項。此一發現可以 Austin 和 Klein（1996）所謂的影響人類行為表現的因素包含客觀因素以及主觀因素來註解。客觀因素是穩定的特質（trait），主觀因素是機動的傾向（tendency）。根據本研究主要研究變項之構念界定，一般智力是一種普遍的認知能力隨著年齡增長逐步下降，與教育程度息息相關，其具有相當的穩定性，較不受脈絡情勢變化影響。情緒智能是人類智能中的非知性層面，強調感性的智能面向，其性質較接近機動性的潛在傾向。至於實用智能則是在真實脈絡中運用穩定的內隱知識巧妙解決變動不居的環境契合問題，其在構念涵義上兼具穩定特質與動態傾向雙重特色。準此而論，實用智能同時具有影響真實世界表現的主觀因素和客觀因素成分，因而在解釋工作表現的效果量較高。

　　就觀察指標的個別項目信度（individual item reliability, SMC），其所測量潛在變項之建構信度（composite reliability）以及平均變異抽取（average variance extracted）而言，如表八所示。一般智力、情緒智能、實用智能、工作表現的建構信度分別是.77、.83、.77、.70，皆在.6 以上，平均變異抽取分別是.59、.51、.54，皆大於.5，可見測量構面的心理計量品質尚稱理想，構面指標已然對潛在變項提供可信的建構測量。而 12 個構面測量指標中有 5 個的個別項目信度略低於.5，測量指標的測量品質則仍有努力改善空間。不過一如黃芳銘（2003）所言，完整的結構方程模式主在偵測理論假設，以結構模式為主要檢定對象，有關個別指標的信度要求可略為寬鬆。

表八：個別項目信度、建構信度與平均變異抽取

變項	構面指標	個別項目信度	建構信度	平均變異抽取
一般智力	邏輯推理	.77	.73	.59
	數目推理	.40		
情緒智能	自知之明	.56	.83	.51
	自我規範	.46		
	自我激勵	.48		
	同理他人	.42		
	社交技巧	.55		
實用智能	適應環境	.58	.77	.52
	塑造環境	.50		
	選擇環境	.50		
工作表現	角色內行為	.61	.70	.54
	角色外行為	.48		

伍、結論與建議

一、結論

本研究旨在探討幼兒教師一般智力、情緒智能、實用智能之間的關聯，並試圖釐清幼兒教師智力、情緒智能、實用智能對於工作表現的影響，僅依據本研究主要發現臚列研究結論如後。

（一）幼兒教師一般智力、情緒智能與實用智能不同構面有顯著差異

1、在一般智力部分，邏輯推理能力顯著優於數目推理能力

幼兒教師對於非語文圖形刺激的推理能力優於數字關係的推理能力，此一發現符應幼兒教師以女性為主，以及幼兒教師的師資培育機構屬

性偏向人文社會領域域等現實。畢竟，專長人文學術領域的女性對於圖形推理的掌握比數量關係的處理更有把握。

2、在情緒智能部分，自知之明、自我規範、自我激勵優於同理他人、社交技巧

幼兒教師在自知之明、自我規範、自我激勵等偏向內省性質的情緒智能構面較佳，而在同理他人、社交技巧等傾向人際互動性質的情緒智能構面較差，此一現象反映出幼兒教師的非知性情緒感管理應用侷限在教室情境的自我省思、節制與提升，而對於複雜的社會人際網絡處理較欠缺能力。

3、在實用智能部份，適應環境以及塑造環境能力顯著優於選擇環境能力

幼兒教師對於實務問題解決，擅長採用改變自我或者改變環境策略來加以因應，而對於選擇有利自我情勢環境解決問題的能力較差，此一結果彰顯幼兒教師的思維陷在改變自我或環境的二元框架中，較無法突破窠臼跳脫環境制約，對問題解決進行開創性的機智因應。

（二）造成一般智力顯著差異以及情緒智能、實用智能顯著差異的背景變項不同

1、在一般智力部份，年齡較小，教育程度較高，服務於公立園所者智力較佳

幼兒教師一般智力受到年齡的影響，年齡較小者優於年齡較大者，此一發現反應一般智力受到生理因素限制；教育程度越高者，一般智力較佳則符應一般智力屬於學術智能的觀點；而公立園所幼兒教師的一般智力較佳則是文憑主義功績社會的折射，畢竟公立園所幼兒教師職位取得須歷經多重考試篩選，考試能力強者比較有機會進入公立園所服務。

2、在情緒與實用智能部份，年齡、年資、月薪越高者智能較佳

幼兒教師情緒智能、實用智能隨著年齡增長、年資累積而不斷提升，這說明怡然自得的情緒智能以及出神入化的實用智能需要人生經驗以及工作經驗的錘鍊。而情緒智能、實用智能高者月薪較高，則展現出情緒智能和實用智能在真實脈絡裡的實效性。畢竟，真實世界的問題解決不是人工化的學術情境問題解決可堪比擬。

（三）幼兒教師情緒智能與實用智能有顯著關聯，兩者與一般智力關聯不大

幼兒教師情緒智能與實用智能有顯著相關，這說明兩構念可能有其重疊之處，而情緒智能、實用智能與一般智力無顯著相關，且相關係數甚低，則彰顯出傳統智能觀與新興脈絡化智能觀之差異的確存在。就情緒智能與實用智能兩構念有混淆之處而言，在理論建構上，兩者系出同門，都是早期社會智能觀的支系，自有其共通之處。諸如，強調脈絡化的智能，追求社會實踐成功的預測能力，非抽象邏輯思考能力等等。然在共享變異量之外，其獨立解釋變異量仍不容小覷。畢竟情緒智能著重在己心、人心美滿運作，其以良好豐沛的人脈提昇真實世界成功機率為標竿；實用智能強調隨機應變圓融變通環境因應方式，以實務問題有效解決為註解。具有情緒智能和實用智能者其自保用世之道仍有其差異性存在。

（四）幼兒教師情緒智能與實用智能預測工作表現能力較一般智力優異

幼兒教師實用智能預測工作表現能力最佳，情緒智能次之，一般智力最差，此一研究發現符應情緒智能和實用智能追求真實世界成功預測能力之志趣，但也突顯一般智力在解釋現實生活成功之困境。特別是幼兒教師工作表現，這種成年人的職業場域表現，以強調抽象關係推理的一般智力

來預測解釋恐有失真之處。成年人隨著年齡增長逐漸喪失一般智力的優勢，當然必須依賴其身處的情境脈絡所累積之豐富經驗啟示，以情緒智能、實用智能來彌補，甚而開闢更寬廣的存活之道。

二、建議

本研究歷時一年半完成，研究期間雖然力求嚴謹完善，但畢竟是一般智力、情緒智能、實用智能預測工作表現之初步研究，疏漏之處仍在所難免。僅根據主要研究發現以及後續研究可以努力的空間提出相關建議。

（一）職前幼兒教師培育宜兼顧學術智能與情緒智能、實用智能之鍛鍊

根據本研究發現，在幼兒教師族群裡，一般智力隨著年齡漸長而逐步退化，其預測真實工作表現能力又不及情緒智能和實用智能，此一發現提醒吾人注意學術知識培育成效之衰退與時並進，且不完全符合真實職場所需。因此，幼兒教師培育機構，除了專業的學術知識傳授之外，實有必要進行提昇情緒智能和實用智能之相關課程教學。例如，以模擬幼兒教保實況的情境佈題，進行個人情緒管理或者實務問題解決的演練。

（二）幼兒教師專業成長認定宜兼顧各種有利工作表現智能之要求

沒有優質的幼兒教師就沒有優秀的幼兒，這是不證自明之理。長期以來，相關單位，傾全力呼籲幼兒教師去開發與培育幼兒的多面性智能，對於幼兒教師的在職進修或專業成長之要求也從未鬆懈。但是，目前正負責執行任務的幼兒教師其自身是否真正具備應有的專業工作智能，實缺乏全面性的關照。本研究發現教育程度的提升並無法顯著增長幼兒教師情緒智能和實用智能，對此一現象，幼兒教保主管單位宜重新檢討當前的相關認

可制度，諸如將「聽演講」視同研習進修，把取得更高學位等同師資成長的盲點。為了避免過度向學術智能傾斜，對於幼兒園所教師的專業成長之認可審核，可以考慮採計情緒、實用智能提升的各種教師進修形式，諸如教師自組工作經驗分享小團體，參與民間組織的情緒智能訓練課程，參加大學推廣教育中心開設的實務性訓練課程等等，以便為教師成長注入更多活水源頭。

（三）幼兒教師的選拔應突破僵化的考試選人制度

考試所能評量的學術智能，性質類似一般智力，只能解釋小部分的工作表現，為了更周全嚴密地進行幼兒教師人力資源管理決策，幼兒教保主管單位與幼兒園所宜在資格檢定考試與學歷認定之外，採取更多元與彈性的教師遴選制度。例如，效法情境判斷量表進行「模擬情境訪談」，觀察應試者反應評估其潛在的實用智能。抑或在實習階段即進行有系統的情緒智能觀察評估，剔除嚴重缺乏內省和人際互動能力的可能教師人選。

（四）幼兒園所的人事管理可強化師資情緒智能與實用智能

為了增強幼兒教師工作表現，進而提升園所服務品質以及經營績效，幼兒園所的人事管理宜擺脫組織慣性制約，更應拋棄「用後即丟」的市場短期操作邏輯，以在地的內部教育訓練提升所屬幼兒教師的情緒智能、實用智能。畢竟，根據本研究發現，情緒智能、實用智能隨著年齡、服務年資漸增，而情緒智能和實用智能又具有相當程度的預測工作表現能力，園所與其不斷尋找缺乏情緒智能、實用智能的新手教師，不如順勢而為提升既有教師的情緒智能、實用智能。特別是在幼兒教師較缺乏的同理他人、社會技巧等情緒智能構面以及選環境此一實用智能構面，園所可邀請成功實務專家入園現身說法，提供教師更多鍛鍊同理他人、社會技巧以及選

擇環境能力的工作經驗，甚至與鄰近績優園所合作開發因地制宜的情緒智能、實用智能訓練課程。

（五）幼兒教師可透過智能優勢的自我檢視來截長補短相互為用

本研究所採用的情緒智能、實用智能評量工具，幼兒教師可斟酌採用評量自我的情緒智能、實用智能，並與傳統學術性質考試成績比較，檢視自我不同智能構面的強勢與弱勢之處。根據自我評量結果，截長補短，將專精智能發揮至極致，甚至相互為用，利用優勢智能帶動弱勢智能之成長。情緒智能與實用智能有顯著相關，進行其中一種智能的提升都有助於另一種智能的提升。即使是在一般智力受到生理年齡不斷消逝此一不利局面中，幼兒教師也可自我鍛鍊情緒智能、實用智能這兩種可習得的智能來彌補缺陷。

（六）幼兒園所評鑑輔導應納入幼兒教師情緒智能、實用智能檢核 與提升之機制

幼兒教師兼負教育照顧國家未來主人翁的重責大任，而任何有利於幼兒發展的課程教學之成效皆屬於本研究依變項——工作表現的範疇，有賴教師智能的發揮。相關主管單位乃是控管幼兒教保品質的最後一道防線，不能僅憑教師資格認定、報備等機制來督導幼兒園所的師資素質。實有必要在輔導與評鑑園所時設置審核幼兒教師情緒智能、實用智能的制度，並主動要求園所就師資素質提升建立策略聯盟關係，獎勵補助有益幼兒教師情緒智能、實用智能提升的各種可行方案。

（七）未來研究宜擴大樣本進行複核效化釐清情緒與實用智能之關聯

本研究正式樣本侷限於高高屏地區幼兒教師，相關研究發現是否受到特異（idiosyncratic）樣本的影響仍有待未來研究擴大樣本來源，進行跨樣

本的複核效化（cross-validation）考驗來反覆驗證。而實用智能與情緒智能之顯著相關是否受到方法效應影響，未來研究可以可發展其他評量方法，進行所謂的「多特質、多方法」分析（multitrait-multimethod approach, MMTM），檢視聚斂效度與區別效度，並釐清方法效應。當然，情緒智能與實用智能之顯著相關亦可能受到華人特有文化脈絡，抑或幼兒教師此一族群特殊生態影響，對此可進行質化研究加以解析，進而探索可能的調節干擾變項之存在。

參考文獻

李新民（2003）。台灣與瑞典幼兒教保體制差異之探討。樹德科技大學學報，5(1)，93-110。

李新民（2004）。幼兒教師實用智能與工作表現之相關研究。高雄市：復文。

李新民、陳密桃、莊鳳茹（2004）。國民小學教師實用智能評量研究。高雄師範大學學報，17，75-96。

張玉成（1998）。成功性智力和沈寂性智力。國民教育，39(1), 57-62。

吳毓瑩（1997）。情緒智力的構念—想法與方向。教育資料與研究，19，11-19。

黃芳銘（2003）。結構方程模式理論與應用。台北市：五南。

黃敏華（2004）。國中小學生智慧評量之研發及相關研究探討。台南市：國立台南大學測驗統計研究所碩士論文（未出版）。

馬傳鎮、路君約（1980）。修訂加州心理成熟測驗指導手冊。台北市：中國行為科學社。

胡妙花（1998）。從認識論探討參與學習成人智力發展之研究：以台南地區為例。嘉義市：國立中正大學/成人及繼續教育研究所碩士論文（未出版）。

Ackerman, P. L. (1996). Adult intelligence. (ERIC Document Reproduction Service No. ED 410228)

Austin, J. T. & Klein, H. J. (1996). Work motivation and goal striving. In K. R. Murphy(Ed.), Individual differences and behavior in organizations (pp.209-257). San Francisco, CA: Jossey-Bass.

Bollen, K. A.(1989). Structural equations with latent variables. NY: Wiley.

Brown, B. L. (1999). Emotional intelligence: Keeping your job. (ERIC Document Reproduction Service No. ED 435041)

Bruno, K., England, E., & Chambliss, C. (2002). Social and emotional learning program for elementary school student: A pilot study. (ERIC Document Reproduction Service No. ED 463097)

Bar- on , R . (1997). Bar--on Em otiona l Quot ient Inventory (EQ -i) : Technical manual . Toronto, Canada: Multi-Health Systems.

Bar-On, R.(2000). Emotional and social intelligence: Insights from the emotional quotient inventory. In R. Bar-On & J. A. D. Parker (Eds.), The handbook of emotional intelligence (pp.363-388). San Francisco: Jossey-Bass.

Bar-On, R., & Handley, R. (1999). Optimizing people: A practical guide for applying emotional intelligence to improve personal and organizational effectiveness. New Braunfels, TX: Pro-Philes Press.

Campbell, J. P. (1990). Modeling the performance prediction problem in industrial and organizational psychology, In M. D. Dunnette & L. M. Hough (Eds.), Handbook of industrial and organizational psychology (pp.687-732.). Palo Alto, CA: Consulting Psychologists Press.

Castro, W. (1999). The assessment of practical intelligence in a multicultural context. Unpublished doctoral dissertation. Columbia University.

Cohen, J. (1988). Statistical power analysis for the behavioral sciences(2nd ed.). Hillsdale, NJ: Erlbaum.

Eddy, A. S. (1988). The relationship between the Tacit Knowledge Inventory for Managers and the Armed Services Vocational Aptitude Battery. Unpublished master thesis. St. Mary University, San Antonio, TX.

Goleman, D. (1995). Emotional intelligence. NY: Bantam Books.

Goleman, D. (1998). Working with emotional intelligence . NY: Bantam Books.

Gottfredson, L. S. (2002). Dissecting practical intelligence theory: Its claims and evidence. Intelligence, 30, 1-55.

Herrnstein, R. J, & Murray, C. (1994). The bell curve: Intelligence and class structure in American life. NY: Free Press

Hunter, J. E., & Hunter, R. F. (1984). Validity and utility of alternative predictors of job performance. Psychological Bulletin, 96, 72-98.

Jae, J. H. (1997). Emotional intelligence and cognitive ability as predictors of job performance in the banking sector. Unpublished master's thesis. Ateneo de Manila University.

Jensen, A. R. (1998). The g factor: The science of mental ability. Westport, CT: Praeger/Greenwood.

Kagan, D. M. (1992). Implications of research on teacher belief. Educational Psychologist, 27, 65-90.

Katz, D. (1964). The motivational basis of organizational behavior. Behavioral Science, 9, 131-146.

Kaufman, A. S. (2000). Test of intelligence. In R. J. Sternberg (Ed.), Handbook of intelligence (pp.445-476). Cambridge: Cambridge University.

Kihlstrom J.F., & Cantor, N.(2000). Social intelligence. In R. J. Sternberg (Ed.), Handbook of intelligence (pp.359-379). Cambridge: Cambridge University.

Krejcie, R.V., & Morgan, P. W. (1970). Determing sample size for research activities. Educational and Psychological Measurement, 30, 607-610.

Mayer, J. D., & Salovey, P. (1993). The intelligence of emotional. Intelligence, 17, 433-442.

Mayer, J. D., & Salovey, P. (1997). What is emotional intelligence? In P. Salovey & D. J. Sluyter (Eds.), Emotional development and emotional intelligence: Educational implications(pp.3-31). NY: Basic Books.

Mayer, J. D., Salovey, P., & Caruso, E. (2000). Emotional intelligence. In R. J. Sternberg (Ed.), Handbook of intelligence (pp.396-421). Cambridge: Cambridge University Press.

Portfield, R. W.(2001). The development, Psychometric, evaluation, and validation of a situational judgement inventory for security officers. Unpublished doctoral dissertation. University of Texas at Arlington.

Schmidt, F. L., & Hunter, J. E. (1998). The validity and utility of selection methods in personnel psychology: Practical and theoretical implications of 85 years of research findings. Psychological Bulletin, 124, 262-274.

Sitarenios, G. (1998). Technical Report #2: The relation between EQ-i scores and star performance as a hockey player. Toronto, CA: Multi Health Systems.

Sternberg, R. J. (1996). Successful intelligence: How practical and creative intelligence determine success in life. NY: Simon & Schuster.

Sternberg, R. J. (1997). The concept of intelligence and its role in lifelong learning and success. American psychologist, 52(10), 1030-1037.

Sternberg, R. J. (1999). Successful intelligence: Finding a balance. Trends in Cognitive Science, 3, 436-442.

Sternberg, R. J., Forsythe, G. B., Hedlund, J., Horvath, J. A., Wagner, R. K., Williams, W. M., Snook, S., & Grigorenko, E. L. (2000). Practical intelligence in everyday life. Cambridge: Cambridge University Press.

Sternberg, R. J., & Hedlund, J. (2002). Practical intelligence, g, and work psychology. Human Performance, 15, 143-160.

Taub, G. E. (1998). Predicting success: A critical analysis of the predictive validity of the theory of practical intelligence. Unpublished doctoral dissertation. University of Florida.

Wagner, R. K. (2000). Practical intelligence. In R. J. Sternberg (Ed.), Handbook of intelligence (pp.380-395). Cambridge: Cambridge University.

Wagner, R. K., & Sternberg, R. J. (1990). Street smarts. In K. E. Clark & M. B. Clark (Eds.), Measures of leadership (pp. 493-504). West Orange, NJ: Leadership Library of America.

附錄一

幼兒教師情緒智能量表題目

1. 我可以清楚地分辨自己的喜怒哀樂
2. 我能察覺自己內心的真正的感受
3. 我理解自己情緒轉變的原因
4. 我完全瞭解別人對我的感覺是喜歡或是厭惡
5. 我會以適當的語言表達自己的感受
6. 我會考慮不同場合的情緒表達方式
7. 我能夠自在地向他人表達自己的感覺
8. 我可以分辨自己的情緒反應是否恰當
9. 壓力大時，我會自己放鬆一下
10. 心情不好時，我會換個角度想來轉換心境
11. 我不會讓一件不愉快的事情影響一整天的心情
12. 我透過自我鼓勵來調整自己的心情
13. 我可以從別人的談話中了解他們的情緒
14. 朋友遇到挫折時我會設法鼓勵他
15. 我主動分享別人心中喜悅的情緒
16. 朋友認為我是一個善體人意的人
17. 我善於以幽默化解尷尬的局面
18. 我透過人際互動來經營自己的人脈
19. 我知道如何為婉拒絕而又不傷別人的心
20. 當我和別人討論事情時，我只掌握大原則而不拘泥在細節上

附錄二

幼兒教師情境判斷評量問卷狀況題與選項

☆ 「衝刺幼兒園」日前有多位老師因故離職，人力吃緊，最近園所長又要求老師在短時間內達成多項教保行政工作，如果您是「衝刺幼兒園」的老師，您會怎樣因應？

1. 把要求當作是磨練，訓練自己短時間達到多項要求的能力
2. 與同事協商，依照個人專長分工達成使命

☆ 「123 幼兒園」要求老師利用假日時間配合招生宣導，但又不給老師補假和加班費，並規定每人必須招收到若干學生，未達到績效要求即減薪甚至開除，如果您是「123 幼兒園」的老師您會怎樣反應？

3. 把招生工作當作培養自己的第二專長，試著學習有效率的招生技巧
4. 假裝成家長去試探其他園所招生技巧，稍加修正之後用在自己的招生工作上

☆ 李老師剛從大學幼保（教）系畢業，進入「蝴蝶幼兒園」至今滿兩個月，負責人把家長意見比較多、比較難纏的大班小朋友交給他，最近幾天連續有三四位家長來電告知園所長，說他對李老師的教學方法非常不認同，園所長把家長的意見轉告李老師，要求他要好好處理，不要得罪家長。如果您是李老師，您會怎樣因應？

5. 私下向原來帶班的老師詢問家長為何會有意見，了解情勢之後再決定如何應對問題
6. 實地拜訪家長，傾聽家長的意見，讓家長抒發不滿的情緒

7. 藉此機會請求園所長舉辦教學說明會，讓家長與自己有機會可以尋找一個大家都能接受的教學模式

☆ 章老師擔任幼兒園幼兒教保工作超過十年了，最近有朋友邀請他一起創設幼兒園，章老師覺得這是自己「轉型」的大好機會，他答應加入朋友開創的幼兒園，並負責規劃課程教學的行政工作，他希望他所規劃的這一套課程教學能夠大受歡迎，為新設園所招收更多小朋友就讀。如果您是章老師，您會怎樣進行課程教學規劃工作？

8. 根據過去幾年職場經驗，考量自己的能力與資源來規劃
9. 私下調查知名園所的課程教學規劃，分析其受人歡迎的原因
10. 與合夥人廣邀各方資源人士，定期聚會互相腦力激盪以發展出有創意的課程教學模式

☆ 「開發幼兒園」接連三天晚上屢遭不名人士入侵破壞，今日早上白兔班的陳老師剛好最早到達園所，他發現二樓大象班教室的門窗被破壞，玻璃碎片滿地都是，而再過 10 分鐘，大多數的小朋友就要陸續抵達園所了。如果您是陳老師，您會怎麼做？

11. 優先保留現場完整性，拍照存證並打電話報警處理
12. 依照園所緊急事故處理辦法，按規定執行自己應做的工作
13. 通知警察或者保全人員，交由專業人員來處理，自己退居第二線
14. 即刻清掃玻璃碎片，並管制小朋友上樓，避免誤踏玻璃碎片受傷

☆ 戶外活動時間，張老師負責照顧沙坑區，此時大班的玲玲正在沙坑玩，阿偉走過去想拿玲玲的小車車，玲玲大叫：「不可以拿我的玩具」，並拿著小鏟子打了阿偉的頭。此時如果您是張老師，您會如何處理這件事情？

15. 先觀察玲玲和阿偉互動的情形，再視狀況適時介入

16. 暫時中止戶外活動，檢查阿偉的頭是否受傷

☆ 最近剛入學的「隆隆」每到吃飯或者點心的時候就動作慢吞吞，別的小朋友都吃完了，他才只吃了一兩口，老師軟硬兼施都無法改變他進食的速度，幾乎天天在午休時間「陪」他吃飯。如果是您這位老師，您會怎樣處理隆隆吃東西慢的問題？

17. 仔細觀察「隆隆」用餐行為，找出速度變慢原因，再選擇可行的處理方法

18. 請教有經驗的老師怎樣處理比較得體

19. 把「隆隆」安排在一個吃飯速度較快的小朋友旁邊，藉由同儕的力量來幫助他

☆ 劉老師和李老師共同帶領一個班級，劉老師認為兩位老師彼此教學理念不和，他自己比較嚴格，李老師比較寬鬆，所以小朋友比較喜歡找李老師聊天互動，自己則變成不受歡迎的老師，如果您是劉老師，您要怎麼辦？

20. 虛心向李老師請教如何贏得幼兒的認同

21. 下課時主動找幼兒聊天遊戲，讓幼兒體會不同的老師有不同的關懷方式

☆ 高老師班上有一位小朋友常常破壞班級秩序，不是故意騷擾其他小朋友，就是故意和老師唱反調不肯合作。高老師向其他老師請教，有的老師告訴他不用理會，讓時間自然淡化，有的老師建議他更仔細觀察這位小朋友行為是否由其他問題造成，還有人傳授他各種處罰技巧保證讓這位小朋友變成「乖寶寶」。高老師越問自己越迷惘，不知道怎樣做比較好。如果您是高老師，接下來您會怎麼做？

22. 詢問提供意見的老師是否有人願意暫時接手示範如何處理

23. 擱置其他老師建議，試著自己找出這位小朋友出現偏差行為的原因

24. 私下打探其他班級老師遇到類似個案的實際處理方式以供參考

☆ 林老師大學畢業後進入「人間幼兒園」服務，園所內其他老師都是服務十年以上的高職畢業或者專科肄業資深老師。有一天林老師請教幾位資深老師教學上的問題，資深老師反問他「你不是大學畢業嗎？為何來問我這個高職畢業的」，如果您是林老師，您會如何回應？

25. 不正面回應，但試著思考這些資深老師的心態再決定以後如何互動

26. 耐著性子向資深老師解釋自己虛心求教的誠意

27. 在教學會議中拋出自己的問題，透過討論了解資深教師的意見

☆ 李老師班上有位小朋友的爸爸經常怒罵責打自己的孩子，用偏差的方式教養孩子，李老師試著向小朋友的爸爸溝通正確的教養方式，對方卻回他一句「孩子要怎麼教是我家的事，還輪不到你來說教」，讓李老師相當無奈，如果您是李老師，您要怎麼辦？

28. 告訴小朋友的爸爸相關法規，讓他知道不當的教養可能會吃官司

29. 運用民間團體社工資源到家輔導這位爸爸

☆ 李老師班上有位小朋友「小民」的媽媽是擁有博士學位的家庭婦女，經常到園所「指正」李老師的教學方式，李老師內心感到很不舒服，但學歷差人家一大截，實在不知如何是好。如果您是李老師，您會如何處理？

30. 以專心上課為藉口，請園所長代為處理

31. 邀請這位媽媽擔任教學顧問，參與教學規劃與實際執行工作

32. 設計一些親子活動課程，讓小民媽媽與其他媽媽共同參與

☆ 王老師服務的園所，幼兒來自不同階級，家長社經水準差異甚大，他在進行親職教育服務時感到非常困擾，不知道要如何因應不同背景家長的差異，提供合適的專業意見。如果您是王老師，您會怎麼做？

33. 找出比較有問題的家長，優先提供親職教育諮詢服務

34. 邀請知名學者專家規劃設計社區親子教育活動，促進不同類型家長彼此經驗交流分享

35. 藉此機會學習與不同類型家長互動，培養自己親職教育服務的能力

附錄三

幼兒教師工作表現評量表題目

1. 和其他教師分享個人心得感想。
2. 私下協助家裡經濟有困難的幼兒。
3. 利用下班時間與家長交換幼兒教養意見。
4. 不時改變學習評量方式。
5. 遵守園所的工作規範。
6. 課程設計依照幼兒需求。
7. 維持緊湊流暢的教學步調。
8. 主動提出建設性的改善方案，以供園所參考。
9. 主動服務社區民眾。
10. 提供家長最新的幼教資訊。
11. 和其他教師合作設計課程活動。
12. 私下了解家長真正的需求，並設法滿足。
13. 在規定期限內完成交代的工作。
14. 彈性靈活調整教保活動內容以反應幼兒的需求。
15. 彈性靈活運用各種資源於幼兒教保活動上。
16. 熱情服務家長，獲得家長高度肯定。
17. 上課時常用肢體語言且語調生動活潑。
18. 注意每一幼童情緒並給予具體的支持與鼓勵。
19. 精心營造班級學習氣氛。
20. 額外提供家長特殊幼兒問題的諮詢服務管道與資源。
21. 主動將家長或者社區人士的意見反應給園所。
22. 透過隨機教育協助幼童學習生活自理。

已婚與未婚幼兒教師工作家庭衝突差異研究：
測量不變性之探索

李新民
（樹德科技大學幼保系副教授）

許雅蘋
（樹德科技大學幼保系專案研究助理）

壹、緒論

對一個成熟的個體而言，生命中最重要的兩個課題便是工作與家庭的經營，當來自這兩個生活範疇的角色壓力出現不相容，或是個人心力付出未能兼容並蓄、方圓相濟這兩個生命領域時，所謂的工作家庭衝突（work—family conflict, WFC）便成為每日生活實踐的心理掙扎與磨難（Greenhaus & Beutell, 1985; Kahn, Wolfe, Quin, Snoek, Rosenthal, 1964）。在不同人群當中，職業婦女的工作家庭衝突最引人矚目。畢竟，在傳統文化的社會化框架下，女性被視為家庭的照顧者（caregiver）與滋養者（nurturers），而在西方文化後現代社會氛圍的啟發下，女性投入職場又被視為一種自我實現與自我肯定的昇華。在傳統與現代含混交織，東西文化交鋒之際，職業婦女的確是比男性工作者有著更複雜與強烈的工作家庭衝突感受（Gutek, Searle, & Klewpa, 1991; Yang, 1988）。余慧君（1999）、李雪麗（1995）、崔來意（2000）的實證研究都已經證實職場中已婚婦女的工作家庭衝突之心理負荷，以及各種有形與無形的工作家庭衝突來源。

這些論述與實證雖然呼應了 Friedman 和 Greenhaus（2000）所謂的工作家庭衝突乃是已婚婦女的「生涯懲罰」（career penalty），卻也陷入理所當然地將工作家庭衝突視為已婚職業婦女「專屬困境」的偏見與刻板印象。

事實上，在工作家庭衝突此一無法同時扮演好各種角色所造成的困擾及紛爭中，包含著工作干擾家庭（work interference with family, WIF）和家庭干擾工作（family interference with work, FIW）兩個面向，而這種雙向干擾模式，隱含著工作上的上司、下屬工作角色以及家庭中為人母、人妻、人子、兄弟姊妹等多重角色的糾葛，並不限於單純的組織下屬成員工作以及家庭妻子母親角色衝突（Adams, King, & King, 1996; Frone, Russell, & Copper, 1992）。更何況在後現代社會價值與傳統文化禮教糾纏中，已婚職場女性有時反倒可能從公公婆婆中取得照顧子女的資源，未婚職場女性卻反而陷入處理家務又無丈夫、公婆支援的困境中。換言之，將工作家庭衝突限定為已婚女性工作者的特定難題，其實是一種意識形態的化約。例如，Beutell 和 Greenhaus（1980）、Pleck, Staines 和 Lang（1980）都將工作家庭衝突視為已婚與未婚者的共同問題。其中有所差別之處乃是已婚工作者工作干擾家庭的問題較未婚者強烈。但是，如果職場女性工作的性質亦是照顧與滋養，諸如幼兒將師、護士、女性社會福利工作者這些人員，則工作與家庭生活的性質類似，已婚與未婚之工作家庭衝突差異是否依然呈現工作干擾家庭和家庭干擾工作兩因素構面，實頗堪玩味。

承上所述，如幼兒教師、護士、女性社會福利工作者之類的工作角色與家庭成員角色相近者，其工作家庭衝突因素結構組型是否出現工作干擾家庭和家庭干擾工作兩構面，已婚和未婚者對雙向干擾的評量指標之意涵理解是否等同，亟待實證研究查考解析。另外一方面，幼兒教師肩負教育以及照顧國家未來幼苗的重責大任，其是否出現工作家庭衝突的工作干擾

家庭和家庭干擾工作兩構面，若能加以探析，對幼兒教師心理素質的明晰以及高品質教保工作服務的維繫實意義深遠。正如 Lewin（1936）的主張，個體往往是根據「事實的知覺」而非「事實的真相」加以反應。為了維護良好的幼兒教保工作質量，幼兒教師對工作家庭衝突的主觀知覺之量測實有其必要性。而若要將已婚和未婚幼兒教師視為同一群體，以同一個量表來評估，則所謂的測量不變性（measurement invariance, MI）便有檢定的必要性。

　　測量不變性的探析對於傳統教育或者應用心理研究以一份量表評量不同組別受試者分數，然後進行變異數分析的差異比較，或是不同組別受試者量表分數與相關變項之關聯研究等等做法提出深刻的方法論省思（黃芳銘，2004）。自從多樣本結構方程模式（multi-group structural equation modeling）技術興起之後，測量不變性所探析的同一份量表之題目對不同群組受試者是否意味著相同的特質（trait），以便不同群組受試者量表分數的比較分析能夠得到有意義的解釋，便成為一項極為重要的統計分析解釋課題（邱皓政，2003；Cheung & Rensvold, 2002）。亦即組間比較的前提，必須先假設量表分數背後的題目分數對不同組別受試者具有相同的涵意，否則將無法得知組間差異是一種「事實的知覺」之差異，抑或不同組別受試者對觀察變項的心向反映（黃芳銘，2004; Meredith, 1993）。

　　總結上述，本研究以「已婚與未婚幼兒教師工作家庭衝突差異研究：測量不變性之探索」為題進行研究，研究者意圖發展可以同時評量已婚和未婚幼兒教師工作家庭衝突的量表，蒐集實證資料，透過測量不變性的多樣本分析，來釐清已婚和未婚的受試者在幼兒教師工作家庭衝突量表的反應是否具有相同的「事實知覺」之意涵。

貳、文獻探討

在進行實證分析之前，研究者首先就工作家庭衝突的涵意、評量，以及已婚和未婚群組差異之實證依據加以論述，以提供學理和實證的支持證據，避免毫無根據的盲目統計分析。

一、工作家庭衝突之定義

Kahn 等人（1964）在 Coser 於 1956 年將衝突概念引進社會人文科學之後，首先提出工作家庭衝突的概念，其將工作家庭衝突視為一種工作和家庭領域間存在著某種程度的不相容所造成的角色間衝突壓力。後續的學術論證與實證研析提出兩套工作家庭衝突因素構面界說。其一是 Greenhaus 和 Beutell（1985）、Stephens 和 Sommer（1996）的工作對家庭衝突來源：時間（time）、緊張（strain）、和行為（behavior）衝突三因素構面界定。其二是 Gutek 等人（1991），Judge, Boudreau 和 Bretz.Jr（1994），以及 Netemeyer, Boles 和 McMurrian（1996）的工作干擾家庭和家庭干擾工作兩因素構面界定。

就時間衝突、緊張衝突、和行為衝突三因素構面界定而言，其側重在工作對家庭的衝突三種來源，依序是多重角色需求對個人時間爭奪或者競爭所呈現的時間衝突、多重角色需求對個人有限心力的擠壓所製造的緊張衝突、多重角色需求引發個人行為模式不相容的行為衝突（Greenhaus & Beutell,1985; Stephens & Sommer, 1996）。然而，這種因素構面界定出現了論述上的混淆以及操作型界定的重疊。例如，Greenhaus 和 Parasuraman（1999）聲稱，時間衝突和緊張衝突之間有部分共同的來源，亦即時間衝突和緊張衝突並非完全分離的概念。而 Carlson, Kacmar 和 Williams（2000）則是強調截至目前為止並無沒有實證研究支持行為衝突此一因素構面的

存在。事實上，時間衝突和緊張衝突都是工作和家庭兩領域多重角色衝突的「副作用」，兩者本即一體兩面如影隨形，強自切割分離並無法彰顯真實生活「知覺現實」的有機連帶（organic solidarity）。亦即，在分工社會中個人獨特功能的系統運作乃是統整時間與心力上的資源與限制，並非兩套系統各自運作。就行為衝突而言，則是混淆了工作家庭衝突的概念屬性，畢竟工作家庭衝突是一種主觀感受的「知覺現實」，行為乃是此一主觀感受的後續結果，而非此一主觀感受的前置影響因素，將知覺心向和實際行為反應混為一談實引人爭議。

循上所述，目前有關工作家庭衝突的因素構面界說乃是著重在工作干擾家庭和家庭干擾工作的兩向度界定。畢竟，時間衝突、緊張衝突、和行為衝突三因素構面界定只專注於工作對家庭的干擾，但在真實生活世界，家庭亦可能反過來干擾工作，工作家庭衝突其實是一種雙向的概念（Frone, et al., 1992）。當個人工作上的問題和責任干擾到家庭義務的履行時，而感到工作職場要求與義務衝擊家庭生活的品質，其所呈現的是工作干擾家庭此一事實之知覺。如果個人家庭上的問題和責任干擾到工作任務的完成時，感受到家庭的要求與責任影響工作的完成與表現，浮現的則是家庭干擾工作此一事實之知覺（Treistman, 2004）。

工作干擾家庭又稱作「工作對家庭衝突」（work-to-family conflict, WFC），家庭干擾工作亦稱作「家庭對工作衝突」（family-to-work conflict, FWC），此種工作家庭衝突雙向概念見解充分反映出 Ashforth, Kreiner 和 Fugate（2000）、Clark（2000）所謂的工作家庭界線理論之精神。個體可能在工作家庭兩領域之間失衡，由某領域向另一個領域溢出（spillover），而這種溢出現象不但指出工作干擾家庭和家庭干擾工作的同時並存，同時也點出兩者間可能相互影響。根據 Gutek 等人（1991）以及 Netemeyer 等人（1996）的實證研究，工作干擾家庭以及家庭干擾工作兩個面向的確是彼此有所關聯，但又不失其獨立性。

二、工作家庭衝突之評量

　　既然工作家庭衝突被定位為一種主觀知覺之個別差異情境變項，則其評量方式便以自陳量表為主，而符應上述工作干擾家庭和家庭干擾工作的兩向度界定實證研究與評量工具發展運用也日益盛行。Adams 等人（1996）的評量研究便同時採用 Kopelman, Greenhaus 和 Connolly（1983）發展的工作干擾家庭量表，以及 Burley（1991）發展的家庭干擾工作量表，兩種 Likert 式五點自陳量表來評量工作家庭衝突。Kopelman 等人（1983）的工作干擾家庭量表題目內容涉及「我在家老是想到工作」、「工作消磨掉我在家時間」之類的問題；Burley（1991）的家庭干擾工作量表題目內容涉及「家事讓我累到無法工作」、「我老是在工作時想到家裡的事」之類的問題。Adams 等人（1996）的評量研究發現兩個量表的 Cronbach's α係數分別是.72、.60。

　　Gutek 等人（1991）的評量研究則以自編的「工作家庭衝突量表」為研究工具，此一研究工具包含工作干擾家庭分量表、家庭干擾工作分量表。量表型式為 Likert 式五點自陳量表，前者題目涉及「我因為工作太累，回家已經無力處理家裡的事情」之類問題，後者題目涉及「我因為處理家裡的事情太累，已經無法在工作上用心」之類的問題。Gutek 等人（1991）將實證資料利用最大變異法轉軸進行因素分析，分析結果顯示工作干擾家庭和家庭干擾工作兩個分量表的因素負荷量有明顯的區隔，而兩種衝突之間的相關 r＝.26。

　　Netemeyer 等人（1996）的實證研究同時運用「工作對家庭衝突」和「家庭對工作衝突」兩個自編量表來評量工作家庭衝突，量表型式為 Likert 式七點自陳量表，前者題目涉及「工作上的要求嚴重干擾我的家庭生活」之類問題，後者題目涉及「家庭生活壓力讓我工作能力嚴重下降」之類的問題。Netemeyer 等人（1996）的實證研究發現指出「工作

對家庭衝突」和「家庭對工作衝突」兩個量表的 Cronbach's α係數分別是.88、.86，且有區別效度（discriminant validity）存在。Treistman（2004）利用 Netemeyer 等人（1996）評量工具進行後續評量研究，其研究發現實證資料透過斜交轉軸因素分析可以求得兩個因素之解，兩種衝突之間的相關 r = .41。

　　將上述評量研究發現應用到本研究對象，則幼兒教師的工作家庭衝突應包含幼兒教保工作對於幼兒教師家庭生活干擾的工作干擾家庭角色衝突事實主觀知覺，以及幼兒教師家庭生活干擾教保工作的家庭干擾工作角色衝突事實主觀知覺，兩者彼此之間有關聯但又各自獨立存在。換言之，採取驗證性因素分析來考驗幼兒教師的工作家庭衝突測量模式，理當呈現二因素斜交模式，而且工作干擾家庭和家庭干擾工作兩個潛在變項之間應該具備區別效度。

三、已婚和未婚工作者工作家庭衝突之差異

　　Beutell 和 Greenhaus（1980）、Netemeyer 等人（1996）、Pleck 等人（1980）的研究發現，已婚者的工作家庭衝突大於未婚者的工作家庭衝突，特別是在工作干擾家庭部分，已婚工作者比未婚工作者感受強烈。這些研究發現似乎驗證了上述 Friedman 和 Greenhaus（2000）所謂的工作家庭衝突乃是已婚婦女的「生涯懲罰」。然而若將此研究發現反映至本研究對象，則無疑是一弔詭的局面，幼兒教師本即是解決已婚婦女工作家庭無法兼顧的幼兒替代照顧人物，替人解決工作家庭衝突的人，其本身是否也同樣遭逢已婚育子之後工作家庭衝突提高的問題？同樣遭受社會刻板印象造成的「生涯懲罰」？實值得實證研究解析。

　　無論如何，回歸本土脈絡反省西方實證研究發現的啟示，則不能不釐清傳統華人文化與西方文化的交鋒，以及台灣職業婦女在工作與家庭

兩個生活領域因應的機智。在西方文化中，強調個人本位主義，著重自我生命的實踐，而傳統華人社會表彰家族主義，強調社會常模（social norms）的規範（楊國樞，2005；楊國樞、余安邦、葉明華，1991）。準此而論，走入婚姻便回歸傳統，在傳統女性的符碼箝制下，已婚女性工作者必須額外增加夫家家族的角色負擔，其家庭工作義務的壓力將製造較強烈的工作家庭衝突感受（楊瑞珠，1997）。而未婚女性工作者，在婚姻制度枷鎖之外將有更多的時間與精力去追逐夢想，乃至在雜匯文化（hybrid culture）的台灣社會中，悠游穿梭於疆域毀壞（de-territorialization）之中，因而獲得較大自由度與較小的工作家庭衝突感受知覺。但相關研究，諸如林盈慧（1996）、陳芬憶（2002）、楊國樞和鄭伯壎（1988）等人的研究發現卻證實台灣婦女其實是同時擁有個人傳統性與個人現代性（individual traditionality-modernity）兩套心理機制。換句話說，在睿智的台灣女性族群中，不論已婚未婚，其從事職場工作，面對工作家庭衝突乃是兼容並蓄華人文化與西方文化的巧智。想當然爾地認定已婚工作者之工作家庭衝突感受較強，乃是簡化複雜的現實。

　　無論如何，已婚與未婚幼兒教師工作家庭衝突是否有差異，此一差異是真實的知覺感受差異，抑或已婚與未婚幼兒教師對工作家庭衝突有不同的解釋型態，唯有透過測量不變性的實證探查檢定方能得知。以傳統的量表分數加總，進行變異數分析，此種數學估算程序，其實忽略了心理特質對等（equivalence）以及潛在平均數、變異數、共變性的不變性（invariance）。透過量表題目的測量不變性驗證性因素分析，將是以更嚴謹的方法學來探究已婚與未婚幼兒教師工作家庭衝突差異之所在。

參、研究方法

一、研究樣本

　　本研究旨在發展適合已婚與未婚幼兒教師工作家庭衝突量表，建構此一量表的心理計量品質，並進一步檢驗已婚與未婚幼兒教師這兩群組的驗證性分析模式所得因素結構是否可以被檢定為相等，亦即，幼兒教師工作家庭衝突量表的題目是否具有測量不變性。因此，本研究樣本包含量表建構、測量模式檢定以及測量不變性檢驗三組樣本。第一組樣本以 N_1 表示，包含高雄地區 90 名已婚幼兒教師以及 90 名未婚幼兒教師，計 180 人；第二組樣本以 N_2 表徵，包含高高屏地區 90 名已婚幼兒教師以及 90 名未婚幼兒教師，計 180 人；第三組樣本以 N_3 表徵，包含高高屏地區 279 名已婚幼兒教師以及以及 306 名未婚幼兒教師，計 585 人。

二、研究工具發展與心理計量分析

　　本研究以自編「幼兒教師工作家庭衝突量表」來蒐集實證資料。茲說明研究工具編製發展過程、內容以及信、效度如下。

（一）發展過程

1、確立評量目的與構面

　　研究者根據理論建構，參考 Kopelman 等人（1983）的「工作干擾家庭量表」、Burley（1991）的「家庭干擾工作量表」、以及 Gutek 等人（1991）的「工作家庭衝突量表」，在工作干擾家庭、家庭干擾工作的因素構面架構下，發展評量幼兒教師工作家庭衝突的「幼兒教師工作家庭衝突量表」。

2、題目的編製

研究者透過立意抽樣，諮詢熟悉幼兒教師以及幼兒園所運作生態的主題專家（subject matter experts, SMEs）之意見，以作為發展「幼兒教師工作家庭衝突量表」題目之參考。這些主題專家包括負責管理幼稚園、托兒所的公部門人員 2 人，資深的幼兒教師 5 人與幼稚園園長、托兒所所長 7 人。

3、內容效度建立

研究者根據主題專家諮詢意見的資料分析整理結果，來發展「幼兒教師工作家庭衝突量表」之初稿。初稿題目 32 題，經研究者邀請熟悉幼兒教師工作家庭衝突的專家學者 3 人進行內容效度與適切性評鑑（assessment of content validity and relevance）之後，刪除 13 題，保留 18 題構成預試量表。

4、預試與信效度考驗

預試量表完成之後，研究者抽樣 180 名高雄地區幼兒教師，進行預試蒐集實證資料。實證資料透過探索性因素分析、Cronbach's α 係數分析來進行傳統信、效度分析並刪減 6 道題目，修正成 12 個題目的正式量表。

（二）量表內容與信、效度

1、量表內容設計

量表內容包含工作干擾家庭、家庭干擾工作兩個分量表，分別包含評量工作干擾家庭以及家庭干擾工作的指標題目。量表設計採取 Likert 式五點量表，依照「非常同意」、「同意」、「有點不同意」、「不同意」、「非常不同意」等反應程度分別給予 5 分、4 分、3 分、2 分、1 分。

2、量表信、效度

量表初稿經修正預試刪減題目之後，剩下 12 個題目，6 題評量工作干擾家庭，6 題評量家庭干擾工作，其傳統信、效度考驗結果如表一所示。

表一：「幼兒教師工作家庭衝突量表」信、效度考驗摘要表 N₁=180

分量表	評量題目	因素負荷量	解釋變異量%	Cronbach's α
工作干擾家庭	1. 園所工作要求干擾我的居家生活作息。	.549	32.639%	.828
	2. 園所工作佔用我處理家務事的時間。	.528		
	3. 幼兒教保工作繁瑣讓我心力交瘁無心處理家務事。	.595		
	4. 園所工作負荷讓我無法全心全意照顧家人。	.590		
	5. 下班回家後，我的心思仍停留在幼兒的教保活動上。	.572		
	6. 下班回家後，我已經累到無力處理家事。	.524		
家庭干擾工作	7. 家庭活動消耗我在園所工作的精力。	.530	30.360%	.847
	8. 家務事讓我無法專心進行教學工作。	.608		
	9. 家人的需要妨礙我園所工作的順利進行。	.621		
	10. 家人的要求讓我無法在園所加班。	.519		
	11. 家事繁忙影響我的幼兒教保工作表現。	.541		
	12. 家庭責任重大，讓我無法全心全力投入園所工作。	.512		
總量表			62.999%	.907

　　根據表一，在主軸法萃取因素，Direct Oblimax 斜交轉軸求取簡單結構的探索性因素分析之下，每個題目的因素負荷量都在.5 以上，兩個分量表的解釋變異量分別是 32.639%、30.360%，合計 62.999%。兩個分量表的

Cronbach's α 係數分別是.828、.847，總量表 Cronbach's α 係數為.907。傳統信效度表現尚在可接受範圍。

三、測量假設模式

研究者依據上述文獻探討，採取 Byrne（1994）、Jöreskog 和 Sörbom（1989）的建議，在虛無模式基準上納入各種選替模式（alternative model），以第二組樣本進行競爭模式比較分析，再選擇契合度較適切模式作為最終模式。同時依據 Meade 和 Kroustalis（2005）的建議以原始題目分數作為觀察指標，藉此減少合併題目組合分數對測量模式不變性分析的遮蔽（mask）。研究者本於理論基礎與邏輯概念，依序建構單階單因素模式（模式 1a）、單階二因素直交模式（模式 1b）、單階二因素斜交模式（模式 1c）、二級因素模式等測量假設模式（模式 1d）。

四、測量不變性分析

在測量假設模式檢定契合度較適切模式基礎上，以第三組樣本對測量不變性採取兩階段分析策略。第一階段進行單樣本的驗證性因素分析，第二階段進行多樣本的驗證性因素分析。兩階段的分析皆以收集到的第三組樣本實證資料為分析的基礎。第一階段的單樣本驗證性因素分析，包含整體樣本、已婚幼兒教師樣本、未婚幼兒教師樣本的基準模式（baseline model）獨立分析，並進行適配度評鑑，適配度評鑑顯示模式與觀察資料契合之後，進入第二階段的多樣本驗證性因素分析。

多樣本驗證性因素分析乃是一系列逐步設限的巢套模式（nested model），從比較不受限的基準模式起始，一層層地限制。模式 2a 乃是已婚與未婚幼兒教師兩個獨立無關聯但結構相同的驗證性因素分析之組

合。模式 2b 假設已婚與未婚幼兒教師在工作家庭衝突因素負荷量相等，即 $H_\Lambda : \Lambda_x^{(已婚)} = \Lambda_x^{(未婚)}$，進而實施因素組型不變性檢驗。模式 2c 進一步假設已婚與未婚幼兒教師工作家庭衝突在因素負荷量與截距是相等，即增加 $H_{\Lambda \cdot v} : \tau_i^{(已婚)} = \tau_i^{(未婚)}$。模式 2d 在進一步假設兩個樣本的測量殘差變異相等，亦即增加 $H_{\Lambda \cdot \Theta\delta} : \Theta_\delta^{(已婚)} = \Theta_\delta^{(未婚)}$，進而實施殘差變異不變性檢驗。模式 2e 更進一步假設已婚與未婚幼兒教師工作家庭衝突在因素負荷量、截距、測量殘差變異、因素變異數均相等，亦即增加 $H_{\Lambda \cdot \Phi(jj)} : \Phi_{jj}^{(已婚)} = \Phi_{jj}^{(未婚)}$。模式 2f 假設兩個樣本的因素負荷量、截距、測量殘差變異、因素變異數、因素共變數均相等，亦即增加 $H_{\Lambda \cdot \Phi(jj')} : \Phi_{jj'}^{(已婚)} = \Phi_{jj'}^{(未婚)}$。透過這六個模式的比較，以進行不同層次的測量不變性分析，同時針對有差異的假設進行細部的檢定。換言之，從模式 2a 起始，逐漸設限，模式 2b 至模式 2f 的估計參數越來越少，自由度與卡方值越來越大，根據後一個模式與前一個模式的卡方差異值檢定，若是出現達到顯著水準的現象時，針對出現差異顯著之模式進行細部的個別不變性檢定。

肆、結果與討論

一、幼兒教師工作家庭衝突的因素結構

根據文獻探討，工作家庭衝突是一包含工作干擾家庭、家庭干擾工作兩因素，且兩因素有關連的二因素斜交因素結構，為了釐清此一假設測量模式是否成立，研究者進行單階單因素模式（模式 1a）、單階二因素直交模式（模式 1b）、單階二因素斜交模式（模式 1c）、二級因素模式（模式 1d）等測量假設模式的模式比較。根據所謂的 t 規則，12 個量表題目所構成的觀察變項，共可提供（12×13）$\div 2 = 78$ 個資料點（data point, DP），模式 1a 至模式 1d 實際估計參數分別為 24、24、25、26，四個模式皆可辨

識（identified）。模式辨識無誤之後，進行模式適配度評鑑。然二級因素
模式，在 LISREL 的報表呈現警告語句：「W_A_R_N_I_N_G: LY 7,2 may
not be identified. Standard Errors, T-Values, Modification Indices, and
Standardized Residuals cannot be computed」顯示二級因素模式有模式界定
的問題，無法以數學估算程式計算出來，因此二級因素模式此一假設測量
模式被剔除，只剩下單階單因素模式（模式 1a）、單階二因素直交模式（模
式 1b）、單階二因素斜交模式（模式 1c）的競爭比較，三個不同測量模
式適配度指標比較如表二所示。

表二：不同測量模式適配度指標比較　　　$N_2 = 180$

模式	模式 1a	模式 1b	模式 1c
適配度指標（理想數值）	單因素模式	二因素直交模式	二因素斜交模式
卡方值 χ^2（越小越好）	569.27	110.223	100.01
自由度 df	54	54	53
p 值　(>.05)	.000	.000	.000
卡方自由度比 χ^2/df (<3)	10.542	2.041	1.887
漸進誤差均方根 RMSEA (<.05)	.231	.076	.070
標準化均方根殘差 SRMR(<.05)	.172	.105	.047
適配度指標 GFI　(>.9)	.654	.907	.915
調整後適配度指標 AGFI　(>.9)	.500	.866	.875
常態適配度指標 NFI　(>.9)	.542	.871	.883
非規範適配指標 NNFI　(>.9)	.578	.914	.928
比較適配指標 CFI　(>.9)	.573	.930	.942
增值適配指標 IFI　(>.9)	.579	.931	.943
簡效適配指標 PGFI　(>.5)	.453	.628	.622
簡效常態適配度指標 PNFI　(>.5)	.443	.712	.709
期望交叉效度指標 ECVI（越小越好）	3.448	.884	.838
Akaike information criterion AIC（越小越好）	617.266	158.223	150.010
Consistent Akaike information criterion CAIC（越小越好）	717.900	258.854	254.834

　　根據表二，模式 1c 在絕對適配量測（absolute fit measures）指標、增值適配量測（incremental fit measures）指標，以及簡效適配量測（parsimonious fit measures）等指標的表現優於模式 1a、模式 1b，其和觀察資料較契合，模式解釋力也較大。根據 Jöreskog 和 Sörbom（1993）主張專門用來比較數個競爭模式與觀察資料的適配度之 ECVI、AIC、CAIC 數值，則以模式 1c 表徵的二因素斜交模式數值最小，顯示其適配度的波動性最小。又根基文獻探討，相關實證研究發現，也指稱工作家庭衝突兩因素構面之間有關聯存在，在理論優位性考量下，幼兒教師工作家庭衝突此一主觀事實知覺比較適合以二因素斜交模式來解讀。

　　根據適配度評鑑結果以及文獻探討的相關研究發現，研究者選擇二因素斜交模式作為最終模式，進行內部估計參數的說明，詳細內容如圖一所示。

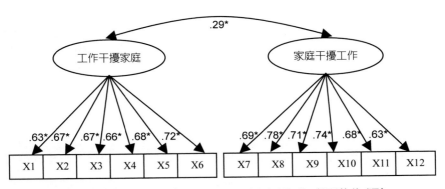

圖一：幼兒教師工作家庭衝突二因素斜交模式（標準化解）N₂= 180

註：x1 至 x12 係指「幼兒教師工作家庭衝突量表」題號*p<.05

　　根據圖一，標準化之因素負荷量 λ1 至 λ12 介於.63 至.78 之間，全部在理想範圍.50 至.95 之間。觀察變項所測量潛在變項（構面）之組合信度（composite reliability）分別為.830、.814，大於 .6 的理想數值，平均變異抽取量（average variance extracted）分別為.450、.514，趨近或大於.5 的理

想數值。此一現象說明所有潛在變項受其建構的觀察變項的貢獻比誤差所貢獻的量還大，各潛在變項已然具有適當的聚斂效度，同時也說明工作家庭衝突二因素斜交模式此一假設模式的「測量模式適配」（measurment model fit）已在可接受範圍（余民寧，2006；Jöreskog & Sörbom, 1989）。

　　總言之，此一研究發現呼應 Gutek 等人（1991）、Netemeyer 等人（1996）、Treistman（2004）的研究發現，亦即工作家庭衝突是二向度心理構念，而且工作干擾家庭、家庭干擾工作兩因素有顯著關聯存在。此一假設模式誠然可作為測量模式不變性的基準模式。但另外一個值得追究的問題是，工作干擾家庭、家庭干擾工作之間是否具備區別效度。於是研究者以 r±1.96 標準誤計算工作干擾家庭、家庭干擾工作相關的 95%近似信賴區間，估算結果發現信賴區間並未包含 1。此外，相關設定為 1 與自由估計的卡方差異△χ^2 (1)＝311.963，p＝.000，達顯著水準。這些估算與檢定都說明工作干擾家庭、家庭干擾工作兩個潛在變項間的相關是可以區別的（黃芳銘，2004）。

二、幼兒教師工作家庭衝突的測量不變性

　　根基上述，研究者以二因素斜交模式為基準模式進行已婚和未婚幼兒教師的測量不變性分析。首先進行整體樣本、已婚幼兒教師樣本和未婚幼兒教師樣本的二因素斜交模式驗證性因素分析，適配度評鑑如表三所示。

表三：不同樣本適配度指標比較　　　$N_3 = 585$

樣本	整體樣本（N＝585）	已婚樣本（N＝279）	未婚樣本（N＝306）
適配度指標（理想數值）			
卡方值 χ^2（越小越好）	118.132	89.048	99.111
自由度 df	53	53	53
p 值　(>.05)	.000	.001	.000
卡方自由度比 χ^2/df (<3)	2.229	1.680	1.870
漸進誤差均方根 RMSEA (<.05)	.046	.049	.053
標準化均方根殘差 SRMR(<.05)	.021	.025	.025
適配度指標 GFI　(>.9)	.967	.949	.949
調整後適配度指標 AGFI (>.9)	.952	.925	.924
常態適配度指標 NFI　(>.9)	.968	.958	.953
非規範適配度指標 NNFI　(>.9)	.977	.978	.970
比較適配指標 CFI　(>.9)	.982	.982	.976
增值適配度指標 IFI　(>.9)	.982	.982	.976
簡效適配度指標 PGFI (>.5)	.657	.645	.645
簡效常態適配度指標 PNFI (>.5)	.778	.800	.765

　　根據表三，除了 χ^2 值考驗達顯著水準之外，以及未婚樣本的 RMSEA 值未達理想門檻以外，整體樣本、已婚樣本、未婚樣本的適配度評鑑指標都已達理想門檻值，假設模式與觀察資料的契合度都在可接受範圍，亦即工作家庭衝突二因素斜交模式受到整體樣本、已婚幼兒教師樣本和未婚幼兒教師樣本的支持。細部檢視三個樣本的適配度指標，可知三個樣本的表現不相上下，其與觀察資料契合度約略一致，模式解釋力也大致一樣。因此可以進行下一階段的多樣本模式估計程序。測量不變性檢定結果如表四所示。

表四：測量不變性假設考驗統計摘要　　N₃＝585

模式比較	χ^2 (df) p	$\Delta\chi^2$ (Δdf) p	GFI	ΔGFI	CFI	ΔCFI
M2a 基底模式 因素數目不變性	188.160 (106) .000	------------	.949	------------	.979	------------
M2b 因素數目、負荷量 不變性	200.812 (116) .000	12.652 (10) .243	.946	-.003	.978	-.001
M2c 因素數目、負荷量 與截距不變性	222.107 (128) .000	21.295 (12) .046	.945	-.001	.976	-.002
M2d 因素數目、負荷量、 截距與測量誤不變性	292.586 (140) .000	70.479 (12) .000	.931	-.014	.961	-.015
M2e 因素數目、負荷 量、截距、測量誤與變 異數不變性	293.607 (142) .000	1.021 (2) .600	.931	-.000	.961	-.000
M2f 因素數目、負荷量、 截距、測量誤、變異數 與共變數不變性	293.613 (143) .000	.006 (1) .938	.931	-.000	.961	-.000

　　檢視表四，ΔCFI 以及 ΔGFI 乃是 Cheung 和 Rensvold（2002）提出，其主張絕對值分別大於 0.01 以及 0.02 表示測量不變性的假設不成立。但目前學界並未完全接受此一判斷法則，茲依照黃芳銘（2004）的主張，以卡方差異值檢定為主要判斷依據。根據 $\Delta\chi^2$ 的考驗則已婚幼兒教師和未婚幼兒教師在截距以及殘差變異上未具有不變性存在。因此進一步進行個別截距以及殘差變異不變性之檢定如表五所示。

　　根據表五，在部分測量不變性（partial measurement invariance）檢驗之下，除了第 1 題具有截距的不變性之外，其他題目皆未具備截距不變性。易言之，除了第 1 題以外，已婚幼兒教師和未婚幼兒教師在工作家庭衝突量表的題目反應具有起始點的差異，已婚幼兒教師和未婚幼兒教師對這些題目的反應具有系統性的高低差異。檢視 LISREL 報表的 TAU 參數顯著性統計量，所有題目 t 值皆大於 1.96，截距實顯著不等於 0。檢查 12 題目的平均數，可知已婚幼兒教師的平均數分別是 2.48、2.53、2.65、2.56、2.73、2.84、1.97、1.96、1.93、1.92、1.90、1.96，而未婚幼兒教師的平均數則是 2.25、2.35、2.44、2.33、2.37、2.60、1.94、1.94、2.06、2.04、1.96、2.00。已婚幼兒教師在工作干擾家庭所屬題目的平均得分較高，而未婚幼兒教師在家庭干擾工作所屬後面 4 個題目的平均得分較高。

　　就測量誤差而言，第 2、3、5、6、8、9、10、12 題之誤差項具備不變性，其他題目誤差變異未具備不變性。換句話說，已婚和未婚幼兒教師在工作家庭衝突量表的第 1、4、7、11 題之信度有差異。檢視 LISREL 報表的 SMC 值（Squared Multiple Correlations），已婚幼兒教師在量表題目的 SMC 值分別是.584、.573、.555、.694、.600、.678、.644、.729、.627、.564、.671、.733，未婚幼兒教師在量表題目的 SMC 值則分別是.600、.567、.527、.674、.660、.625、.560、.726、.635、.613、.622、.599。已婚和未婚幼兒教師在工作家庭衝突量表題目反應的信度並不一致。

表五： 個別截距以及殘差變異不變性考驗統計摘要　$N_3 = 585$

模式比較	χ^2 （df） p	$\Delta\chi^2$ （Δdf） p	模式比較	χ^2 （df） p	$\Delta\chi^2$ （Δdf） p
因素數目、負荷量不變性	200.812 （116） .000	------------	因素數目、負荷量與截距不變性	222.107 （128） .000	------------

因素數目、負荷量、X1 截距不變性	204.588 (117) .000	3.776 (1) .052	因素數目、負荷量、截距與 X1 測量誤不變性	231.515 (129) .000	9.408 (1) .002
因素數目、負荷量、X2 截距不變性	211.593 (117) .000	10.781 (1) .001	因素數目、負荷量、截距與 X2 測量誤不變性	222.442 (129) .000	.335 (1) .563
因素數目、負荷量、X3 截距不變性	212.496 (117) .001	11.684 (1) .001	因素數目、負荷量、截距與 X3 測量誤不變性	222.373 (129) .000	.266 (1) .606
因素數目、負荷量、X4 截距不變性	214.062 (117) .000	13.250 (1) .000	因素數目、負荷量、截距與 X4 測量誤不變性	234.351 (129) .000	12.244 (1) .000
因素數目、負荷量、X5 截距不變性	221.679 (117) .000	20.867 (1) .000	因素數目、負荷量、截距與 X5 測量誤不變性	220.904 (129) .000	1.203 (1) .273
因素數目、負荷量、X6 截距不變性	215.253 (117) .000	14.441 (1) .000	因素數目、負荷量、截距與 X6 測量誤不變性	221.938 (129) .000	.169 (1) .681
因素數目、負荷量、X7 截距不變性	209.140 (117) .002	8.328 (1) .004	因素數目、負荷量、截距與 X7 測量誤不變性	238.747 (129) .000	16.640 (1) .000
因素數目、負荷量、X8 截距不變性	209.089 (117) .000	8.277 (1) .004	因素數目、負荷量、截距與 X8 測量誤不變性	224.046 (129) .000	1.939 (1) .164
因素數目、負荷量、X9 截距不變性	210.868 (117) .000	10.056 (1) .002	因素數目、負荷量、截距與 X9 測量誤不變性	222.279 (129) .000	.172 (1) .678
因素數目、負荷量、X10 截距不變性	210.553 (117) .000	9.741 (1) .002	因素數目、負荷量、截距與 X10 測量誤不變性	224.582 (129) .000	2.475 (1) .116
因素數目、負荷量、X11 截距不變性	209.461 (117) .000	8.649 (1) .003	因素數目、負荷量、截距與 X11 測量誤不變性	229.328 (129) .001	28.397 (1) .000
因素數目、負荷量、X12 截距不變性	209.240 (117) .000	8.428 (1) .004	因素數目、負荷量、截距與 X12 測量誤不變性	250.504 (129) .000	.891 (1) .345

　　總結上述，題目層次（item-level）的測量不變性檢定顯示，$H_\Lambda : \Lambda_x^{(\text{已婚})}$ $= \Lambda_x^{(\text{未婚})}$ 未能拒絕，連結工作干擾家庭、家庭干擾工作潛在變項到測量題目觀察變項的因素負荷量，在已婚幼兒教師和未婚幼兒教師兩群組間是相等的，這些題目對已婚和未婚幼兒教師而言是具有相等的效度。$H_{\Lambda\cdot v} :$ $\tau_i^{(\text{已婚})} = \tau_i^{(\text{未婚})}$ 未能成立，部分測量不變性考驗顯示，TAU 參數顯著不等於 0，已婚幼兒教師和未婚幼兒教師在工作家庭衝突量表的題目反應上具有起始點的差異，已婚幼兒教師在工作干擾家庭的題目得分較高，未婚幼兒教師在家庭干擾工作後四題得分較高。$H_{\Lambda\cdot\Theta\delta} : \Theta_\delta^{(\text{已婚})} = \Theta_\delta^{(\text{未婚})}$ 未能成立，部分測量不變性考驗顯示已婚和未婚幼兒教師在工作家庭衝突量表的第 1、4、7、11 題之信度有差異。對已婚和未婚幼兒教師而言，第 1、4、7、11 題未具有相同的內部一致性。不過檢視 SMC 值，這些題目的信度在兩個群組間，皆大於.5 的理想門檻值，並非是低信度的測量品質表現。$H_{\Lambda\cdot\Phi(jj)} : \Phi_{jj}^{(\text{已婚})} = \Phi_{jj}^{(\text{未婚})}$、$H_{\Lambda\cdot\Phi(jj')} : \Phi_{jj'}^{(\text{已婚})} = \Phi_{jj'}^{(\text{未婚})}$ 未能拒絕，意涵著工作干擾家庭和家庭干擾工作潛在變項所指涉的「知覺事實」，對已婚幼兒教師與未婚幼兒教師而言是一樣的，同時工作干擾家庭和家庭干擾工作的關聯，對已婚幼兒教師與未婚幼兒教師而言也是相同的。申言之，在更嚴苛的考驗下，Beutell 和 Greenhaus（1980）、Netemeyer 等人（1996）、Pleck 等人（1980）研究發現，指稱已婚者的工作家庭衝突大於未婚者的工作家庭衝突，其實是有待商榷的。在系統性的高低差異現實下，「工作家庭衝突」的操作型定義對已婚和未婚幼兒教師而言不盡相同，已婚教師工作家庭衝突主要在於工作干擾家庭，未婚幼兒教師工作家庭衝突則側重在家庭干擾工作。

　　無論如何，在教育以及應用心理學研究上，量表的編製與心理計量品質考驗佔有相當重要的角色，但是過去大多數實證研究，係在理論基礎下編製發展量表，並透過探索性因素分析與 Cronbach's α 係數進行題目的信效度考驗。這種傳統做法在結構方程模式的驗證性因素分析（SEM-CFA）

一、結論

（一）幼兒教師工作家庭衝突的因素結構是二因素斜交模式

　　根據驗證性因素分析模式比較，幼兒教師工作家庭衝突的因素結構適合以二因素斜交模式詮釋。對比其他選替模式，二因素斜交模式在「測量模式適配」表現較佳，其與觀察資料的契合度較佳，解釋力較強。換句話說，幼兒教師的工作家庭衝突包含工作干擾家庭和家庭干擾工作兩個因素構面，而這兩種工作家庭衝突方向之間有顯著關聯。

（二）幼兒教師工作家庭衝突測量不變性未達測量值不變性

　　由於測量不變性的分析發現因素數目、負荷量、截距與測量誤不變性之假設未能成立，工作家庭衝突量表對已婚和未婚幼兒教師而言，並未具備測量值不變性（scalar invariance）。在分數可比較性（full score comparability）未能確立下，對已婚和未婚幼兒教師進行工作家庭衝突量表得分的比較，極可能忽略了工作家庭衝突對已婚和未婚幼兒教師而言，其操作型定義可能不盡相同。

二、建議

（一）針對已婚和未婚幼兒教師之差異提供適切的工作家庭衝突舒緩策略

　　本研究初步發現幼兒教師工作家庭衝突包含工作干擾家庭和家庭干擾工作兩個有關聯的因素，而已婚和未婚幼兒教師在此兩因素構面有系統性的差異，已婚幼兒教師工作家庭衝突偏重在工作干擾家庭，未婚幼兒教師工作家庭衝突偏重在家庭干擾工作。針對此一差異，若欲進行工作家庭衝突舒緩的行動策略，便不能不考慮因應族群差異的「適性化」區隔策略。

以已婚幼兒教師為例，其任職單位的組織支持（organizational support），舉凡彈性工作設計，各項津貼的補助，皆有助於已婚幼兒教師兼顧家庭角色扮演的要求。而對未婚幼兒教師而言，則如何提升其時間管理能力，以便在園所工作時專注於本職工作，可說是比較適切的舒緩策略。

（二）工作家庭衝突量表的解釋應用宜謹慎保守

1、題目層次的解釋應用

根據探索性因素分析，每個題目的因素負荷量都在.6 以上，模式比較競爭驗證性因素分析所得的二因素斜交模式，顯示每個題目的標準化之因素負荷量介於.63 至.78 之間，工作家庭衝突量表題目的心理計量品質不差。然在測量不變性的檢定中，已婚幼兒教師和未婚幼兒教師兩群組出現截距和測量誤未具備不變性現象，每個題目對已婚幼兒教師和未婚幼兒教師而言並未達到量尺不變性，不宜在此二群組間進行題目分數比較。

2、分量表層次的解釋應用

模式比較競爭驗證性因素分析所得的二因素斜交模式之估計數值顯示，觀察變項（題目）所測量潛在變項（構面）之組合信度大於.6 的理想數值，平均變異抽取量趨近或大於.5 的理想數值，工作干擾家庭以及家庭干擾工作等潛在變項受其建構的觀察變項（題目）的貢獻比誤差所貢獻的量還大。然而在測量不變性的檢定中，已婚幼兒教師和未婚幼兒教師在工作家庭衝突量表的題目反應具有起始點的差異，已婚幼兒教師在工作干擾家庭的題目平均數較高，未婚幼兒教師在家庭干擾工作後四個題目平均數較高。這些系統性的高低差異，使得各分量表分數自行加總的工作干擾家庭和家庭干擾工作兩個因素構面總分（overall composites）之解釋應用具有爭議性。工作家庭衝突對已婚幼兒教師和未婚幼兒教師而言，其所表徵的具體涵義不盡相同，解釋應用上宜謹慎保守。尤其值得注意的是，分量

表總分這種組合分數，往往埋沒了個別題目的獨立性，遮蔽了測量不變性，在未更進一步反覆研究釐清之前，總分極有可能成為一個空洞的數學估算下產物，未能真實反映潛在特質或者本研究所指涉工作家庭衝突此一「知覺的事實」。

（三）幼兒教師工作家庭衝突因素結構型態宜反覆驗證

本研究初步研究發現，幼兒教師工作家庭衝突的因素結構呈現二因素斜交模式，在未進行同一母群不同樣本複核效度（cross-validation）考驗之前，並無法保證因素結構的穩定性經得起時間、空間變遷的斌煉，實不宜過度推論。特別是在本研究對象僅限於高高屏地區幼兒教師現實下，推論上難免受到限制。本研究發現的詮釋只能稱之為暫時性的結論，有關工作家庭衝突二因素斜交測量模式，是否可以永續作為測量模式不變性的基準模式，仍然保有可否證性（disconfirmability）的空間。凡此種種，都有待未來研究反覆驗證。

（四）已婚和未婚幼兒教師工作家庭衝突之差異分析宜透過測量不變性反覆檢定

過去國外相關研究，每每以組合分數表徵潛在變項，進行變異數差異檢定，進而下結論為已婚工作者工作家庭衝突大於未婚工作者，然這種考驗，並無法在細部的觀察變項（量表題目）作精確的判斷，本研究嘗試以題目表徵觀察指標，透過測量不變性此一種更加嚴謹的方法學來進行分析，並藉由部分測量不變性考驗來細部檢視截距、測量誤的差異，研究發現在本土脈絡下，出現平均數的系統性差異以及測量誤表徵的測量信度品質不一致現象。這種分析策略可以提供已婚和未婚幼兒教師工作家庭衝突差異分析更精準的細部資訊，遠比粗略的潛在變項差異更有建設性。例如，未婚幼兒教師僅在家庭干擾工作後四個題目平均數較高，這當中或許

提供家庭干擾工作前兩個題目在「領域代表性」（domain-representative）是否正當性的討論空間。但無論如何，效度證據蒐集乃是一持續不斷的學術工作，本研究所發現的已婚和未婚幼兒教師工作家庭差異是否為「逼真」，未來宜再檢定與追蹤本研究模式。

（五）以質化研究深入解析已婚和未婚幼兒教師工作家庭衝突差異之背景脈絡

　　承接上述，已婚幼兒教師和未婚幼兒教師在測量不變性的檢定上，在因素型態不變性（pattern invariance）、弱因素不變性（weak factorial invariance）之外，未能達到強因素不變性（strong factorial invariance）、嚴格因素不變性（strict factorial invariance）的完美境界，這當中除了量尺不變性需謹慎因應之外，工作家庭衝突在已婚、未婚幼兒教師族群的系統性差異，以及測量誤不等同現象，是否意味著工作家庭衝突對已婚、未婚幼兒教師有不同的意涵，仍有待未來研究採取質化分析策略去釐清深層的背景脈絡。尤其是在東西文化交鋒、世代傳承的今日台灣社會牽引下，已婚幼兒教師是否回歸傳統而感受到較強的工作干擾家庭，未婚幼兒教師是否在新時代女性實踐自我架構下而感受到較強的家庭干擾工作，實有待更深入觀察、訪談與詮析，進而挖掘更逼近真實的工作家庭衝突雙重風貌，以便提供更建設性的改進建議參照訊息。

參考書目

余民寧（2006）。潛在變項模式：SIMPLIS 的應用。台北：高等教育。

余慧君（1999）。以性別角色態度、生活型態、工作投入之角度探討女性經理人工作與家庭之調適。國立中山大學人力資源管理研究所未出版碩士論文。

李雪麗（1995）。已婚職業婦女角色衝突、組織承諾與離職意願關係之研究。國立臺灣師範大學家政教育研究所未出版碩士論文。

林盈慧（1996）。產婦個人現代性與傳統性心理特質與其接受傳統做月子習俗的態度與行為之相關性之探討。高雄醫學院護理學研究所未出版碩士論文。

邱皓政（2003）。LISREL 的理論、技術與應用。台北：雙葉。

崔來意（2000）。高科技公司女性專業人員工作-家庭衝突、工作倦怠及離職意願關係之研究。國立中山大學人力資源管理研究所未出版碩士論文。

陳芬憶（2002）。親子在個人傳統性／現代性及孝道上的契合與幸福感之相關。高雄醫學大學行為科學研究所未出版碩士論文。

黃芳銘（2004）。社會科學統計方法學—結構方程模式。台北：五南。

楊國樞（2005）。心理傳統性與現代性。輯於楊國樞、黃光國、楊中芳（主編）：華人本土心理學（頁 713-745）。台北：遠流。

楊國樞、余安邦、葉明華（1991）。中國人的個人傳統性／現代性。輯於楊國樞（主編）：華人心理的本土化研究（頁 329-376）。台北：桂冠。

楊國樞、鄭伯壎（1988）。傳統價值觀、個人現代性及組織行為：後儒家假說的一項微觀驗證。中央研究院民族學研究所集刊，64，1-49。

楊瑞珠（1997）。台灣婦女的家庭生活與工作：衝突與化解之道。1997 性別與兩性研討會論文集（頁 113-120）。高雄醫學院兩性研究中心。

Adams, G.A., King, L.A., & King, D.W. (1996). Relationships of job and family involvement, family social support, and work-family conflict with job and life satisfaction. Journal of Applied Psychology, 81, 411-420.

Ashforth, B.E., Kreiner, G.E., & Fugate, M. (2000). All in a day's work: Boundaries and micro role transitions. Academy of Management Review, 25(3),472-491.

Beutell, N. J., & Greenhaus, J. H. (1980). Some sources and consequences of inter-role conflict among married women. Proceedings of the Annual Meeting of the Eastern Academy of Management, 17, 2-6.

Burley, K. (1991). Family-work spill over in dual-career couples: A comparison of two time perspectives. Psychological Reports, 68, 471-480.

Byrne, B. M. (1994). Structural equation modeling with EQS and EQS/Windows: Basic concepts, applications, and programming. Thousand Oaks, CA: Sage.

Carlson, D. S., Kacmar, K. M., & Williams, L. J. (2000) Construction and initial validation of a multidimensional measure of work–family conflict. Journal of Vocational Behavior, 56(2), 249-276.

Cheung, G. W., & Rensvold, R. B. (2002). Evaluating goodness-of-fit indexes for testing measurement invariance. Structural Equation Modeling, 9(2), 233-255.

Clark, S. C. (2000). Work/family border theory: A new theory of work/family balance. Human Relations, 53(6), 747-770.

Coser, L. A. (1956). The functions of social conflict. New York: Free Press.

Friedman, S. D., & Greenhaus, J. H. (2000). Work and family—allies or enemies? What happens when business professionals confront life choices. New York: Oxford University Press.

Frone, M. R., Russell, M., & Copper, M. L. (1992). Antecedents and outcomes of work-family conflict: Testing a model of the work-family interface. Journal of Applied Psychology, 77(1),65-78.

Greenhaus, J. H., & Beutell, N. J. (1985). Sources of conflict between work and family roles. Academy of Management Review, 10, 76–88.

Greenhaus, J. H., & Parasuraman, S. (1999). Research on work, family, and gender: Current status and future directions. In G. N. Powell (Ed.), Handbook of gender and work (pp. 391-412). Newbury Park, CA: Sage.

Gutek, B., Searle, S., & Klewpa, L. (1991). Rational versus gender role explanations for work/family conflict. Journal of Applied Psychology, 76, 560-568.

Jöreskog, K. G., & Sörbom, D. (1989). LISREL 7: A guide to the program and applications (2nd ed.). Chicago, IL: SPSS.

Jöreskog, K. G., & Sörbom, D. (1993). LISREL 8: Structural equation modeling with the SIMPLIS command language. Chicago: Scientific Software International.

Judge, T. A., Boudreau, J. W., & Bretz Jr., R. D. (1994). Job and life attitudes of male executives. Journal of Applied Psychology, 79(5), 767-782.

Kahn, R. L., Wolfe, D. M., Quin, R., Snoek, J. D., & Rosenthal, R .A. (1964). Organizational stress: Studies in role conflict and ambiguity. NY：Wiley.

Kopeman, R. E., Greenhaus, J. H., & Conolly, T. F. (1983). A model of work, family, and inter-role conflict：A construct validation study. Organizational Behavior, and Human Performance, 32, 198-215.

Lewin, K. (1936). Principle of topological psychology. N Y：Mcgraw-Hill.

Meade, A. W., & Kroustalis, C. M. (2005). Problems with item parceling for confirmatory factor analysis tests of measurement invariance of factor loadings. Paper presented at the 20th Annual Conference of the Society for Industrial and Organizational Psychology, Los Angeles, CA.

Meredith, W. (1993). Measurement invariance, factor analysis, and factorial invariance. Pyschometrika, 58, 525-543.

Netemeyer, R. G., Boles, J. S., & McMurrian, R. (1996). Development and validation of work-family conflict scales. Journal of Applied Psychology, 81, 4, 400-410.

Pleck, J., Staines, G., & Lang, L. (1980). Conflicts between work and family life. Monthly Labour Review, 103, 29-32.

Stephens, G. K., & Sommer, S. M. (1996). The measurement of work to family conflict. Educational and Psychological Measurement, 56(3), 475-486.

Treistman, D. L.(2004). Work-family conflict and life satisfaction in female graduate students: Testing mediating and moderating hypotheses. Unpublished doctoral dissertation. University of Maryland.

Yang, C. F. (1988). Familism and development :An examination of the role of family in contemporary China Mainland, Hong Kong, and Taiwan. In D. Sinha & H.S.R. Kao(Eds.), Social values and development: Asian perspectives(pp.93-123). New Delhi：Sage.

附錄一

幼兒教師工作家庭衝突測量不變性之 整體樣本、已婚樣本、未婚樣本 LISREL 程式

一、整體樣本

Observed Variables: X1 X2 X3 X4 X5 X6 X7 X8 X9 X10 X11 X12

Covariance Matrix:

2.241

1.407 2.331

1.397 1.397 2.368

1.317 1.285 1.399 2.309

1.305 1.320 1.294 1.451 2.095

1.291 1.297 1.196 1.392 1.091 1.789

.212 .205 .251 .253 .245 .257 2.075

.252 .251 .194 .259 .235 .261 1.210 1.859

.255 .223 .259 .257 .217 .282 1.178 1.196 1.904

.216 .245 .201 .252 .246 .251 1.095 1.119 1.101 1.912

.252 .256 .257 .253 .252 .299 1.187 1.198 1.099 1.291 1.940

.203 .201 .205 .207 .203 .245 1.091 1.097 1.082 1.271 1.127 1.910

Sample Size: 585

Latent Variables: WIF FIW

Relationships:

X1 X2 X3 X4 X5 X6 = WIF

X7 X8 X9 X10 X11 X12 = FIW

Path Diagram

Options: ND＝4

Lisrel output ss mi ef sc ad＝500

End of Problem

二、已婚樣本

Observed Variables: X1 X2 X3 X4 X5 X6 X7 X8 X9 X10 X11 X12

Covariance Matrix:

2.058

1.249 1.885

1.191 1.178 1.920

1.098　.940　.904 1.319

　.975　.931　.995　.907 1.500

　.961　.984　.987　.979　.975 1.399

　.242　.229　.195　.203　.223　.282 1.135

　.249　.234　.205　.225　.211　.182　.890 1.452

　.234　.194　.244　.223　.198　.183　.719　.986 1.293

　.210　.229　.218　.192　.238　.213　.708　.865　.789 1.225

　.193　.221　.232　.213　.208　.223　.788　.875　.709　.704 1.129

　.200　.210　.210　.192　.200　.191　.717　.846　.787　.690　.780　.989

Sample Size: 279

Latent Variables:　WIF FIW

Relationships:

X1 X2 X3 X4 X5 X6 ＝ WIF

X7 X8 X9 X10 X11 X12 ＝ FIW

Path Diagram

Options: ND＝4

Lisrel output ss mi ef sc ad＝500

End of Problem

三、未婚樣本

Observed Variables: X1 X2 X3 X4 X5 X6 X7 X8 X9 X10 X11 X12

Covariance Matrix:

1.913

1.091 1.809

1.039 1.092 1.793

1.199 1.041　.998 1.789

.994　.935　.911 1.191 1.443

.991　.957　.908　.932　.851 1.291

.197　.205　.209　.239　.209　.287 1.685

.203　.243　.197　.195　.219　.219　.974 1.301

.205　.218　.221　.238　.118　.198　.917　.968 1.408

.196　.197　.218　.221　.267　.249　.901　.895　.987 1.565

.209　.239　.212　.238　.229　.208　.909　.882　.802　.991　1.407

.208　.192　.175　.187　.238　.187　.900　.907　.823　.891　.928 1.434

Sample Size: 306

Latent Variables:　WIF FIW

Relationships:

X1 X2 X3 X4 X5 X6　＝　WIF

X7 X8 X9 X10 X11 X12　＝　FIW

Path Diagram

Options: ND＝4

Lisrel output ss mi ef sc ad＝500

End of Problem

附錄二

幼兒教師工作家庭衝突測量不變性檢定LISREL程式

一、基準模式

Group 1: married

Observed Variables: X1 X2 X3 X4 X5 X6 X7 X8 X9 X10 X11 X12

Covariance Matrix:

2.058

1.249 1.885

1.191 1.178 1.920

1.098 .940 .904 1.319

.975 .931 .995 .907 1.500

.961 .984 .987 .979 .975 1.399

.242 .229 .195 .203 .223 .282 1.135

.249 .234 .205 .225 .211 .182 .890 1.452

.234 .194 .244 .223 .198 .183 .719 .986 1.293

.210 .229 .218 .192 .238 .213 .708 .865 .789 1.225

.193 .221 .232 .213 .208 .223 .788 .875 .709 .704 1.129

.200 .210 .210 .192 .200 .191 .717 .846 .787 .690 .780 .989

Means: 2.48 2.53 2.65 2.56 2.73 2.84 1.97 1.96 1.93 1.92 1.90 1.96

Sample Size: 279

Latent Variables: WIF FIW

Relationships:

X1 = const + 1*WIF

X2 X3 X4 X5 X6＝const + WIF

X7＝const + 1*FIW

X8 X9 X10 X11 X12＝const + FIW

Group 2:un married

Covariance Matrix:

1.913

1.091 1.809

1.039 1.092 1.793

1.199 1.041　.998 1.789

　.994　.935　.911 1.191 1.443

　.991　.957　.908　.932　.851 1.291

　.197　.205　.209　.239　.209　.287 1.685

　.203　.243　.197　.195　.219　.219　.974 1.301

　.205　.218　.221　.238　.118　.198　.917　.968 1.408

　.196　.197　.218　.221　.267　.249　.901　.895　.987 1.565

　.209　.239　.212　.238　.229　.208　.909　.882　.802　.991　1.407

　.208　.192　.175　.187　.238　.187　.900　.907　.823　.891　.928 1.434

Means: 2.25 2.35 2.44 2.33 2.37 2.60 1.94 1.94 2.06 2.04 1.96 2.00

Sample Size: 306

Relationships:

X1＝const + 1*WIF

X2 X3 X4 X5 X6＝const + WIF

X7＝const + 1*FIW

X8 X9 X10 X11 X12＝const + FIW

set the variance of WIF-FIW free

set the covariance of WIF-FIW free

set the error variance of X1-X12 free

Print Residuals

Path Diagram

Options: ND＝4

Lisrel output ad＝500

End of Problem

二、因素數目、負荷量不變性模式

Group 1: married

Observed Variables: X1 X2 X3 X4 X5 X6 X7 X8 X9 X10 X11 X12

Covariance Matrix:

（同上省略）

Sample Size: 279

Latent Variables:　WIF FIW

Relationships:

X1＝const + 1*WIF

X2 X3 X4 X5 X6＝const + WIF

X7＝const + 1*FIW

X8 X9 X10 X11 X12＝const + FIW

Group 2: unmarried

Covariance Matrix:

（同上省略）

Sample Size: 306

Relationships:

X1 X2 X3 X4 X5 X6＝const

X7 X8 X9 X10 X11 X12＝const

set the variance of WIF-FIW free

set the covariance of WIF-FIW free

set the error variance of X1-X12 free

Print Residuals

Path Diagram

Options: ND＝4

Lisrel output ad＝500

End of Problem

三、因素數目、負荷量、截距不變性模式

Group 1: married

Observed Variables: X1 X2 X3 X4 X5 X6 X7 X8 X9 X10 X11 X12

Covariance Matrix:

（同上省略）

Sample Size: 279

Latent Variables:　WIF FIW

Relationships:

X1＝const + 1*WIF

X2 X3 X4 X5 X6＝const + WIF

X7＝const + 1*FIW

X8 X9 X10 X11 X12＝const + FIW

Group 2:unmarried

Covariance Matrix:

（同上省略）

Sample Size: 306
Relationships:
set the variance of WIF-FIW free
set the covariance of WIF-FIW free
set the error variance of X1-X12 free
Print Residuals
Path Diagram
Options: ND＝4
Lisrel output ad＝500
End of Problem

四、因素數目、負荷量、截距、測量誤不變性模式

Group 1: married
Observed Variables: X1 X2 X3 X4 X5 X6 X7 X8 X9 X10 X11 X12
Covariance Matrix:
（同上省略）
Sample Size: 279
Latent Variables:　WIF FIW
Relationships:
X1＝const + 1*WIF
X2 X3 X4 X5 X6＝const + WIF
X7＝const + 1*FIW
X8 X9 X10 X11 X12＝const + FIW
Group 2:un married
Covariance Matrix:

（同上省略）

Sample Size: 306

Relationships:

set the variance of WIF-FIW free

set the covariance of WIF-FIW free

Print Residuals

Path Diagram

Options: ND＝4

Lisrel output ad＝500

End of Problem

五、因素數目、負荷量、截距、測量誤、變異數不變性模式

Group 1: married

Observed Variables: X1 X2 X3 X4 X5 X6 X7 X8 X9 X10 X11 X12

Covariance Matrix:

（同上省略）

Sample Size: 279

Latent Variables:　WIF FIW

Relationships:

X1＝const + 1*WIF

X2 X3 X4 X5 X6＝const + WIF

X7＝const + 1*FIW

X8 X9 X10 X11 X12＝const + FIW

Group 2:un married

Covariance Matrix:

（同上省略）

Sample Size: 306

Relationships:

set the covariance of WIF-FIW free

Print Residuals

Path Diagram

Options: ND＝4

Lisrel output ad＝500

End of Problem

六、因素數目、負荷量、截距、測量誤、變異數、共變數不變性模式

Group 1: married

Observed Variables: X1 X2 X3 X4 X5 X6 X7 X8 X9 X10 X11 X12

Covariance Matrix:

（同上省略）

Sample Size: 279

Latent Variables:　WIF FIW

Relationships:

X1＝const + 1*WIF

X2 X3 X4 X5 X6＝const + WIF

X7＝const + 1*FIW

X8 X9 X10 X11 X12＝const + FIW

Group 2: unmarried

Covariance Matrix:

（同上省略）

Sample Size: 306

Print Residuals

Path Diagram

Options: ND＝4

Lisrel output ad＝500

End of Problem

自我概念本位工作動機對幼兒教師工作倦怠之影響

李新民
（樹德科技大學幼保系副教授）

蔡玉美　彭燕如
（樹德科技大學幼保系專案研究助理）

壹、緒論

　　根據 Austin 和 Klein（1996）的人力資源管理論述，工作動機是影響組織成員行為表現的主觀因素，更是預測工作績效的關鍵變項。然回顧相關文獻，在經濟利益與市場邏輯宰制下，工作動機的探索研究已然出現盲點。其一，有關工作動機的界定每每聚焦在物質利益驅動的外在動機，忽略了精神主體主導的自我概念本位工作動機（self concept-based work motivation）之解析。事實上，根基於複雜自我系統的自我概念本位工作動機，有別於工具性動機（instrumental motivation）的經濟利益算計驅動力，其乃是一種學習導向（learning oriented goals）的成就動機（Leonard, Beauvais, & Scholl, 1999）。此一動機作用所激發的潛在能量可以超越低層次需求的牽絆，避免 Frey 和 Jegen（2001）所謂的動機排擠效應（motivation crowding out），以及「讓內心歡樂變質為功利工作」（turning play into work）的外在動機激發力量後遺症（Sandelands, Ashford, & Dutton, 1983）。其二，有關工作動機的相關研究，往往以工作績效為動機的後果變項，然對強調服務品質的組織效能而言，量化的個人工作績效之總和並不等同於良好的

組織輸出成果，對高度情緒勞務（emotional labor）負荷的工作性質而言，外在效標的工作績效量測遠不如工作倦怠（job burnout）之監控（Cherniss, 1980; Brouwers, Evers & Tomic,1999）。事實上，過度地強調工作績效反而物化（reification）組織成員在組織生活情境的存在意義，異化（alienation）組織成員在組織生活情境的親密情誼（李新民，2004；Snyder & Williams, 1982）。涉及組織成員對其工作服務厭倦、逃避、退縮、冷漠的工作倦怠，實有必要納入自我概念本位工作動機驅動正向力量消除負面心理狀態的預測架構之中，形成理論假設模式進行實證分析。循上所述，本研究以「自我概念本位工作動機對幼兒教師工作倦怠之影響」為題進行實證研究，主要研究目的有二：

（一）探討自我概念本位工作動機之因素結構。
（二）檢驗自我概念本位工作動機影響工作倦怠的適配模式。

貳、文獻探討

茲歸納相關文獻資料，說明自我概念本位工作動機與工作倦怠的涵義，兩者間的關聯如後，以及幼兒教師工作特性和自我概念本位工作動機與工作倦怠之聯繫，以便進一步實證研究有所依循。

一、自我概念本位工作動機的緣起與涵義

（一）自我概念本位工作動機的緣起

工作動機在組織行為領域是一重要的概念，在職場實務中更是一個受到高度關切的議題。傳統的工作動機理論諸如期望理論（expectancy theory），乃是假定個體是個理性極大化者（rational maximizer），在付出與回報的客觀算計下，進行認知選擇，展現最有利於自我的行為。但是，

這種解釋取向忽略了個體乃是生存在一文化暗示之下的有血有肉個體，社會文化暗示的影響力、建構在情感基礎的社會化動機以及種種非計利型工作行為都無法獲得適切的解釋。於是，從自我概念本位出發的工作動機理論浮現在相關的論述上，試圖將自我概念整合至工作動機的構念中。這種學術論述的努力，指涉自我概念本位工作動機的緣起，並可從以下幾點來彰顯此一做法之正當性：

1、動機行為並非全然是利益算計的結果

在 Barnard（1938）提出「誘導—貢獻交易」（inducement-contributions exchange）的概念之後，便有諸多工作動機量論強調個體的貢獻付出大於外在酬賞回報時，個體將選擇放棄行動，唯有外在的誘因大於個體的貢獻時，個體才會採取行動。這種理性計算的交易法則說明動機行為的作用過程是個體的認知判斷決策之結果，一些生涯決策、職業選擇與成就動機的實證研究發現也支持這樣的論點（Kanfer, 1990）。但是在非營利組織中，個體認知判斷的對象乃是個體的心力付出與外在環境的精神激勵之比較，並無法以經濟利益算計來解釋組織成員的犧牲奉獻行為。更何況維繫與激勵組織成員的動力來源並無法侷限在物質報酬的「投資效益」，在轉化領導以及組織公民行為理論興起之後，許多心理利益自我激發的動機作用逐漸受到重視。畢竟，自我乃是對知覺的事實反應，而非客觀的事實反應，經過自我系統解讀過的客觀事實都已不是單純的物理現象了，組織提供的獎金、分紅以及各種物質報酬可以解讀成組織的獎勵、個人努力結果、個人在組織的聲望等等不同的「想像」（images）（Markus & Wurf, 1987）。換言之，自我概念在「誘導—貢獻交易」扮演關鍵的角色，如果懷抱著「士為知己者死」的自我概念，再多的金錢誘導也無法交換個體的「赴湯蹈火」。

２、動機行為並非全然是理性決定的結果

　　傳統的工作動機理論旨在回答一個簡單的問題：「人為什麼努力工作？」而問題的答案也相當單純就是：「為了賺錢」（劉兆明，2005）。在錙銖必較的氛圍下，組織成員被假定成一個高度理性的人，絕不會做出違反其個人旨趣的事情。因而將工作動機轉化成一個特質變項（dispositional variable），個體則是理性的抉擇者。對賺錢慾望越強烈的人，工作動機越強，工作行為也越積極；反之，賺錢慾望越薄弱的人，工作動機越弱，工作行為也越消極。但是，個體在真實世界所面對的場景常常是高度不確定，而且是在缺乏完整的資訊與資源前提下便需要快速決定的局勢。此情此景，人其實只有「有限理性」（bounded rationality），並無全知全能，從而在努力抑或不努力工作的抉擇上進行完全理性的決定（Simon, 1982）。更何況「相請沒論，買賣算分。」並不是所有的工作動力都可以歸咎於理性的決定，也不是所有的工作付出都是根基於維護自我物質利益。易言之，面對千變萬化的真實局勢，為何而工作？為誰工作？付出多少心力？其實都是自我概念所具備的「決策基模」之折射。在「上報四重恩，下濟三塗苦」的自我概念裡，過度的理性根本是爾虞我詐、了無溫暖的代名詞。

３、動機作用源自組織社會化對自我概念的雕塑

　　傳統的動機理論提出內在動機、外在動機之分，將自我的努力工作歸因於個體的自我挑戰、自我激發或者外在的物質誘因、威脅逼迫（Deci, 1975; Etzioni, 1975）。然而仔細推敲，自我挑戰、自我激發是角色扮演的自我表達（self-expression），物質誘因、威脅逼迫則是初級團體的壓力驅使（pressures of primary groups）。不論是角色扮演的自我表達或是初級團體的壓力驅使，其實都是組織社會化過程中個體將組織規範內化於自我信念系統的結果。不同的組織提供不同的價值信念，組織成員浸淫其中，其

工作的動機難免受到組織社會化對自我概念雕塑之影響。正如 Etzioni（1975）的社會組織系統分析之論述，特定的組織塑造特定的行為，特有的組織文化也提供特有的工作動機來源，而關鍵樞紐正是自我概念的重建。申言之，何謂內在動機，何為外在動機，其實是團隊心理的社會結構工程（social architecture）。在軍隊這種強制性組織中，軍令如山的高壓統治，塑造出軍人的「犧牲小我完成大我」內在動機。但將此「犧牲小我完成大我」內在動機轉移至維護公司形象犧牲個人利益的經濟市場營利組織，則是不折不扣的外在動機。內在動機與外動機之分乃是依照組織情境而定，工作動機不只是特質變項，其實也是情境變項（situational variable）。自我概念的融入正可以說明工作動機的特質變項、情境變項雙重面貌（Pervin, 1989）。畢竟組織行為乃是個體特質與生存環境交互作用的結果，工作動機的根本來源正是個體隊交互作用的自我概念之映照。

4、動機作用受到文化脈絡對自我概念的影響

誠如劉兆明（2005）所言，華人社會的工作動機，大多是在情感基礎表達出來的社會性動機。工作動機的作用效果深受文化脈絡的鑲嵌，在西方社會強調市場邏輯與線性思維的脈絡裡，為自我挑戰而努力者被歸屬為內在動機，為外在報酬而努力者被歸類為外在動機。然對華人文化而言，自我包含「大我」與「小我」，西方學術觀點的內在動機與外在動機都是「小我」利益的結構體，而在華人集體主義的「大我」中，沒有個人理由，只有成全家族社會的外在理由，反而比被學術界極度推崇的內在動機更加可貴。而學術界之所以未察覺到此種華人社會高貴情操的「外在動機」，正因為堅守自我概念與工作動機概念分離的窠就所致。事實上，Leonard 等人（1999）、Shamir（1991）、Snyder 和 Williams（1982），早已將自我概念和工作動機有幾整合，並倡導自我概念本位的工作動機，意圖彰顯文化脈絡裡受到工作職場社會性暗示的自我概念，在工作動機構念中的關

鍵樞紐位置。簡言之，將個體視為組織機器的零件，來探討工作動機其實
是一種忽略本土經驗世界，且強將不同生命實踐社群獨特性齊一化的錯解。

（二）自我概念本位工作動機的涵義

　　自我概念本位工作動機的涵義可以在本土心理學架構下，從個體心理
學的自我本位理論（self-based theories），認知心理學的自我基模
（self-schemata），以及社會心理學的社會認同理論（social identity theory）
來加以論述。

　　就自我本位理論而言，自我在個體與外界的客體關係（object relations）
中扮演分配對應的角色（Snyde & Williams, 1982; St Clair& Wigren,
2003）。人類之所以能夠將物質外在客體加以內化，進而構成行為的動力，
乃是人類本能透過自我的分配對應作用加以轉化而成。以飢餓驅力的轉化
為例，單純的飢餓驅力原本只是回應身體對滋養（nourishment）的需求壓
力，但在自我的介入下，個體對體重和飲食進行自我設定，因而建構出個
體與食物此一物質客體之間的精神本質關聯作用。從自我本位理論來檢視
自我概念本位工作動機，自我概念與工作動機的連結，來自人類原始驅力
和物質客體的自我配對設計，個體行為的動力乃是基於滿足自我想像的現
實我。亦即，工作動機本即是自我概念的投射，拋開自我概念來論述工作
動機，乃是一種抹滅個體主體性的做法。

　　就認知心理學的角度而言，自我概念就是一套複雜、動態系統的自我
基模，這些基模累積個體過去的社會經驗組織成自我信念系統，並形成所
謂的參照機制（reference mechanisms），提供個體知覺、評價以及規劃行
動的基礎（Brown & Taylor,1986; Villa & Calvete, 2001）。根 Gustafson 和
Reger（1998）以及 Leonard 等人（1999）的論述，這種參照機制指涉自我
激發的「內在自我概念本位工作動機」（internal self concept-based
motivation）。當個體接收「任務回饋」（task feedback）的訊息，其所提

供的有利內在參照機制,將驅使個體「人掙一口氣,佛掙一股香」的動念,自我展現「雖千萬人吾往矣」的豪情壯志。此一動機作用機制類同於余安邦(2005)所謂的「個我取向成就動機」(individual-oriented-achievement-motivation, IOAM),以自我實現為終極依歸,充滿超越內在決定目標的心理傾向。

就社會心理學的社會認同理論而言,自我概念本位工作動機乃是一種社會化的認同調節(identified regulation)(Ashforth & Mael, 1989)。其作用過程根基於 Adams(1965)的公平理論(equity theory),終結於 Inkeles(1997)個體社會化的眾趨人格(modal personality)。亦即個體在參與社會生活的初期,自行選擇重要他人為參考對象(reference),將自己的付出、報酬和此一參考對象相較,藉由這種社會性比較(social comparisons)來釐清自己的努力付出與回報酬賞是否合乎公平正義。久而久之,逐漸從不同的重要他人歸納類化出來一般人的個性——眾趨人格,個體以組織性的態度社群(the organized community of attitudes)之價值與道德標準為認同對象,展現符應此種外來價值標準行為的動機作用。根據 Gustafson 和 Reger(1998)以及 Leonard 等人(1999)的論述,此一動機作用稱之為「外在自我概念本位工作動機」(external self concept-based motivation),隨著個體的成長與社會化的程序,個體縮短現實我與理想我之間的差距,逐漸將社會價值信念內化為個人行事舉動的內在標竿,從而在個體與社會都能接受的自我尊嚴維護下產生行為驅使的動力。此一動機作用機制類同於余安邦(2005)所謂的「社會取向成就動機」(social-oriented-achievement-motivation, SOAM),個體以內化的社群期待理想目標與成就標準為終極標的。

統合上述理論建構,根據 Gustafson 和 Reger(1998)以及 Leonard 等人(1999)的實證架構假設模式,自我概念本位工作動機包含自我本位理論、自我基模論點指涉的自我設定、自我激發「內在自我概念本位工作動

機」，以及社會認同理論指涉的社會比較、社會參照驅動「外在自我概念本位工作動機」。具備「內在自我概念本位工作動機」的個體擁有 McClelland（1961）所謂的高度成就需求，展現 Katz 和 Kahn（1978）的極度自我表現動力，以克服障礙完成任務的內在決心毅力實踐自我。具備「外在自我概念本位工作動機」的個體擁有 McClelland（1961）所謂的高度親和需求，展現 Etzioni（1975）的道德型參與（moral involvement），在社會化的價值信念引導下展現角色期許行為。一言以蔽之，自我概念本位工作動機乃是以自我概念為動能的自我激勵心理機制，透過現實我（actual self）的知覺控制，理想我（ideal self）的信念節制以及自尊（self-esteem）的調節作用，呈現出自我設定、自我激發的「內在自我概念本位工作動機」，以及社會比較、社會參照驅動「外在自我概念本位工作動機」（Deci & Ryan, 1985; Dweck, 1999; Leonard, et al., 1999）。

二、工作倦怠的涵義

工作倦怠的涵義，就論述層面而言，張志明和譚宇隆（2000）歸納國內相關文獻指出工作倦怠可從「原因」與「結果」兩層面加以說明，在原因方面包含能力過度負荷、資源掌握不足、工作動機缺乏、目標設定過高、人際支持貧乏、組織制度闕失等，在結果方面包含精疲力竭、情緒枯竭、態度消極、負面行為等。然而一般實證研究都將工作倦怠視為一種依變項，最早的界說也將工作倦怠描述成一種過度工作要求所導致的身心疲乏衰頹反應（depletion or deterioration in response）（Basson & Van der Merve, 1994）。根基於此，將工作倦怠視為一種工作表現反應，從情緒耗竭以及防衛機制來說明工作倦怠的指涉。就情緒耗竭而言，Maslach 和 Pines（1977)將工作倦怠界定為一種多向度的症候群，包含情緒耗竭（emotional exhaustion）、去人性化（depersonalization）以及個人成就降低（reduced personal accomplishment）等三階段的症狀。情緒耗竭是無力負荷過多的情緒要求（excessive emotional demand）而出現情緒過度延展（overextended）與情緒乾枯（drained）的症狀。去人性化是對自己服務的對象喪失感覺，以消極和冷漠的方式和進行人際互動。個人成就降低是個人工作成就感的大幅滑落，對工作呈現無心戀棧的逃避心態。

就防衛機制而言，根據 Cherniss（1980）的工作倦怠歷程結構。當生存在工作情境的個人所擁有資源無法滿足工作所需，個體即面臨工作壓力的身心折磨，日積月累之後產生防衛性抗衡以因應工作壓力的壓迫。諸如疏遠、嘲諷的情緒表達，退縮、冷漠的消極態度都是個體防衛機制運作的折射。而這種組織生活消極，工作目標模糊，工作信念游離不定，工作態度冷淡的防衛機制副作用，已然構成 Maslach（2001）所謂的工作倦怠反應負面工作表現之職場真實性。畢竟，防衛性抗衡的工作倦怠已然反映了個體組織生活的無力感（powerlessness）、挫敗（frustration）、習得的無助（learned helplessness）。

就實證研究而言，根據顏耀南（2001）有關國內教師工作倦怠的後設分析，目前國內對於教師工作倦怠的測量大多數是根據 Maslach 和 Jackson（1981）的「工作倦怠調查量表」（Maslach Burnout Inventory ,MBI）此一倦怠調查評量工具。而 Maslach 與 Jackson（1981）的「工作倦怠調查量表」，旨在評量情緒耗竭、去人性化、低成就感的心理症狀。將此概念應到教師工作倦怠的測量，則教師工作倦怠包括以下三個層面：

1、「情緒耗竭」：教師對教學專業工作出現身心俱疲的負面情緒。

2、「去人性化」：教師對教學工作環境中的相關他人，呈現冷漠、拒絕等負面情緒與行為。

3、「低成就感」：教師對於教學工作與事務興趣缺缺，出現消極逃避的行為。

　　Byrne（1991）的探索性因素分析以及驗證性因素分析結果，顯示「工作倦怠調查量表」的確適合用來評量教師的工作倦怠三構面。總言之，工作倦怠乃是個體在身心俱疲的情況下，對其工作服務產生厭倦、逃避、退縮、冷漠的現象（Brouwers, et al.,1999; Maslach & Jackson, 1981）而這種心理退縮缺乏工作熱情的現象，不但嚴重斲傷教師的專業能力，日積月累的結果將造成教師憤世嫉俗的態度，對於學生冷漠拒絕，甚至產生身心不適應的疾病，與藥物濫用、酗酒等不良行為（Jenkins & Calhoun, 1991）。

三、自我概念本位工作動機與工作倦怠之關聯

　　動機與工作倦怠相關之研究極為罕見，專門研究自我概念本位工作動機與工作倦怠之關聯者更是付之闕如，茲引用相關論證來探討自我概念本位工作動機與工作倦怠之間的影響關係。

　　根據 Ryan 和 Deci（2000）的自我決定理論，外在調節（external regulation）的動機，在外在獎賞導引下，個體可能淪為低層次需求制約的本能驅使動物，內攝調節（introjected regulation）的動機，游離在自我決定與社會決定之間，極可能造成避免罪惡感、焦慮的行為控制之動機作用，唯有認同調節（identified regulation）和統整調節（integrated regulation）的內外在自我概念本位工作動機，在和諧整合的自我系統下，勇於展現符應自我信念、期許，力求自我表現盡善盡美的動機作用。

　　從所謂的自我建構角度來審視自我概念本位工作動機，那些構成動機作用的自我概念基礎又稱作「可能我」（possible self），其影響個體決定什麼是重要的，需加以留意，該如何解釋，又該如何推論（Markus & Nurius, 1986; Schwartz,1990）。事實上，這種「可能我」在 Bandura（1978; 1986）的社會認知理論中居於樞紐的位置，當「可能我」引導個體自我概念本位工作動機越是積極正向時，其強大的內在動能將可幫助個體產生堅強的自

我效能感。而自我效能較強烈的個體，一方面可以避免自我概念中的失能自我基模（dysfunctional self-schemata）發酵導致個體以各種負面偏見來解讀其工作行為，另一方面這種對自我評價高、認知積極正面的個體對於專業活動也比較能夠堅持到底努力工作，從而減少出現工作倦怠的可能性（Park & Yager, 1981; Villa & Calvete, 2001）。

從所謂的認知結構角度來審視自我概念，根據認知治療模式（cognitive therapy model）的理論假說，一個缺乏自我概念本位工作動機的個體，往往也是一個自我概念系統思考扭曲的個體，個體往往因為錯誤的認知、不切實際的評價造成心理失調，而失能的心理又繼續強化扭曲的認知，在此扭曲負面認知與心理的交互作用之下，個體當然會身心俱疲，產生工作倦怠（Rosenbaum & Carty, 1994; Villa & Calvete, 2001）。

而在為數有限的實證研究，王俊民（1990）以國民中學教師為對象的成就動機與工作倦怠實證研究，發現低成就動機之國民中學教師，其工作倦怠之情形較嚴重。陳雅琳（2002）以籃球選手為對象的動機作用和身心倦怠研究，發現成就動機越高者身心倦怠之復原越快。廖相如（2003）以國小教師為對象的成就動機與工作倦怠實證研究，發現低成就動機之國小教師，其工作倦怠之情形較嚴重。Anderson 與 Iwanicki（1984）以中小學教師為對象的實證研究，發現自我實現需求的不滿足是工作倦怠的主要預測變項。

總結上述，不論是理論論述抑或相關研究都支持自我概念本位工作動機影響工作倦怠之關聯作用。但也有學者持反對的看法，例如 Freudenberger 和 Richelson（1980）指出高度成就動機可能造成倦怠，Fischer（1984）指陳工作倦怠歸咎於過度承諾與過度獻身的工作動機。對此一現象，必須加以釐清的是自我概念本位工作動機是屬於適切的趨向學習、趨向表現目標導向的動機作用路徑，既非過度趨向學習、趨向表現動機作用路徑，也非逃避學習、逃避表現動機作用路徑。唯有在適切自我概念基礎

建構上的動機作用才不至於造成倦怠，過度自大或者逃避都不是健全的自我概念本位工作動機。

四、幼兒教師工作特性與自我概念本位工作動機、工作倦怠之聯繫

幼兒是國家最重要的人力資產，因此幼兒園所的幼兒教育照顧（early childhood education and care），不但攸關幼兒的終身學習與健全發展，更與國家整體人口素質之提升息息相關（Kamerman, 2000）。尤其是站在第一線的幼兒教師，往往是幼兒社會化過程中的重要他人，其對幼兒發展的影響既深且遠，更是國家基礎教育照顧福利服務系統中不可忽略的關鍵人物。畢竟，幼兒教師（preschool teacher）是提供幼兒教育與照顧的專業人員，其有協助幼兒準備參與社會生活，以及妥善照顧兒童促進身心健全發展的使命（Kamerman, 2000; Oberhuemer & Ulich, 1997）。

幼兒教師的工作特性可從幼兒教師族群特色來加以彰顯，在以職業婦女為主流的幼兒教師職場生態中，幼兒教師工作繁瑣零碎，實極度缺乏人際互動的時間與精力；而在受到市場邏輯宰制的幼兒教保職場結構裡，園所的人力資源管理政策偏向人才選拔而非人才培育，幼兒教師顯然是一群弱勢、保守的工作族群（李新民，2003；許玉齡 1998；張孝筠，2000）。

無論如何，負責教育以及照顧幼兒的幼兒教師之工作動機以及組織生活心理素質為何？實有必要加以探究釐清。就幼兒教師對幼兒發展的影響而言，當幼兒教師自身有健全的專業自我概念本位工作動機時，不但可在「教」與「學」互動歷程中維持良好品質，更可正面引導幼兒的人格發展（Korn, 1998; Sugawara, Harris, & O'Neill, 1988）。就幼兒教師對幼兒教保服務素質的重要性而言，在幼兒教師此一沉重情緒勞務負荷的工作角色上，如何激發動機來舒緩其工作倦怠，以避免高度的離職與流動率，已是

幼兒教師人力資源管理的關鍵議題（Tonelson, 1981）。畢竟在幼兒園所此一幼兒教育與照護組織中，幼兒教師乃是攸關組織服務品質的關鍵要素，若是幼兒教師不安其位，不滿其職，則欲求幼兒園所能夠發揮教保服務功能，無異於緣木求魚。

國內相關研究指出幼兒教師族群呈現抱怨工作負荷沉重，對工作環境條件不甚滿意，需要外在酬賞激勵工作動力的職場生態（李青松、陳若琳，1999；李新民，2004；李青松、陳若琳，1999）。此種幼兒教師工作倦怠情勢實不容小覷，而以自我概念為核心的工作動機是否能夠有效舒緩教師工作倦怠也有必要實證分析來加以澄清。

參、研究設計

一、研究樣本

本研究以高雄縣、高雄市、屏東縣立案公私立幼稚園及托兒所的幼兒教師為研究對象。研究者參考高雄縣、高雄市、屏東縣政府提供園所名單，採取「兩階段抽樣」（two-stage sampling），先抽取公立托兒所 4 所、私立托兒所 80 所、公立幼稚園 10 所、私立幼稚園 70 所，再依照園所規模大小，每一園所抽取 1 至 12 人，合計抽取樣本數 570 人，扣除拒絕接受施測、無效資料，實際研究樣本數為 528 人。

二、研究工具

本研究採取研究者自編「幼兒教師工作調查問卷」為研究工具，其內容包括「幼兒教師自我概念本位工作動機量表」、「幼兒教師工作倦怠量表」兩部分，茲分別說明評量工具發展與信、效度考驗結果如後。

（一）幼兒教師自我概念本位工作動機量表

1、評量目的與構面

「幼兒教師自我概念本位工作動機量表」之發展由研究者根據上述文獻探討，從受試者自我的角度來陳述其在園所工作的動力來源，藉此衡量其動機傾向。根據 Gustafson 和 Reger（1998）以及 Leonard 等人（1999）的實證架構假設模式，研究者將「幼兒教師自我概念本位工作動機量表」分成「內在自我概念本位工作動機」以及「外在自我概念本位工作動機」兩個主要構面。

2、量表題目編擬與型式設計

評量目的與構面確立之後，研究者訪談 10 位熟悉幼兒園所工作型態，且願意全力配合研究的主題專家（subject matter expertises, SMEs）。諮詢主題專家，在自我概念為基礎的前提下，支持幼兒教師工作的動力可能來源為何。訪談所得資料運用根據 Gustafson 和 Reger（1998）以及 Leonard 等人（1999）的實證分類架構，排除與自我概念本位無關的驅動力量之後分成「內在自我概念本位工作動機」以及「外在自我概念本位工作動機」兩個構面。量表初稿完成之後，邀請 3 位熟悉幼兒教師工作生態的專家，檢視題目內容，刪除具有爭議性，無法適用全部園所實況的題目，精簡成「幼兒教師自我概念本位工作動機量表」預試量表，每個構面下包含 15 個題目，合計 30 個題目，描述構成幼兒教師留在職場繼續工作的理由。在「請問您留在園所繼續工作的原因為何」的提問之下，受試者對這些題目的反應，採用 Likert 式四點量表自我評估，所有評量題目皆是正向題，記分方式依據「非常同意」、「同意」、「不同意」、「非常不同意」等反應程度分別給予 4、3、2、1 分。

表一：「幼兒教師自我概念本位工作動機量表」項目分析　N＝100

構面	題目	決斷值 CR	單題總分相關 Item-to-total	偏態 skewness	峰度 kurtosis	因素負荷量
內在自我概念本位工作動機	A1. 透過工作滿足自我實現的需求。	3.281**	.524***	-.356	-.150	.870
	A2. 工作提供自我表現的機會。	4.342**	.427***	-.956	.501	.784
	A3. 從教學工作中取得自我磨練的機遇。	3.170**	.437***	-.298	-.138	.758
	A4. 從工作中設定自己的努力目標。	3.264**	.413***	.526	-.689	.801
	A5. 從創新教學中取得人生樂趣。	3.040**	.402***	.501	-.540	.757
	A6. 在園所的改革中接受挑戰。	3.124**	.428***	-.624	-.124	.753
	A7. 研究怎樣超越現在的表現。	3.382**	.437***	.151	-.318	.802
	A8. 透過教學展現自己的專業能力。	3.491**	.413***	.958	-.590	.724
	A9. 透過成功的教學來取得專業尊嚴。	4.894***	.432***	.582	-.547	.731
	A10.在教保工作中獲得一展長才的機會。	4.040***	.428***	-.527	.129	.800
外在自我概念本位工作動機	B1. 與同事相處愉快。	3.202**	.437***	.957	-.599	.778
	B2. 受到上司的賞識。	3.191**	.413***	.918	-.667	.732
	B3. 贏得家長的信賴。	3.621***	.402***	.273	-.395	.770
	B4. 獲得同事的高度肯定。	3.120**	.428***	.782	-.609	.791
	B5. 與每個小朋友打成一片。	3.354**	.437***	.211	-.510	.777
	B6. 在小朋友心目中地位崇高。	3.398**	.413***	.134	-.314	.743
	B7. 被幼兒視為偶像。	3.289**	.402***	.799	-.569	.744
	B8. 受到不同個性幼兒的擁戴。	3.407**	.428***	.653	-.685	.748

**p<.05 ***p<.001

3、評量題目的項目分析

30 個題目的預試量表，抽樣選取高高屏地區 100 名幼兒教師，進行「幼兒教師自我概念本位工作動機量表」的小規模預試與項目分析。項目分析的統計方法包含以 t-test 求取臨界比（critical ratio, CR）進行題目決斷值分析，未達顯著者刪除。估算單題與總分相關（item-to-total correlation）理解題目與總量表之關聯，數值未達.3 以上者刪除。並參酌 Noar（2003）建議，將偏態（skewness）與峰度（kurtosis）絕對值大於 1 者刪除，兩次單向度的主成分分析之因素負荷量低於.6 者刪除。在刪除品質不佳的題目之後，正式「幼兒教師自我概念本位工作動機量表」包括「內在自我概念本位工作動機」10 題，以及「外在自我概念本位工作動機」8 題，項目分析結果如表一所示。

（二）幼兒教師工作倦怠量表

1、評量目的與構面

「幼兒教師工作倦怠量表」之發展由研究者根據上述文獻探討，參考 Maslach 和 Jackson（1981）的工作倦怠量表（Maslach burnout inventory, MBI），根據受試者對工作生活身心反應的自我知覺來評量其工作倦怠程度。研究者依據 Maslach 和 Jackson（1981）、Maslach 和 Pines（1977）的理論假設模式，將幼兒教師工作倦怠分成「情緒耗竭」、「去人性化」、「低成就感」三個構面。

2、量表題目編擬與型式設計

評量目的與構面確立之後，研究者訪談上述主題專家，諮詢幼兒教師工作倦怠的反應狀態包含哪些內容。訪談所得資料運用 Maslach 和 Jackson（1981）的工作倦怠分類架構，分成「情緒耗竭」、「去人性化」、「低成就感」三個構面。量表初稿完成之後，邀請 3 位熟悉幼兒教師工作生態

的專家，檢視題目內容，刪除具有爭議性，無法適用全部園所實況的題目，精簡成「幼兒教師工作倦怠量表」預試量表。每個構面下包含 10 個題目，合計 30 個題目，描述幼兒教師工作倦怠的身心反應。在「請問您是否出現以下的身心反應」的提問之下，受試者對這些題目的反應，採用 Likert 式三點量表自我評估，所有評量題目皆是正向題，記分方式依據「從未發生」、「偶而發生」、「經常發生」等反應程度分別給予 3、2、1 分。

　　3、評量題目的項目分析

　　30 個題目的預試量表，抽樣選取高高屏地區 100 名幼兒教師，進行「幼兒教師工作倦怠量表」的小規模預試與項目分析。項目分析的統計方法一如上述，刪除決斷值未達顯著者，單題與總分相關數值未達.3 以上者，偏態與峰度絕對值大於 1 者之後，三次單向度的主成分分析之因素負荷量低於.6 者刪除正式「幼兒教師工作倦怠量表」包括「情緒耗竭」（4 題）、「去人性化」（4 題）、「低成就感」（4 題），其項目分析結果如表二所示。

三、實施程序

　　本研究實施步驟可概分成三階段，其一根據理論基礎諮詢主題專家意見，發展「幼兒教師自我概念本位工作動機量表」、「幼兒教師工作倦怠量表」初稿，進行內容效度評析；其二透過預試來進行項目分析以篩選題目；其三，經由正式施測蒐集實證資料來探討探討自我概念本位工作動機、工作倦怠因素結構，檢驗自我概念本位工作動機影響工作倦怠的適配模式。茲分述如後：

表二：「幼兒教師工作倦怠量表」項目分析　　　N＝100

構面	題目	決斷值 CR	單題總分相關 Item-to-total	偏態 skewness	峰度 kurtosis	因素 負荷量
情緒 耗竭	C1. 我覺得精疲力竭。	3.169**	.325**	.438	-.318	.742
	C2. 我充滿挫折與無力感。	3.280**	.377***	.571	-.548	.723
	C3. 想到要工作，就讓人感到厭倦。	3.524***	.324**	.244	-.272	.783
	C4. 工作讓我感到身心俱疲。	3.577***	.333**	.751	-.561	.759
去人 性化	C5. 和家長互動時，我習慣隱藏自己的情緒。	3.722***	.389***	.401	-.512	.720
	C6. 我對調皮搗蛋的幼兒視而不見。	3.694***	.362***	.958	.906	.712
	C7. 我和同事的互動不涉及個人真實的情緒。	3.281**	.350***	-.374	.205	.690
	C8. 上司講的話，對我而言沒什麼意義。	3.342**	.365***	.872	-.716	.722
低成 就感	C9. 我懷疑我所做的工作對社會有貢獻。	3.170**	.342**	.563	-.764	.740
	C10. 我想早日離開教保工作。	3.264**	.310**	.438	-.875	.770
	C11. 工作對我而言，越來越沒有意義。	3.040**	.373***	.557	-.795	.742
	C12. 我對工作的樂情已經消失殆盡。	3.124**	.349***	.100	-.797	.723

**p<.05 ***p<.001

（一）主題專家籌組運作與內容效度評析

　　研究者訪談主題專家依據理論建構編擬題目，以發展「幼兒教師自我概念本位工作動機量表」、「幼兒教師工作倦怠量表」初稿。初稿完成之後邀請三位任職於幼兒師資培育機構的專家，進行內容效度評析。

（二）項目分析

　　研究者以立意抽樣選取高高屏地區 100 名幼兒教師，進行「幼兒教師自我概念本位工作動機量表」和「幼兒教師工作倦怠量表」的預試。蒐集實證資料進行項目分析分析。

（三）正式分析

　　預試分析結束，研究者以「兩階段抽樣」來抽取高高屏地區幼兒教師進行正式施測。蒐集所的資料隨機分成兩半，以一半的實證觀察資料（N_1=264）進行幼兒教師自我概念本位工作動機與工作倦怠的驗證性因素分析（confirmatory factor analysis）。在自我概念本位工作動機部分研究者首先建構單一因素模式、二因素直交模式以及二因素斜交模式等三個驗證性因素分析模式，並以 Jöreskog 和 Sörbom（1993）所謂的競爭模式（competing models）分析取向，根據模式適配度評鑑來釐清何種模式最能適切反應幼兒教師自我概念本位工作動機的因素結構。在工作倦怠部分則是分別發展單一因素模式、二因素直交模式以及二級因素模式等三個驗證性因素分析模式，進行模式競爭比較。

　　在此基礎上，研究者運用另外一半的實證觀察資料（N_2=264），進一步以結構方程模式來統合考驗自我概念本位工作動機預測工作倦怠的影響模式。分析的同時進行模式適配度評鑑，並參照模式內部係數來分析解釋影響路徑及效果量。

肆、結果與討論

一、自我概念本位工作動機因素結構的驗證性因素分析

研究者以「幼兒教師自我概念本位工作動機量表」18 個題目作為觀察變項，在虛無模式基準上納入各種選替模式（alternative theory-based models），進行模式比較，再選擇較適切模式作為最終模式，建立結構方程模式分析的統計漸進合理性。表三為 18 個觀察指標之平均數、標準差與積差相關矩陣，不同模式適配度評鑑表現，如表三所示。

表三：幼兒教師自我概念本位工作動機觀察指標描述統計 $N_1 = 264$

	M	SD	A1	A2	A3	A4	A5	A6	A7	A8	A9	A10	B1	B2	B3	B4	B5	B6	B7	B8
A1	2.704	.903	1.000																	
A2	2.645	.871	.614	1.000																
A3	2.674	.861	.556	.608	1.000															
A4	2.697	.913	.584	.502	.550	1.000														
A5	2.722	.886	.564	.586	.533	.507	1.000													
A6	2.636	.896	.595	.552	.510	.605	.522	1.000												
A7	2.745	.854	.535	.546	.558	.543	.510	.550	1.000											
A8	2.752	.852	.568	.519	.532	.538	.511	.533	.569	1.000										
A9	2.710	.872	.606	.562	.505	.554	.496	.582	.603	.675	1.000									
A10	2.547	.885	.507	.569	.518	.502	.491	.562	.511	.512	.590	1.000								
B1	2.754	.730	.109	.157	.113	.119	.131	.176	.087	.123	.138	.195	1.000							
B2	2.804	.784	.119	.119	.109	.145	.152	.148	.121	.153	.145	.149	.584	1.000						
B3	2.752	.764	.120	.097	.147	.121	.114	.084	.178	.198	.101	.175	.597	.612	1.000					
B4	2.836	.753	.106	.107	.187	.116	.127	.124	.142	.120	.134	.126	.593	.634	.600	1.000				
B5	2.608	.826	.138	.203	.108	.121	.193	.115	.138	.174	.148	.160	.603	.587	.513	.507	1.000			
B6	2.752	.749	.088	.136	.113	.109	.095	.208	.182	.194	.205	.203	.545	.594	.551	.535	.596	1.000		
B7	2.622	.748	.190	.168	.084	.150	.154	.164	.129	.111	.196	.134	.595	.496	.510	.544	.583	.570	1.000	
B8	2.738	.700	.112	.127	.139	.165	.105	.163	.121	.107	.171	.171	.521	.564	.546	.588	.595	.592	.579	1.000

註：M 代表平均數，SD 代表標準差，A1 至 A10 代表內在自我概念本位工作動機 10 個題目，B1 至 B8 代表外在自我概念本位工作動機 8 個題目。

　　根據表三，平均數與標準差等描述統計數值，各個題目的表現大致相當，無比較特異的題項。使用「相同方法測量相同特質」的相關係數，數值都在.491 以上，而使用「相同方法測量不同特質」的相關係數，數值都在.208 以下。單就相關係數矩陣所呈現的訊息而言，則相同特質相關的聚斂跡象以及不同特質相關的區隔跡象，已有初步的脈絡可循，但仍有待驗證性因素分析來釐清。

表四：「幼兒教師自我概念本位工作動機」不同模式適配度評鑑 $N_1=264$

模式	x^2	p	df	RMSEA	GFI	AGFI	NFI	NNFI	CFI	IFI
虛無模式	2776.757	--------	153	--------	--------	--------	--------	--------	--------	--------
單一因素	2425.253	.000	135	.254	.494	.359	.552	.521	.578	.580
二因素直交	211.419	.000	135	.046	.918	.896	.921	.964	.918	.968
二因素斜交	197.775	.000	134	.043	.923	.906	.926	.929	.973	.973

　　根據表四的卡方值，二因素直交模式、二因素斜交模式與虛無模式相較都有良好的改進效果。進一步檢視絕對適配指標 RMSEA、GFI、AGFI，相對適配指標 NFI、NNFI、CFI、IFI，二因素直交模式、二因素斜交模式表現相當。基於簡效性（parsimony），研究者選擇二因素直交模式此一有效模式中最簡潔的模式為最終模式（Harlow & Rose, 1994）。研究者針對二因素直交模式進行內部估計參數的說明，詳細內容如圖 1 所示。

　　根據圖一，研究者進一步估算個別項目信度（individual item reliability）、潛在變項組合信度（composite reliability）與變異數平均解釋量（average variance extracted）。18 個觀察指標標準化之因素負荷量全部在理想範圍.50 至.95 之間，個別項目信度皆在.5 以上，顯示「幼兒教師自我概念本位工作動機量表」所有題目皆具有信度。而觀察變項所測量潛在變項（構面）之組合信度分別為.925 與.913，大於.6 的理想數值；變異數平均解釋量分別為.551 與.568，大於.5 的理想數值。此一現象已然說明所

有潛在變項受其建構的觀察變項的貢獻比誤差所貢獻的量還大，同時也說明「幼兒教師自我概念本位工作動機」二因素直交模式此一假設模式的「測量模式適配」（measurment model fit）已在可接受範圍（余民寧，2006；黃芳銘，2004；Jöreskog & Sörbom, 1989）。

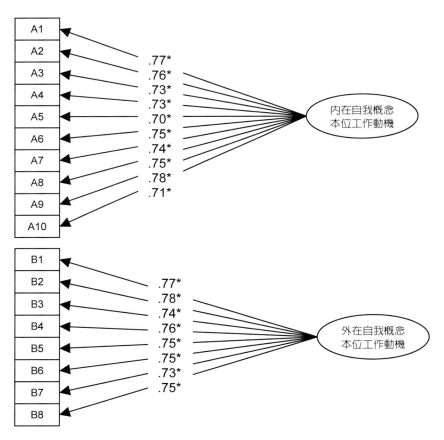

圖一： 「幼兒教師自我概念本位工作動機」驗證性因素分析模式
（標準化解）*p<.05

　　無論如何，此一研究發現已經彌補了 Gustafson 和 Reger（1998）以及 Leonard 等人（1999）的實證架構假設模式流於論述空談的遺憾。儘管自我概念本位工作動機的相關理論基礎早已有蛛絲馬跡可循，可實證操作的假設模式也儼然成型，但是真正以實證資料驗證的研究仍付之闕如。畢竟，內在工作動機與外在工作動機的分類架構制約已久，相關研究涉及工作動機，免不了慣性的作用，往往利用有現成評量工具可參照的內在工作動機與外在工作動機來進行研究。而內在工作動機與外在工作動機此一分類架構，對於急欲透過各種酬賞制度、激勵管理策略及大化員工生產力的工商企業組織，或許有其不可抹滅的現實考量。但對於非營利組織或者教育服務組織這種以自我信念為支撐力量的良心事業，這種物化與異化的動機作用探討，無疑是複製市場邏輯的幫兇，也無法真正探析這群「心理利益」激發工作動能者的動機作用。本研究發現實已為自我目標導向的工作族群之工作動機探究奠定有力基礎。

二、工作倦怠因素結構的驗證性因素分析

　　一如上述，研究者以「幼兒教師工作倦怠量表」12 個題目作為觀察變項，在虛無模式基準上納入各種選替模式以進行模式比較，再選擇較適切模式作為最終模式，建立結構方程模式分析的統計漸進合理性。表五為 12 個觀察指標之平均數、標準差與積差相關矩陣，不同模式適配度評鑑表現，如表六所示。

　　根據表五，平均數與標準差等描述統計數值，各個題目的表現大致相當，無比較特異的題項。使用「相同方法測量相同特質」的相關係數，數值都在.529 以上，而使用「相同方法測量不同特質」的相關係數，數值都在.301 以下。單就相關係數矩陣所呈現的訊息而言，則不同特質相關的數

值偏高，似乎顯示有一個共同因素存在，但仍有待驗證性因素分析來真正釐清。

表五：幼兒教師工作倦怠觀察指標描述統計　　N₁=264

	M	SD	C1	C2	C3	C4	C5	C6	C7	C8	C9	C10	C11	C12
C1	2.069	.868	1.000											
C2	1.968	.934	.601	1.000										
C3	1.998	.859	.598	.592	1.000									
C4	1.907	.887	.602	.579	.587	1.000								
C5	1.950	.855	.236	.227	.293	.240	1.000							
C6	1.952	.904	.280	.234	.220	.276	.613	1.000						
C7	2.039	.748	.241	.201	.212	.207	.581	.593	1.000					
C8	1.928	.837	.216	.295	.218	.288	.573	.588	.608	1.000				
C9	1.912	.865	.221	.236	.282	.255	.214	.299	.269	.219	1.000			
C10	1.991	.960	.265	.219	.244	.239	.296	.216	.221	.239	.529	1.000		
C11	2.014	.943	.237	.222	.213	.204	.234	.236	.200	.298	.594	.609	1.000	
C12	2.071	.924	.203	.180	.292	.235	.226	.301	.282	.259	.582	.548	.611	1.000

註：M 代表平均數，SD 代表標準差，C1 至 C12 代表工作倦怠 12 個題目。

表六：「幼兒教師工作倦怠」不同模式適配度評鑑　　N₁=264

模式	χ^2	p	df	RMSEA	GFI	AGFI	NFI	NNFI	CFI	IFI
虛無模式	1457.351	--------	66	--------	--------	--------	--------	--------	--------	--------
單一因素	964.644	.000	54	.253	.621	.452	.537	.454	.554	.557
三因素直交	157.533	.000	54	.085	.909	.869	.894	.912	.928	.928
二級因素	61.682	.145	51	.028	.962	.943	.953	.984	.987	.988

　　根據表六的卡方值，二級因素模式與虛無模式相較改進效果最佳。進一步檢視絕對適配指標 RMSEA、GFI、AGFI，相對適配指標 NFI、NNFI、CFI、IFI，皆以二級因素模式表現最佳，復基於簡效性原則，研究者選擇二級因素此一有效模式中最簡潔的模式為最終模式（Harlow & Rose, 1994）。研究者針對二級因素進行內部估計參數的說明，詳細內容如圖二所示。

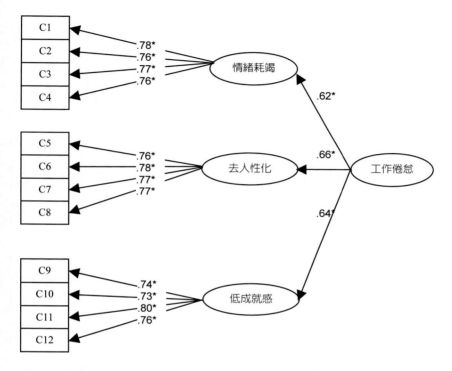

圖二:「幼兒教師工作倦怠」驗證性因素分析模式（標準化解）*p<.05

　　根據圖二，研究者進一步估算個別項目信度、潛在變項組合信度與變異數平均解釋量。12 個觀察指標標準化之因素負荷量全部在理想範圍.50至.95 之間，個別項目信度皆在.5 以上，顯示「幼兒教師工作倦怠量表」所有題目皆具有信度。而觀察變項所測量潛在變項（構面）之組合信度分別為.871、.859 與 844，大於.6 的理想數值；變異數平均解釋量分別為.575、.551 與.575，大於.5 的理想數值。此一現象已然說明所有潛在變項受其建構的觀察變項的貢獻比誤差所貢獻的量還大，同時也說明「幼兒教師工作倦怠」二級因素結構此一假設模式的「測量模式適配」尚在可接受範圍（余民寧，2006；黃芳銘，2004；Jöreskog & Sörbom, 1989）。

　　此一研究發現符應上述 Byrne（1991）的實證研究結果，幼兒教師工作倦怠適合以「情緒耗竭」、「去人性化」、「低成就感」三個構面之上有一個共同因素來加以詮釋。

表七：結構方程模式分析觀察指標題目、平均數、標準差、相關矩陣　$N_2 = 264$

觀察變項	合併題目	單題平均數	標準差										
情緒耗竭	C1、C2、C3、C4	1.991	.757	1									
去人性化	C5、C6、C7、C8	2.034	.661	.486	1								
低成就感	C9、C10、C11、C12	2.013	.791	.456	.507	1							
內在自我概念本位工作動機1	A1、A2、A3	2.674	.820	-.299	-.217	-.286	1						
內在自我概念本位工作動機2	A4、A5、A6	2.685	.805	-.233	-.251	-.311	.510	1					
內在自我概念本位工作動機3	A7、A8、A9、A10	2.691	.768	-.207	-.320	-.344	.504	.497	1				
外在自我概念本位工作動機1	B1、B2、B3	2.770	.667	-.150	-.202	-.216	.075	.058	.086	1			
外在自我概念本位工作動機2	B4、B5、B6	2.732	.640	-.194	-.178	-.183	.094	.101	.094	.508	1		
外在自我概念本位工作動機3	B7、B8	2.680	.659	-.180	-.189	-.205	.185	.088	.079	.500	.495	1	

三、自我概念本位工作動機影響工作倦怠的結構方程模式

　　根基於上述驗證性因素分析結果，以「內在自我概念本位工作動機」、「外在自我概念本位工作動機」為前因變項，工作倦怠三個因素構面「情緒耗竭」、「去人性化」、「低成就感」的合成分數為後果變項，進行自我概念本位工作動機影響工作倦怠的結構方程模式分析。為了減少誤差與無關變異量，提高估計穩定性，研究者採取合併題目的組合分數（composite score）為觀察變項（葉光輝、鄭欣佩、楊永瑞，2005）。其中工作倦怠直接由「情緒耗竭」、「去人性化」、「低成就感」三個構面題目的加總分數平均數為觀察變項，「內在自我概念本位工作動機」、「外在自我概念本位工作動機」則採取 Little, Cunningham, Shahar 和 Widaman（2002）的建議合併題目成三個觀察指標。所有觀察變項所包含的題目、平均數、標準差、相關矩陣如表七所示。分析結果如圖三所示，模式適配評鑑如表八所示。

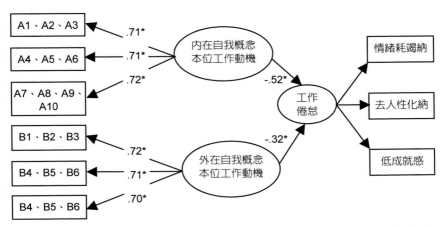

圖三：自我概念本位工作動機影響工作倦怠結構方程模式（標準化解） $N_2 = 264$ * $p < .05$

表八：結構方程模式適配度評鑑 　　　$N_2 = 264$

x^2	p	df	RMSEA	GFI	AGFI	NFI	NNFI	CFI	IFI	PNFI	PGFI
27.069	.353	25	.018	.978	.960	.956	.993	.995	.995	.664	.543

　　根據表八，自我概念本位工作動機影響工作倦怠結構方程模式之適配度評鑑，各項評鑑指標值都已達理想門檻，本研究分析的結構方程模式與觀察資料尚稱契合。進一步檢視圖三自我概念本位工作動機影響工作倦怠結構方程模式，「內在自我概念本位工作動機」影響工作倦怠「情緒耗竭」、「去人性化」、「低成就感」三層面的效果量分別是 $-.52 \times .65 = -.31$，$-.52 \times .71 = -.37$，$-.52 \times .73 = -.38$。「外在自我概念本位工作動機」影響工作倦怠「情緒耗竭」、「去人性化」、「低成就感」三層面的效果量分別是 $-.28 \times .65 = -.18$，$-.28 \times .71 = -.20$，$-.28 \times .73 = -.20$。「內在自我概念本位工作動機」舒緩工作倦怠的能力高於「外在自我概念本位工作動機」。

　　無論如何，此一研究發現與上述文獻討所指的王俊民（1990）、陳雅琳（2002）、廖相如（2003）、Anderson 與 Iwanicki（1984）研究若節合符，自我概念為基礎的工作動機具有舒緩工作倦怠的成效。而「外在自我概念本位工作動機」的舒緩效果較弱，符應 Freudenberger 和 Richelson（1980）以及 Fischer（1984）的推論，亦即透過社會參照導引的自我本位概念動機面向可能陷入「過度承諾」的自不量力窘境，而以自我激發為主的「內在自我概念本位工作動機」發自內心，由自身感應調控，比較能夠達到工作不滿情緒、不良身心反應的自我調適作用。

伍、結論與建議

一、結論

（一）自我概念本位工作動機包含內在與外在自我概念本位工作動機

驗證性因素分析模式比較結果顯示，自我概念本位工作動機包含「內在自我概念本位工作動機」以及「外在自我概念本位工作動機」兩個互相分離的因素層面。

（二）工作倦怠包含情緒耗竭、去人性化、低成就感三構面

驗證性因素分析模式比較結果顯示，工作倦怠包含「情緒耗竭」、「去人性化」、「低成就感」三個低階因素，三者構成工作倦怠的反映指標。

（三）自我概念本位工作動機舒緩工作倦怠

結構方程模式分析發現自我概念本位工作動機可以紓解工作倦怠的「情緒耗竭」、「去人性化」以及「低成就感」，其中又以「內在自我概念本位工作動機」舒緩效果較佳。

二、建議

綜合本研究主要發現，研提下列建議以供未來研究參考。

（一）擴大研究對象

本研究以幼兒教師為受試對象，固然有呼應深受市場邏輯宰制的幼兒教保服務，適合以自我概念本位工作動機來解析的優勢。畢竟，幼兒教師工作族群其工作繁雜，待遇菲薄，社會地位比不上其他層級的教師。維繫

其工作動能的主要來源應屬於自我概念為核心的動機作用。但為了擴大研究效度，未來研究可以納入其他職場人士，以便進行多樣本分析，釐清自我概念本位工作動機用來解釋不同群體的解釋能力。

（二）進行複核效度檢驗

本研究所進行的模式競爭驗證性因素分析以及結構方程模式徑路分析，最終模式的試配度評鑑結果尚且契合實證觀察資料。然為了澄清相關研究發現受到特異（idiosyncratic）樣本影響之質疑，未來研究可擴大樣本來源，以同一母群不同組樣本來進行跨樣本的複核效度（cross-validation）考驗以反覆驗證。

（三）嘗試其他的聚合效度區別效度驗證模式

本研究以內部參數以及其衍生的相關數值來解讀潛在變項的聚合效度、區別效度。未來研究可嘗試發展其他評量方法，進行所謂的「多特質、多方法」（multitrait-multimethod approach, MTMM）分析，檢視聚合效度與區別效度，並釐清方法效應。

（四）增加研究變項

就統計分析的合理性而言，一個良好的假設模式乃是檢效而又解釋力強，應避免毫無依據的考驗。根基於此，研究者依據研究文獻檢驗自我概念本位工作動機對於工作倦怠的舒緩效果，但就實務運用以及研究貢獻的增益而言，增加研究變項可以提供更多的解讀取項與實務運作路徑。未來研究可以考慮納入可能的干擾變項於研究架構中，例如情緒勞務負荷、薪資待遇、社會支持等變項，以便排除干擾因素，真正理解自我概念本位工作動機獨享的解釋變異量，或者作用效果量。

　　無論如何，本研究乃是初探性質，結構方程模式所建立的因素模式或者徑路模式，都必須有豐富的研究成果累積，未來研究實有其必要。

參考書目

葉光輝、鄭欣佩、楊永瑞（2005）。母親的後設情緒理念對國小子女依附
　　傾向的影響。中華心理學刊，47 (2)，181-195。

王俊民（1990）。國民中學教師成就動機與職業倦怠之關係研究。政治大
　　學教育學系碩士論文，未出版，台北。

余民寧（2006）。潛在變項模式：SIMPLIS 的應用。台北：高等教育。

余安邦（2005）。華人成就動機與成就觀念的探索。輯於楊國樞、黃光國、
　　楊中芳（主編）：華人本土心理學（頁 665-711）。台北：遠流。

李青松、陳若琳（1999）。幼兒保育人員工作壓力之探討。醫護科技學刊，
　　1(2)，146-161。

李新民（2003）。台灣與瑞典幼兒教保體制差異之探討。樹德科技大學學
　　報。李新民（2004）。幼兒教師實用智能與工作表現之相關研究。高雄：
　　復文。

張孝筠（2000）。我國公私立稚園創業歷程及專業發展之相關因素的探討。
　　國科會 NSC 90-2413-H-324-004-F22。

張志明、譚宇隆（2000）。花蓮縣國民小學總務主任工作倦怠因素之探討。
　　花蓮師院學報，10，145-170。

張美雲、林佩蓉（1998）。工作價值觀對幼兒幼兒教師離職或異動之影響─
　　以大台北地區為例。中台醫專學報，10，89-103。

許玉齡（1998）。桃竹地區幼稚園園長領導措施與教師工作滿意度之相關
　　研究。新竹師院學報，11，17-19。

陳雅琳（2002）。籃球選手目標取向、知覺動機氣候、運動身心狀況、情
　　緒反應與身心倦怠之研究。國立體育學院教練研究所未出版碩士論文。

黃芳銘（2004）。社會科學統計方法學：結構方程模式。台北：五南。

廖相如（2003）。桃竹苗四縣市國民小學教師成就動機、制握信念與工作倦怠關係之研究。國立新竹師範學院國民教育研究所未出版碩士論文。

劉兆明（2005）。華人的工作動機與態度。輯於楊國樞、黃光國、楊中芳（主編）：華人本土心理學（頁833-862）。台北：遠流。

顏耀南（2001）。教師職業倦怠相關變項之後設分析研究。國立中正大學教育研究所未出版碩士論文。

Adams, J. S. (1965). Inequity in social exchange. *Advances in Experimental Social Psychology, 2*, 267-299.

Anderson, M. B., & Iwanicki, E. F. (1984). Teacher motivation and its relationship to burnout. *Educational Administration Quarterly, 20* (2), 109-132

Ashforth, B., & Mael, F. (1989). Social identity theory and the organization. *Academy of Management Review, 14*(1), 20-39

Austin, J. T. & Klein, H. J. (1996). Work motivation and goal striving. In K. R. Murphy(Ed.). *Individual differences and behavior in organizations* (pp.209-257). San Francisco, CA: Jossey-Bass.

Bandura,A.(1978).The self system in reciprocal determinism. *American Psychologist, 33*, 344-358.

Bandura, A.(1986). *social foundations of thought and action : A Social cognitive theory*. Englewood Cliffs, NJ: Prentice-Hall.

Barnard, C. (1938). *The functions of the executive.* Cambridge, MA: Harvard University Prsee.

Basson C. J. & Van der Merwe T. (1994). Occupational stress and coping in a sample of student nurses. *Curatonis, 17* (4), 35-43.

Brouwers, A., Evers, W. ,& Tomic, W.(1999). *Teacher burnout and self-efficacy in eliciting social support.* (ERIC Document Reproduction Service NO ED437342)

Brown, J. D., & Taylor, S. E. (1986). Affect and the processing of personal information: Evidence for mood-activated self-schemata. *Journal of Experimental Social Psychology ,22*, 436-452.

Byrne, B. M.(1991). *Reexamining the factorial structure of the Maslach Burnout Inventory for elementary, intermediate, and secondary teachers: A cross-validated confirmatory factor analytic study.* (ERIC Document Reproduction Service NO ED329589)

Cherniss, C. (1980). *Professional burnout In human service organization.* NewYork: Praeger Publishers.

Deci, E.L. (1975). *Intrinsic motivation.* New York: Plenum.

Deci, E. L. & Ryan, R. M. (1985). *Intrinsic motivation and self-determination in human behavior.* New York: Plenum Press.

Dweck, C. S. (1999). *Self-theories: Their role in motivation, personality, and development.* Philadelphia, PA: Psychologists.

Etzioni, A. (1975). *Comparative analysis of complex organizations.* New York: MacMillan Publishing.

Fisher, M. (1984). Teacher burnout: Some Australian findings. *Unicorn, 10* (3), 226-232.

Freudenberger, H. J. & Richelson, G.(1980). *Burnout: The high cost of high achievement.* New York: Anchor Press.

Frey, B.S., & .Jegen, R. (2001). Motivation crowding theory. *Journal of Economic Surveys, 15* (5), 589-611.

Gustafson, L., & Reger, R. (1998). *Organizational identity: An empirical investigation of unresolved issues.* Paper presented at: the annual meeting of the Academy of Management Meetings, San Diego.

Harlow, L. L., & Rose, J. S. (1994). Prediction models: Optimal conditions and fit assessment. Paper presented at the annual meeting of the Society of Multivariate Experimental Psychology, Princeton, NJ.

Inkeles, A. (1997). National character: A psycho-social perspective. London: Transaction Publishers.

Jenkins,S., & Calhoun, J. F. (1991). Teacher stress: Issues and intervention. *Psychology in Schools, 28*, 56-66.

Jöreskog, K. G. & Sörbom, D. (1989). *LISREL 7: A guide to the program and applications* (2nd Ed.). Chicago, IL: SPSS.

Jöreskog, K. G., & Sörbom, D. (1993). *LISREL 8: Structural equation modeling with the SIMPLIS command language.* Chicago: Scientific Software International.

Kamerman, S. B.(2000). Early childhood education and care: An overview of developments in the OECD countries. *International Journal Educational research, 33*(1), 7-29.

Kanfer, R. (1990). Motivation and individual differences in learning: An integration of developmental, differential, and cognitive perspectives. *Learning and Individual Differences, 2*, 219-237.

Snyder, R., & Williams, R. (1982). Self theory: An integrative theory of work motivation. *Journal of Occupational Psychology, 55*, 257-267.

St Clair, M., & Wigren, J. (2003). *Object relations and self psychology : An introduction.* Florence: Wadsworth.

Sugawara, A. I., Harris, J. J., & O'Neill, J. P. (1988). Self-concept and teacher competency among early childhood student teachers. *Early Child Development and Care,39* , 177-185.

Tonelson, S. W.(1981). *The importance of teacher self concept to create a healthy psychological environment for learning.* (ERIC Document Reproduction Service NO EJ256851)

Villa, A. ,& Calvete, E. (2001). Development of the teacher self-concept evaluation scale and its relation to burnout. *Studies in Educational Evaluation, 27*(3), 239-255.

Katz, D., & Kahn, R.L.(1978). *The social psychology of organizations.* New York: Wiley.

Korn, C.(1998). How young children make sense of their life stories. *Early Childhood Education Journal, 25*(4), 223-228.

Leonard, N. H., Beauvais, L. L., & Scholl, R. W. (1999). Work motivation: The incorporation of self based processes. *Human Relations, 52*, 969-998.

Little, T. D., Cunningham, W. A., Shahar, G., & Widaman, K. F. (2002). To parcel or not to parcel: Exploring the question, weighing the merits. *Structural Equation Modeling, 9(2)*, 151-173.

Maslach, C. (2001). What have we learned about burnout and health? *Psychology and Health, 16*, 607-11.

Maslach, C. & Jackson, S. E. (1981). *Maslach burnout inventory: Manual.* Palo Alto, California: Consulting Psychologists Press.

Maslach, C., & Pines, A.(1977). The burn-out syndrome in the day care setting. *Child Care Quarterly, 6* , 100-113.

Markus, H., & Nurius, P. (1986). Possible selves. *American Psychologist, 41*(9), 954-969.

Markus, H. & Wurf, E. (1987). The dynamic self-concept: A social psychological perspective. *Annual Review of Psychology*, 38, 299-337.

McClelland, D. C. (1961). *The achieving society*. New York: Van Nostrand Reinhold.

Noar, S. M. (2003). The role of structural equation modeling in scale development. *Structural Equation Modeling*, *10*(4), 622-647.

Oberhuemer, P., & Ulich, M. (1997). *Working with young children in Europe*. London: Paul Chapman.

Park, W. D.,& Yager, G. G .(1981). *Self-supervision for elementary school counselors*. (ERIC Document Reproduction Service NO ED208331)

Pervin, L. A. (1989). Persons, situations, inter-actions: The history of a controversy and a discussion of theoretical models. *Academy of Management Review*, *14*(3), 350-360.

Ryan, R. M., & Deci, E.L. (2000). Self determination theory and the facilitation of intrinsic motivation, social development and well-being. *American Psychologist*, *55*, 68-78.

Rosenbaum, J. N.,& Carty, L.(1994). Healthy thinking: A group approach. (ERIC Document Reproduction Service NO EJ497367)

Sandelands, L. E., Ashford, S. J., & Dutton, J. E. (1983). Reconceptualizing the overjustification effect: A template-matching approach. Motivation and Emotion, 7, 229-255.

Schwartz, T. J.(1990). Methodological advances in the study of self-concept. (ERIC Document Reproduction Service NO ED322206)

Shamir, B. (1991). Meaning, self and motivation in organizations. Organizational Studies, 12(3), 405-424.

幼兒園園長實用智能評量及其相關研究

蔣欣好
（樹德科技大學師資培育中心講師）

壹、緒論

一、研究動機與研究目的

　　一如西諺所云：「有怎樣的校長，就有怎樣的學校。」，園長可謂幼兒園的靈魂人物，唯有成功的園長才有成功的幼兒園可言。一個具備成功實踐（practical success）能力的園長，才有可能將幼兒園辦學績效提升，並實質發揮兒童教育照顧的福利功能，園長成功實踐能力實茲事體大不容忽視。

　　然而所謂成功實踐的能力究竟要如何定義與瞭解？事實上，成功的實踐能力長期以來就一直是學術界以及實務界最關注也是最具爭議性的議題。在過去 50 多年來，心理學界相信智力測驗所測的 IQ 就是成功的實踐能力，一個高 IQ 的人不但會讀書，而且在實際職場中也有成功的工作表現。但是隨著非傳統智能理論的相繼提出，所謂智力革命的啟動，IQ 預測成功實踐表現的效果越來越遭受質疑。一些有關 IQ 預測實際工作表現的相關研究指出，IQ 其實只能預測實際表現的 20%至 29%左右，還有 70%至 80%的變異量無法解釋（Hunter & Hunter, 1984; Taub, 1998）。心理學家指出傳統的智力理論與研究其實只發現了人類廣泛智力中的學術智力

（academic intelligence）以及心理計量智力（psychometric intelligence）而已，而在真實生活中成功所需要的能力並未真正被加以探討研究（Taub, 1998; Wagner & Sternberg, 1990）。Sternberg 與其同僚於 1993 年左右，提出實用智能（practical intelligence, PI）理論，主張由內隱知識測驗（tacit knowledge inventory）測量的實用智能才是在真實生活追求成功的能力（Sternberg & Wagner, 1993; Sternberg, Wagner & Okagaki, 1993）。此一非傳統智能觀提出之後，不但顛覆傳統心理計量智力與學術智力觀點，相關的實證研究發現也指出實用智能可以有效解釋真實生活的成功（Chan & Schmitt, 1998; Sternberg et al., 1993）。這種創新智能構念究竟該如何發展量表應用在幼兒園園長此一專業人士身上，並加以評量？相關研究仍甚為稀少，實有必要實證性研究的探討。

　　承接上述，研究者聚焦在幼兒園園長實用智能的現況及其評量工具的發展，具體而言，本研究主要目的如下：

（一）編製信、效度良好的「幼兒園園長實用智能量表」。

（二）探討高高屏地區幼兒園園長實用智能概況及不同構面間的差異情形。

（三）分析不同背景幼兒園園長的實用智能差異。

二、名詞解釋

（一）幼兒園

　　我國幼兒照顧與教育制度紊亂的問題，由來已久，為了解決此一問題，政府、學者專家、托教服務提供者已努力了二十餘年，但直到民國八十六年，才有較明顯的進展。九十年五月，於過去幼托整合之努力所累積的成果之基礎上，內政部與教育部正式聯合組成「幼托整合推動委員會」，但由於幼托整合尚未真正啟動運作，有關幼稚園與托兒所合併說明的用

語，在各種學術著作乃至相關輿論、傳媒中呈現相當紛亂的局面，舉凡幼托機構、托教機構、幼兒園所、幼兒學校、教保機構等用語「各自表述」，莫衷一是（李新民，2003；張孝筠、翁興利、蕭芳華、李裕光，1999）。但是，就當前國家推動幼托整合的政策發展趨勢而言，似有將幼稚園與托兒所融合統稱為「幼兒園」之勢，因此，本研究茲以幼兒園一詞統稱幼稚園與托兒所。幼稚園包含公立的幼稚園、國小附設幼稚園，以及私人創建的幼稚園、私立機構附設幼稚園；托兒所包含公立的鄉立托兒所、社區托兒所、公家機構附設托兒所，以及私人創建的托兒所、私立機構附設托兒所。

（二）幼兒園園長

本研究所謂幼兒園園長係指高高屏地區合法立案公私立幼兒園具備園所長資格者。未合法取得資格的園所長以及非法立案幼兒園中的園所長不在本研究範圍之內。

（三）實用智能

實用智能被視為個體靈活運用所學，針對不同情勢，巧妙地透過適應、塑造、選擇環境等策略，來解決現實生活實際問題，追求成功生活的內隱智能（tacit intelligence）（李新民，2004；Sternberg, 1996；Wagner, 2000）。本研究所謂的幼兒園園長實用智能係指受試者在研究者自編的「幼兒園園長實用智能評量量表」的得分。包括適應環境的實用智能、塑造環境的實用智能和選擇環境的實用智能。受試者在個別分量表的分數越高，表示其在該一向度的實用智能越強；三個分量表分數皆高，則表示受試者整體實用智能甚佳。

貳、文獻探討

一、實用智能研究的緣起

　　不論是選拔有能力的可用之才，內部教育訓練以強化現有員工知識、技能，還是獎勵工作績效優異的員工，所有人力資源決策的目的都在極大化工作職場的表現。然而成功的人力資源決策都必須釐清構成優異工作表現的知識與能力為何（李新民，2004）。

　　長久以來智能就被視為是一種有效適應環境以及從過去經驗中學習的能力（Neisser, Boodo, Bouchard, Boykin, Brody, Ceci, Halpern, Loehlin, Perloff, Sternberg & Urbina, 1996）。但是在學術界有關智力是什麼，該如何評量卻有分歧的見解存在。傳統智力觀主張成功所需的眾多能力源自於一決定性因素——一般智力(即我們所謂的 g)(Brand, 1996；Jensen, 1998; Ree & Earles, 1993; Schmidt & Hunter, 1998; Spearman, 1927）。在實證研究上，g 有時候被視為一個綜合能力，有時候又被視為是一智力結構最上層的共同因素（Carroll, 1993;Cattell, 1971; Gustafsson, 1984）。

　　g 有時候又稱做一般認知能力（general cognitive ability），其被視為是選拔人才的最佳指標，因為它能有效預測各種領域真實生活工作表現（Schmidt & Hunter, 1998）。長期以來，它也一直被當作人事決策的預測變項來加以研究。一些研究者更進一步指出 g 可能是最能有效解釋預測個體在未來變動不居的環境裡有幸成功生存以及表現傑出的關鍵變項（Snow & Snell, 1993）。但是，也有些研究者指出智力測驗所測量的心理計量智能是否能代表所謂的智力，仍有爭議（Brody, 2000; Neisser et al., 1996; Sternberg, 1999）。

　　由以下幾個理由可以說明在 g 以外應該還有其他影響真實生活工作表現的重要因素存在。

根據心理學家的預測解釋變異量的估計，g 其實只能解釋 20%到 25%左右的真實生活表現之變異量，還有 75%到 80%左右是無法由 g 解釋的（Goleman, 1995; Jensen, 1998）。這些無法由 g 解釋的變異量當中，大部分可以實用智能來加以解釋，而且實用智能比 g 更能有效解釋預測真實生活的表現（Sternberg, 1999）。根據 Sternberg（1999）的說法，智力測驗所呈現的問題其實和真實生活所面對遭遇的問題完全不一樣，智力測驗根本無法測出真實生活表現所需要的能力。

傳統智力的擁護者認為 g 是一個穩定的特質，可以跨越時空有效預測不同人生階段以及生活領域的真實表現（Gottfredson, 2002）。但是有愈來愈多的證據顯示不同領域的工作表現有其差異存在，要想預測不同領域的工作表現都必須視不同領域的情境脈絡而稍做修正，根本沒有放諸四海皆準的所謂預測全盤人生的一般智力可言（Feuerstein, 1980; Grotzer & Perkins, 2000; Nickerson, Perkins, & Smith, 1985; Perkins & Grotzer, 1997）。

其實有關人類智能的論述與研究，正面臨智力革命的轉捩點，新近的智能理論都提出更寬廣的人類智能見解，像是人際關係智能（interpersonal intelligence））（Gardner, 1983, 1999）、情緒智能（emotional intelligence）（Goleman, 1995; Mayer, Salovey & Caruso, 2000）、創造和實用智能（creative and practical intelligence）（Sternberg, 1985b, 1997, 1999）等等。而在這些創新智能理論中，又以實用智能最受矚目，相關理論探討與研究蓬勃發展中。

二、實用智能的理論基礎

（一）實用智能的理論定義

Sternberg 的實用智能構念肇始於三維智能理論（triarchic theory of intelligence, TTI），歷經內隱知識的情境理論（contextual theory of tacit knowledge）以及成功智能理論（successful intelligence）的洗鍊而逐漸建立學理基礎。根據 Sternberg（1985, 1988）早期的三維智能理論，實用智能乃是個體適應每日生活環境與社會情境的能力，可稱之為發揮實際效用的生活經驗智能（intelligence in everyday life），其指涉個體的適應、塑造以及選擇環境三種能力反應。1993 年 Sternberg 與其同僚根據內隱知識的情境理論，指出實用智能乃是在特定情境脈絡追求成功的心理決策能力，這種能力的基礎成分乃是實際知道怎樣做才能成功（practical know-how）的內隱知識（Sternberg & Wagner, 1993）。內隱知識是個體對所處環境內在理解過程中所累積的直覺性知識（intuitive knowledge），同時也是一種面對某種特殊情境、特殊事例時知道該怎麼做才能成功的程序性知識（procedural knowledge）（Sternberg, Wagner, Williams & Horvath, 1995）。換言之，從學理上而言，實用智能說明了人類複雜智能層面中的脈絡化智能（contextualized intelligence）以及實際效用智能（pragmatics of intelligence）。實用智能所指涉人類智能是一種在現實生活安身立命追求成功的能力，擁有實用智能的個體能夠在其所處的特定環境中，因應各種不確定性與挑戰性，有效解決其所遭遇的實務問題。將這種實用智能觀點引用至本研究主題，則幼兒園園長實用智能可界定為幼兒園園長在幼兒園此一特定情境脈絡，知道該怎麼做才能成功的解決其所遭遇的各種實務問題之內隱知識。

（二）實用智能的潛在成分

在解決真實世界問題時，個體所運用的知識有些來自正式教育訓練，有些來自個人經驗累積。而大多數能夠成功解決問題的知識都是內隱的機智知識，這種機智知識是只能意會而不可言傳的，而且必須從個人真實生活經驗中去錘鍊，專家知識的研究與其此概念吻合。成功專家所擁有的機智知識，往往是所謂程序性的知識，而且是在個人意識知覺之外運作的

（Chi, Glaser, & Farr, 1988）。 機智知識同時也反映出實際脈絡知識是不同於學術訓練正式教育所得的知識（Groen & Patel, 1988）。Sternberg 將機智知識視為實用智能的潛在成分，機智知識可以幫助一個人去有效成功的適應、塑造以及選擇環境（Sternberg, 1997；Sternberg, Forsythe, Hedlund, Horvath, Wagner, Williams, Snook & Grigorenko, 2000；Sternberg & Horvath, 1999；Wagner & Sternberg, 1985）。這種機智知識反映出從實務經驗中學習以及應用在追求重要的有價值專業目標的能力，它有助於我們釐清許多不同專業領域成功表現原因何在。

機智知識有三個主要特色（Sternberg, 1997；Sternberg et al., 2000；Sternberg & Horvath, 1999；Sternberg et al., 1995）：

1、機智知識是生活經驗知識

機智知識不是學校特別教的知識，也就是說機智知識來自於個人日常生活經驗。那如何判斷知識不是學校教的是來自真實經驗呢？根據Sternberg（1988）的說法，只要知識的運作歷程不是受到選擇性編碼（selective encoding）、選擇性組合（selective combination）、選擇性比較（selective comparison）等結構性的支持，就不是學校正式教育學習的知識。

2、機智知識是一種程序知識

機智知識是一種知道如何處理實際案例的知識，但是由於真實案例千變萬化，因此它很難用所謂處理事情的通則來表達。因為機智知識是脈絡化的，它必須因應不同環境脈絡而呈現一個複雜但卻彈性的風貌，絕對不是一組有關如何操作的規則之集合體（像是萬用工作操作守則）。換句話說機智知識是程序知識，但程序知識不一定是機智知識。

3、機智知識是經驗本位、行動導向的知識

機智知識並不等於工作知識（job knowledge），工作知識包括陳敘性知識（declarative knowledge）以及程序性知識，但機智知識只包含程序性知識。而且這種程序性知識會引導個體自動（無意識的）去引用個人寶貴實務經驗有效解決實際困難。換句話說，機智知識不是被動依賴某種正式專業教育訓練所傳授某種工作準則，它是個人自動地將專業生活經驗提升轉化應用。

（三）實用智能構面分析

承前所述，實用智能是一種從一般生活或是職場工作經驗中，透過解決實務問題的做中學過程，累積內隱知識以便在真實環境中生存的實用能力，其包括適應環境、塑造環境以及選擇環境等三種相互為用的能力（Sternberg & Kaufman, 1998）。個體面對真實環境的挑戰可以適應環境能力來改變自己適應環境限制，或是藉由塑造環境能力以主動改造環境配合自己需要，乃至透過選擇環境能力來選擇一個能夠實踐個人理想的合適環境（李新民、陳密桃、莊鳳茹，2004）。茲進一步說明適應、塑造、選擇環境三個實用智能構面如下：

1、適應環境能力

有別於傳統智能理論僅將智能界定為適應環境能力，卻未真正地進行真實環境適應能力之評量，Sternberg 與其研究團隊突破傳統，實際以各種評量方式進行個人對於真實環境適應能力的評量。適應環境能力強調個體藉由調整自己的心態、行為來適應環境限制，以追求重要人生目標，而這種調整過程並非如牆頭草般盲目的、隨機任意而為的，而是具有目的性。個體必須審視其所處環境的限制所在，並在各種可行的自我調整方式中找到最有效克服環境難題且可滿足自我生存目標者。釐清問題的核心，

檢視自我能力、資源，然後依情勢改變自己去適應情勢與環境的變化，不應躁進貿然行事。具備適應環境能力的個體，擁有調整自我適應千變萬化情勢的內隱機智知識。隨機應變的紀曉嵐可謂是適應環境能力的典型代表性人物。

2、塑造環境能力

塑造環境是一種主動塑造、巧妙改變環境情勢現狀，以便順利解決真實世界問題，實現自我目標的能力（Sternberg, 1985, 1996）。塑造環境能力強調個體藉由真實環境脈絡可塑性之檢視，主動出擊或者迂迴轉進以創造有利自我的情勢或情境。塑造環境能力的發揮有賴於天時、地利、人和之便，天時是絕妙契機的見機行事，地利是有利環境情勢的見縫插針，人和則是複雜人際脈絡的借勢使力。擁有塑造環境能力的個體，具備掌握機先改變情勢脈絡的內隱知識。神機妙算的諸葛亮，是塑造環境能力的具體典範。

3、選擇環境的能力

選擇環境能力是一種超越窠臼另謀出路，選擇有利自我的新環境或情勢之能力（Sternberg, 1985；Wagner, 2000）。選擇環境能力強調跳脫既存情境脈絡另闢新局，需要明智抉擇（making an intelligence decision）的遠見與氣魄。遠見展現在個體嘗試選擇的新情境脈絡時，能著眼於個體長遠發展；氣魄發揮在個體脫離舊有情勢脈絡糾纏時，能勇於拋棄不利自我的舊包袱。保有選擇環境能力的個體，蘊含選擇新環境或情勢以增加自己在真實世界成功機率的內隱知識。中國文化中的太極，都稱得上選擇環境能力的具體典範。

綜言之，實用智能此一標誌著在真實世界解決實際問題以追求成功人生的智能觀點，與傳統智能所重視的學術智能（academic intelligence）是大異其趣的。畢竟，真實世界的問題解決不同於傳統智力測驗，現實生活

中所自然浮現的問題，缺乏完整明確的界定，正確答案不只一個，可能的
解答路徑更是多重且非固定。

三、影響實用智能的背景因素探討

（一）服務年資與實用智能之相關

　　經驗是最好的老師，也是職場的新鮮人最值得向資深工作者挖掘的寶
藏、師法的經典，而在實用智能的影響因素研究中也發現這種實務工作經
驗的影響力。Sternberg 與其研究團隊分別以管理職位和工作年資為工作經
驗的評量指標，研究樣本包括三個不同層級的公司經理人，相關研究發現
公司中的管理職位、工作年資與機智知識定義的實用智能有顯著相關，在
$r=.23$ 至 $r=.39$ 之間，皆達.05 顯著水準以上（採自李新民，2004:89）。
而國內學者李新民（2004）以幼兒教師為研究對象的實用智能相關研究結
果發現，工作年資多者實用智能較佳；而李新民、陳密桃、莊鳳茹（2004）
以國小教師為研究對象的實用智能相關研究結果亦發現，工作年資多者其
實用智能亦較工作年資少者為佳。換言之，國內學者的相關研究發現與上
述國外研究結果相互呼應。

（二）性別、種族與實用智能之相關

　　傳統的智力研究發現每每指出不同性別與種族的智力有差異，但是實
用智能的實證研究卻未發現種族與性別的影響。例如，Eddy（1988）的美
國空軍新兵智力實證研究中，以「陸軍職業性向測驗」（Armed Services
Vocational Aptitude Battery, ASVAB）分數代表一般傳統智力，以 TKIM 分
數代表實用智能，再以虛擬編碼種族以及性別變項，分別進行實用智能以
及傳統智力與種族、性別的相關統計分析，統計分析結果顯示實用智能與
種族與性別的相關分別只有 $r=.03$ 與 $r=.02$，且未達顯著水準，而一般傳

統智力與種族與性別的相關則是在 r＝.20 到 r＝.40 之間（樣本數 n＝631）。而國內學者李新民、陳密桃、莊鳳茹（2004）以國小教師為研究對象的實用智能相關研究結果發現，不同性別的實用智能並無顯著差異，意即實用智能並未受性別的影響。呼應上述國外學者的研究結果。

參、研究設計與實施

本研究主要目的在探討幼兒園園長實用智能以及相關影響因素。為了達成研究目的，本研究以問卷調查進行實證研究，以下僅就本研究架構與假設、研究抽樣與樣本、研究工具發展以及實際實施程序加以說明。

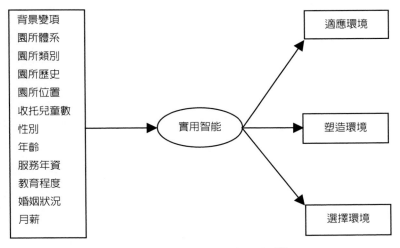

圖一：本研究初步概念架構

一、研究架構

根據研究目的以及上述文獻探討，本研究初步概念架構如圖一所示，圖中的測量模式彰顯本研究發展幼兒園園長實用智能評量工具之評量構

面，而背景變項包括服務單位屬性（公立與私立之體系，幼稚園與托兒所之類別、園所歷史、園所位置、收托兒童數等五個組織環境變項）及個人屬性（性別、年齡、服務年資、教育程度、婚姻狀況、月薪等六個個體人口變項）為實用智能所探討的影響變項。

二、研究假設

根據圖一之研究架構，本研究主要研究假設有三：

(一) 幼兒園園長實用智能為一多向度心理構念。

(二) 幼兒園園長在實用智能不同構面間有顯著差異。

(三) 不同背景的幼兒園園長其實用智能有顯著差異。

三、研究樣本

（一）確立母群體

本研究採用問卷調查法，按照高高屏地區公私立幼兒園園長人數比例進行抽樣。研究者根據高高屏地區幼兒園主管機構查詢幼兒園園長人數分布概況，查詢結果如附錄五所示。高雄市公立托兒所所長 0 人（佔總人數比率 0.0%），私立托兒所所長 214 人（佔總人數比率 18.8%），公立幼稚園園長 68 人（佔總人數比率 6.0%）私立幼稚園園長 102 人（佔總人數比率 9.0%）；高雄縣公立托兒所所長 17 人（佔總人數比率 1.5%），私立托兒所所長 192 人（佔總人數比率 16.9%），公立幼稚園園長 112 人（佔總人數比率 9.8%），私立幼稚園園長 107 人（佔總人數比率 9.4%）；屏東縣公立托兒所所長 29 人（佔總人數比率 2.5%），私立托兒所所長 169 人（佔總人數比率 14.9%），公立幼稚園園長 68 人（佔總人數比率 6.0%），

私立幼稚園園長 60 人（佔總人數比率 5.3%）。合計總人數 1138 人，列為本研究的標的母群體（target population or universe）。

（二）決定樣本大小及抽樣方式

根據 Krejcie 和 Morgan（1970）的抽樣曲線數值分析估計所需樣本人數為 291 人，預估回收率 80%，需抽樣 364 人。樣本大小決定之後，研究者自高雄市、高雄縣、屏東縣幼托機構主管機構提供的清冊中，按照不同地區（縣市）、不同園所類別（幼稚園、托兒所）比例抽取人數。以被抽取幼兒園的園長為施測對象，填答研究者自編「幼兒園園長實用智能量表」。問卷調查的實施，由樹德科技大學幼兒保育研究所具有幼兒教師資格的研究生以及在職專班修過研究方法課程且具有幼兒教師身份的在職進修學生協助問卷的發放以及回收。

（三）研究樣本特性

實際回收問卷 315 份，扣除無效問卷 15 份後，實際進行統計分析的問卷有 300 份。其樣本結構如表一所示。

表一：正式樣本結構　　　　　　n＝300

背景變項	人數	比率%
年齡		
（1）20~29 歲	18	6.0
（2）30~39 歲	82	27.3
（3）40~49 歲	110	36.7
（4）50 歲以上	90	30.0
性別		
（1）男	73	24.3
（2）女	227	75.7

婚姻狀況	37	12.3
（1）未婚	261	87.0
（2）已婚	2	.7
（3）離婚		
教育程度		
（1）高中職	24	8.0
（2）專科（含五專、二三專）	85	28.3
（3）大學	147	49.0
（4）碩士以上	44	14.7
服務體系類別		
（1）公立幼稚園	67	22.3
（2）私立幼稚園	78	26.0
（3）公立托兒所	15	5.0
（4）私立托兒所	140	46.7
服務單位位置		
（1）高雄市	104	34.7
（2）高雄縣	112	37.3
（3）屏東縣（市）	84	28.0
園所歷史		
（1）五年以下	50	16.7
（2）五~十年	93	31.0
（3）十一年~十五年	60	20.0
（4）十六年以上	97	32.3
服務年資		
（1）5年（含）以下	118	39.3
（2）6~10年	84	28.0
（3）11~15年	48	16.0
（4）16年以上	50	16.7
月新		
（1）20000~35000元	78	26.0
（2）35001~50000元	124	41.3
（3）50001元以上	98	32.7

　　回收有效問卷 300 份進行統計分析，有效樣本之背景資料如表 3-1 所示。根據表一，本研究正式樣本中幼兒園園長在年齡部份 20～29 歲者佔 6.0%、30～39 歲佔 27.3%，40～49 歲佔 36.7%，50 歲以上者佔 30.0%；在性別部份男性園長佔 24.3%，女性園長佔 75.7%；在婚姻狀況部份未婚者佔 12.3%，已婚者佔 87.0%，離婚者佔 0.7%；在教育程度部份高中職佔 8.0%，專科（含五專、二三專）佔 28.3%，大學佔 49.0%，碩士以上佔 14.7%；在服務體系類別部份公立幼稚園佔 22.3%，私立幼稚園佔 26.0%，公立托兒所佔 5.0%，私立托兒所佔 46.7%；在服務單位位置部份高雄市佔 34.7%、高雄縣佔 37.3%、屏東縣佔 28.0%；在園所歷史 5 年以下佔 16.7%、5～10 年佔 31.0%、11~15 年佔 20.0%，十六年以上佔 32.3%；在服務年資部份 5 年（含）以上佔 39.3%、6～10 年佔 28.0%、11~15 年佔 16.0%、16 年以上佔 16.7%；在月薪部份 20000～35000 元佔 26.0%、35001~50000 元佔 41.3%、50001 元以上佔 32.7%。就縣市與園所屬性而言，有效樣本與母群體結構接近，未有嚴重偏誤情形，樣本代表性尚在可接受範圍內。

四、研究實施步驟

（一）擬定評量構面與題目

　　研究者自編的「幼兒園園長實用智能量表」包含一系列反應幼兒園園長工作職場實況的「狀況問題」及解決該問題的「可行選項」，每一個狀況問題搭配一個以上的可行選項，讓受試的幼兒園園長心理決策評斷這些選項用來解決實際問題的有效性。受試者評斷這些選項是否有效的填答方式係採 Likert 四點量表，受試者認為該選項所呈現之解決方法非常管用可以奏效圈選①，覺得解決方法尚且有效圈選②，覺得效果可能不佳圈選③，認為極端不智萬萬不可行圈選④，依照①②③④的順序分別給予四分、三分、二分、一分。「狀況問題」的來源由研究者實地諮詢 10 位一般幼兒

園園長意見。諮詢問題著重在其幼兒園園長專業生活所可能涉及的各種實務難題，總共編擬出 15 個「狀況問題」。「可行選項」的來源乃是研究者根據理論成分實地諮詢 5 位在幼兒園服務年資超過 20 年，曾經榮獲獎勵的資深成功幼兒園園長意見。歸納受詢者意見共發展出 107 個「可行選項」。

（二）內容適切性評估

「幼兒園園長實用智能量表」初稿完成之後，研究者邀請 5 位具備幼兒園園長實務經驗的學術專家，就狀況題的代表性，可行選項的內容適切性加以評鑑，以修正建立內容效度。並立意抽樣 20 位幼兒園園長，小規模試探性預試，以探討量表形式、文字的敘述是否能為受試者所完全理解無誤。根據專家的修正意見以及小規模試探性預試的受試者反應，研究者以不失原量測題項本意而用字遣詞極其本土化為原則，來修正「幼兒園園長實用智能量表」初稿成為第一次預試量表。預試量表的狀況問題與可行選項數量與初稿相同，各構面可行選項題號如表二。根據表二，屬於「適應環境」實用智能有 36 題，「塑造環境」實用智能有 39 題，「選擇環境」實用智能有 32 題。

表二：第一次預試量表各構面可行選項題號一覽表

構面	題號	題數
適應環境	1.2.8.9.10.16.17.23.24.32.33.39.40.41.46.47.48.53.54.55.61 62.63.68.69.75.76.82.83.88.89.90.95.96.102.103	36
塑造環境	3.4.5.11.12.13.18.19.20.25.26.27.28.34.35.36.42.43.49.50.56 57.64.65.70.71.72.77.78.79.84.85.91.92.97.98.99.104.105	39
選擇環境	6.7.14.15.21.22.29.30.31.37.38.44.45.51.52.58.59.60.66.67 73.74.80.81.86.87.93.94.100.101.106.107	32

（三）預試與項目分析

第一次預試旨在透過單一題項的外在效度項目分析來刪除鑑別力不佳題項，為求判斷正確，因此以立意抽樣（purposive sampling）抽取分別代表生手組的 30 名未兼任行政工作一般幼兒園教師，以及代表的專家組的 30 名擁有 15 年以上工作經驗且榮獲相關獎勵現職的幼兒園園長，利用預試量表蒐集實證資料，並透過獨立樣本 t 考驗來檢定可行選項是否能夠區辨生手與專家。當可行選項 t 考驗未達顯著差異、t 值低於 3、同一狀況題的相同向度可行選項 t 值較小者加以刪除，刪除之後同一狀況題構面無法完全反映適應、塑造、選擇三構面時，整個狀況題剩下的可行選項全部刪除。

分析結果因為考驗未達顯著水準而刪除的可行選項 19.20.22.26.28.31.32.34.37.3968.71.72.78.79.83.84.87.89.102.103.104.106 計 32 題（以＊標示）；因為 t 值低於 3 而刪除的可行選項 4.6.8.12.24.25.27.38.40.44.45.46.69.70.82.91.95.97.98.99.105.107 計 22 題（以＊＊標示）；因為同一狀況題的相同向度可行選項 t 值較小而刪除的可行選項為 1.3.10.11.15.16.53.59.60.62.66.75.80.88.93 計 15 題（以＊＊＊標示）；因為同一狀況題構面無法完全反映適應、塑造、選擇三構面時，而整個狀況題剩下的可行選項全部刪除 23.29.30.33.35.49.50.51.52.73.74.85.86.96.100.101 計 16 題（以＊＊＊＊標示）。

經第一次預試鑑別力考驗刪除品質不佳選項之後，剩下狀況題七題，可行選項 21 題，構成第二次預試量表。

（四）第二次預試與探索性因素分析

第二次預試分析旨在成分量表的初步信效度。研究者抽樣高高屏地區 150 名幼兒園園長，並利用第二次預試的「幼兒園園長實用智能量表」蒐

集實證資料。回收有效問卷計 126 份。資料蒐集完成之後以探索性因素分析以及 Cronbach α係數檢驗內部一致性，建立量表的信效度。經第一次、第二次預試分析之後，狀況題剩下七題，可行選項刪除至 21 個題項。因素分析以及 Cronbach α係數分析結果如表三所示。根據表三，第二次預試「幼兒園園長實用智能量表」所測量的幼兒園園長實用智能包含適應環境（7 題）、塑造環境（7 題）、選擇環境（7 題）等三個構面分別可以解釋 14.700%、17.632%與 27.029%的變異量，合併可解釋全體變數變異量的比例為 59.361%。各分量表 Cronbach's α 係數分為.8183、.8014、.8976，總量表 α 係數為.9385。在社會科學的研究領域中，可接受的最小信度值在.70 以上（李新民，2004）（蔡銘津，2003），而本研究的三個分量表個別的內部一致性係數皆在.80 以上，表示此量表具有高的信度。因此整體而言，信、效度尚在可接受範圍。因此加上基本資料，形成「幼兒園園長實用智能量表」之正式量表。

表三：可行選項因素分析以及內部一致性分析結果　　n＝126

因素構面	可行選項代號	因素負荷量	解釋量	Cronbach α
適應環境	1	.596	14.700	.8183
	4	.558		
	7	.760		
	10	.644		
	13	.698		
	16	.564		
	19	.578		
塑造環境	2	.620	17.632	.8014
	5	.639		
	8	.586		
	11	.644		
	14	.572		
	17	.551		
	20	.670		

	3	.574		
	6	.738		
	9	.857		
選擇環境	12	.849	27.029	.8976
	15	.772		
	18	.909		
	21	.594		
總量表			59.361	.9385

註：可行選項代號所指涉題目請參考附錄四

（五）正式施測

正式施測目的在於建立「幼兒園園長實用智能量表」之多向度、階層性成分，然後以第二次預試修正後「幼兒園園長實用智能量表」蒐集實證資料回收有效問卷 300 份，資料蒐集完成之後進行驗證性因素分析。

（六）資料處理

在資料處理分析方面，研究者以 SPSS for Window 11.0 和 LISREL 8.30 進行下列統計分析：

1、資料檢視

研究者以 SPSS 的 Explore 探勘分析指令進行資料檢視（data screening），檢查資料登錄是否無誤、是否呈現常態分配，並透過莖葉圖、盒狀圖來檢視是否有極端值、非正常值。資料檢視結果刪除不適切受試者問卷填答資料之後，每一樣本之觀察值皆無任何遺漏值，各變項資料皆無不正常值。除背景變項之外的主要研究變項所屬各題項皆未嚴重違背常態分配之統計分析前提，無須進行資料轉換。

2、探索性因素分析

針對「幼兒園園長實用智能評量量表」進行探索性因素分析，以主軸法抽取共同因素，根據陡坡圖來決定所要抽取的因素數目，再以最大變異法進行共同因素正交轉軸處理，使轉軸後每一共同因素內各題項的因素負荷量大小相差盡量達到最大，以利於共同因素的辨認與命名，並形成「幼兒園園長實用智能評量量表」的構面。而為了確保分析無誤，研究者事先估計 KMO 值，進行 Bartlett's 球型考驗確定資料適合進行因素分析。

3、描述統計

進行描述性統計，包括平均數、次數分配來探討有效樣本的背景，以及幼兒園園長的實用智能現況。

4、驗證性因素分析

透過 LISREL 軟體最大概似法（maximum likelihood method, ML）進行二階驗證性因素分析（confirmatory factor analysis, CFA）來考驗幼兒園園長實用智能的測量模式，建立成分信度（construct reliability）。驗證性因素分析的同時進行模式適配度評鑑（assessment of fit），以釐清模式的品質。而為了確保估計方法的正確，研究者事先進行多變項常態性分析檢定。

5、相依樣本變異數分析

以相依樣本變異數分析呈現幼兒園園長實用智能不同構面表現的差異，變異數分析達顯著時進一步進行 N-K 法事後比較。

6、多變量變異數分析

以不同背景變項為自變項，幼兒園園長實用智能為依變項，比較不同背景之幼兒園園長其實用智能的差異。多變量變異數分析達顯著時，進一步進行單變量變異數分析以及事後比較考驗。在進行多變量變異數分析的

同時估計關聯強度 η^2 而為了確保分析無誤，研究者事先進行變異數同質性考驗以確定原始分數不需任何資料轉換之後再進行變異數分析。

肆、結果與討論

本研究旨在發展幼兒園園長實用智能之評量工具，探討高高屏地區幼兒園園長實用智能的概況及不同背景幼兒園園長實用智能的差異。根據此研究目的，並遵循第三章所述之方法與程序進行工具發展以及調查研究。茲將本研究所得的結果，作進一步的分析與討論如後。

表四：驗證性因素分析模式適配度評鑑

評估項目		理想的評估結果	本研究徑路模式
基本適配	誤差變異	無負值且達顯著水準	是，t 值皆大於 1.96 達.05 顯著水準
	參數間相關的絕對值	未太接近 1	是，最大值為.590
	因素負荷量	介於.5 與.95 之間	是，在.643 至.766 之間
模式外在品質	1.χ^2值	不顯著	是，χ^2＝149.57 (p＝.976)
	2.卡方自由度比	<3	是，χ^2/df＝.804
	3.GFI	>.90	是，.913
	4.AGFI	>.90	否，.892
	5.RMSEA	<.05	是，.000
	6.SRMR	<.08	是，.053
	7.CFI	>.90	是，.998
	8.NFI	>.90	否，.865
	9.NNFI	>.90	是，.999
	10.IFI	>.90	是，.979
	11.PGFI	>.50	是，.735
	12.PNFI	>.50	是，.766
	13.CN	>200	是，211
模式內在品質	所估計的參數	都達顯著水準	是，t 值皆大於 1.96 達.05 顯著水準
	標準化殘差的絕對值	<2.58	是，最大值為.218
	修正指標	<5	是，最大值為 4.929

註：理想評估結果指標係根據邱皓政（2003），陳正昌、程炳林、陳新豐、劉子鍵（2003）之建議。

一、幼兒園園長實用智能因素結構

　　研究者透過驗證性因素分析，來釐清幼兒園園長實用智能的因素結構分析模式適配度評鑑如表四所示，模式參數與顯著性考驗如圖二所示。

　　根據表四，從基本的適配標準（preliminary fit criteria）來進行模式適配度評鑑，以評鑑理論模式是否能解釋實際觀察所得的資料。檢視 LISREL 分析結果發現各觀察變項之誤差變異數皆無負值，且全部達.05 顯著水準。估計參數之間相關的絕對值都小於.590，離 1 還有一段距離，且因素負荷量在.643 至.766 之間，落於一般理想範圍內，模式並未出現所謂的違犯估計（offending estimates），可進一步檢驗整體模式適配度（overall model fit）來釐清模式的外在品質。

　　$\chi^2 = 149.57$ ($p = .976$)，未達顯著水準，表示理論上共變數矩陣與觀察資料矩陣差異未達顯著，假設模式與觀察資料尚稱契合。而卡方自由度比 $\chi^2/df = .804$，低於 3 的理想門檻，表示考量模式複雜度之後，模式的適配度趨近完美契合。

　　在其他適配指標方面，絕對適配量測（absolute fit measures）指標，適配度指標 GFI（Goodness of Fit Index）＝.913 大於.9 的理想門檻值；調整後適配度指標 AGFI（Adjusted Goodness of Fit Index）＝.892 未大於.9 的理想門檻值；漸進誤差均方根 RMSEA（Root Mean Square Error of Approximation）＝.000 小於.05 的理想門檻值；標準化均方根殘餘 SRMR（Standardized RMR）＝.053 小於.08 的門檻值。除了 AGFI 受到觀察變項個數與自由度比率的影響未達理想門檻值之外，其他指標顯示假設模式與觀察資料尚稱相符。

　　在增值適配量測（incremental fit measures）指標方面，規範適配指標 NFI（Normed Fit Index）＝.865，非規範適配指標 NNFI（Non-Normed Fit Index）＝.999，比較適配指標 CFI（Comparative Fit Index）＝.998，增值

適配指標 IFI（Incremental Fit Index）＝.979，除了 NFI 受到小樣本、大自由度的影響之外，其他指標皆大於.9 的理想門檻值，驗證性因素分析假設模式和無任何共變關係的獨立模式相比較已經有效改善。

在簡效適配量測（parsimonious fit measures）指標方面，簡效規範適配指標 PNFI（Parsimony Normed Fit Index）＝.765，簡效良性適配指標 PGFI（Parsimony Goodness of Fit Index）＝.735，皆大於.5 理想門檻值。臨界數 CN（Critical N）＝211，大於 200 的理想門檻值。可見模式簡潔有力，具有相當程度的解釋力。無論如何，上述模式外在品質評鑑指標，絕大部分都已落入理想數值範圍內，模式外在品質已在可接受範圍。

在模式內在結構適配度（fit of internal structure of model）評鑑方面，所有估計的參數都達顯著水準，標準化殘差的絕對值小於 2.58，修正指標小於 5，模式內在品質尚可。但是，觀察指標個別項目信度偏低，且測量誤差達顯著，可能透露出測量品質不佳的訊息，仍有待更進一步研究改進。

根據圖二，檢視模式的內部參數，驗證性因素分析的高階因素負荷量顯示實用智能對塑造環境構面的影響最大（γ＝.766），對選擇環境構面的影響次之（γ＝.740），對適應構面的影響較小（γ＝.660）。根據結構方程模式解釋力（Squared Multiple Correlations for Structural Equations）適應環境、塑造環境、選擇環境三個一級潛在因素能被解釋的變異百分比，分別 43.6%、58.7%、54.8%，三個一級因素可以有效反映實用智能此一構念。總言之，實用智能包括適應環境、塑造環境、選擇環境的因素結構已然成立。本研究所提出的「幼兒園園長實用智能是一多向度的心理構念」此一假設與實證資料分析結果尚稱符合。

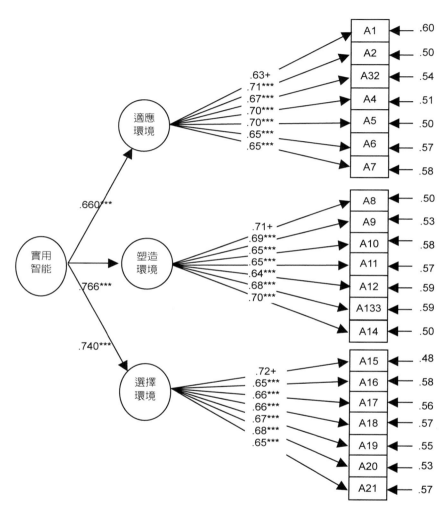

卡方值（Chi-Square）＝149.57，自由度 df＝186，P-value＝.976

註：＋被設定為 1 作為定位參數***p<.001

圖二：幼兒園園長實用智能驗證性因素分析徑路圖（標準化解）

二、幼兒園園長實用智能三構面差異分析

幼兒園園長實用智能三構面差異分析如表五所示，根據相依樣本變異數分析結果，幼兒園園長實用智能各構面 F 值已達.001 顯著水準，幼兒園園長實用智能各構面的表現有顯著差異。幼兒園園長實用智能以適應環境最高、塑造環境次之、選擇環境最少，本節將依序討論之。

表五：幼兒園園長實用智能概況

構面	平均數	標準差	F	事後比較
適應環境	19.8300	3.42	232.052***	適應>選擇
塑造環境	19.8267	3.31		塑造>選擇
選擇環境	15.8167	3.33		

***p<.001

由上表得知，幼兒園園長實用智能三構面有顯著差異，其中適應環境以及塑造環境顯著優於選擇環境能力。

此一發現與李新民（2004）幼兒教師實用智能的研究發現一致，和李新民、陳密桃、莊鳳茹（2004）國小教師實用智能的研究發現則略有差異。國小教師適應環境能力最佳，選擇環境能力次之，塑造環境能力較差。畢竟，幼兒園與國小的情境脈絡不盡相同，國小教師與幼兒園園長工作性質也不能相提並論。私立幼兒園園長面對營利市場的殘酷競爭，除了適應以外必須發揮更多的塑造環境能力。而國小教師與幼兒園園長選擇環境能力的發揮也有不同的涵義，國小教師的選擇環境能力展現在相同的公部門系統裡工作環境情勢轉換之機智，幼兒園園長的選擇環境能力運作則可能涉及職場生涯的跑道轉換，或是整個工作環境情勢的大變動。換言之，幼兒園園長的環境選擇能力較差可能與其職場生態的環境選擇問題難度較高有所關聯。

　　推論造成幼兒園園長實用智能以適應環境最高的原因是幼兒園園長絕大多數將幼兒園所的經營視為其終身事業，承襲企業界永續經營的理念，順應時代潮流及教育、社會、民情等各方面的轉變，不斷的創新求進，以祈園所的教育目標及教學內容能符應現代社會、父母及幼兒的需求。就本研究所調查高雄市、高雄縣及屏東縣（市）三個縣市的幼兒園所，不難發現一個相同的特色，大多數的幼兒園園長其自身即為幼兒園所的負責人、經營者抑或幼兒園所為家族企業者為數不少。許多業者看重現今政府、社會及學前幼兒家長愈來愈重視學前教育的趨勢，造成近年來幼兒園所如雨後春筍般林立，更將幼兒園所的經營、生存推向了空前白熱化的競爭時代。多數的幼兒園園長為了讓自身的園所能在這股競爭的浪潮中求生存，選擇適應時代的潮流迎合社會、家長的需求，也讓投入一生心力努力經營的事業其生命得以延續。

　　幼兒園園長實用智能以塑造環境次之，其與適應環境的平均數相比僅有些微差距。可以解釋的原因是對當今教育政策的不滿意，往往無法獲得即時的解決。對公立幼稚園或托兒所的園所長而言或許衝擊不似私立幼稚園、托兒所的園所長來的大。因為公立體系的幼兒園園長仍有調動、轉換環境的可能性；而私立幼稚園、托兒所的園所長一旦想要轉換環境，則可能危及幼兒園所的生存與否。當私立幼兒園園長對大環境的情勢感到不滿，單憑己身卻又無能為力時，就可能會萌生塑造環境的想法以符合自己的需求。此一現象可由各縣市大多數都存在，由民間私立園所自發組成的幼稚教育協會、托兒所協會、幼托協會、保育人員職業工會等窺見端倪，透過業者或學者間所成立的團體，向政府、立法機關表達意見、提出相關訴求，使得未來的相關的議題或法令能更符合幼兒園所生存的需求，正是塑造環境最佳的實例。

　　幼兒園園長的實用智能以選擇環境最低，且與適應環境與塑造環境的實用智能在平均數上有明顯的差異。可以解釋的原因是幼兒園園長對其所

服務、經營的園所投注了相當的金錢、時間及心力，其所付出的「沈澱成本」是無法計數的。李新民（2004）的研究中歸納分析選擇情境策略方面所運作的機智知識包括「大智若愚心境轉移」、「能捨能得另謀出路」、「另闢戰場創造新局」三類。不論幼兒園園長選擇應用上述的那一類的機智知識，不是坐以待斃的逐漸失去競爭力而消失在業界，就是多年的心血化為烏有，一切都得從零開始，雖然換個跑道重新開始並非不好，但是人的一生能有幾個十載、二十載可以不斷重來，多數人的答案會是相近的。

三、不同背景的幼兒園園長實用智能之差異分析

　　隨著非傳統智能理論的相繼提出，所謂智力革命的啟動，IQ 預測成功實踐表現的效果越來越遭受質疑。由傳統心理計量工具所界定的智能，已遭受不少問題與質疑，在此典範轉移之時，也正是對智能相關理論與研究工具反思的適當時機。研究者根據研究目的、研究假設及統計後實證資料，進行「幼兒園園長實用智能」背景變項之變異數考驗分析。不同背景變項之各構面平均數及不同背景之幼兒園園長實用智能差異的變異數分析、事後比較分析討論如後。為深入探討背景變項影響力之差異及形成原因，使本研究結果能更貼切印證理論文獻，並符應幼兒園實際教育情境，研究者以電話或親自訪談方式，與指導教授、實用智能理論的專家及實務界優秀的資深園所長請益，茲將討論結果分述如下。

（一）不同年齡的幼兒園園長實用智能之差異分析

　　不同年齡的幼兒園園長實用智能差異的描述統計分析結果如表六所示，多變量變異數分析結果如表七所示。

表六：不同年齡幼兒園園長的實用智能平均分數與標準差

實用智能構面	年齡	平均數	標準差
適應環境	20~29 歲	21.28	2.61
	30~39 歲	19.51	3.22
	40~49 歲	19.59	3.18
	50 歲以上	20.12	3.93
塑造環境	20~29 歲	20.67	3.12
	30~39 歲	19.78	3.13
	40~49 歲	19.63	3.47
	50 歲以上	19.94	3.34
選擇環境	20~29 歲	17.33	2.83
	30~39 歲	15.44	3.55
	40~49 歲	16.06	3.37
	50 歲以上	15.56	3.12

表七：不同年齡幼兒園園長的實用智能差異變異數分析結果摘要

效果 SSCP			誤差 SSCP			多變項 Λ	η^2
59.985	31.435	36.003	3432.345	2002.725	875.647		
31.435	18.497	16.177	2002.725	3264.489	915.289	.965	.012
36.003	16.177	65.945	875.647	915.289	3256.972		

　　根據表七，不同年齡之幼兒園園長實用智能的多變項變異數分析 Λ 為.965，未達.05 顯著水準，關聯強度為.012，後續分析停止，年齡並未明顯影響幼兒園園長的實用智能。

　　但是根據表六檢視平均數可發現，20～29 歲的幼兒園園長在適應環境、塑造環境與選擇環境三構面的實用智能皆優於 30～39 歲、40～49 歲及 50 歲以上幼兒園園長的現象。而在四個年齡的組別出現了共同的特色，那就是適應環境及塑造環境的實用智能都較選擇環境的實用智能為高的

情形。雖變異數分析未達顯著水準，但是平均數所呈現的現象是否屬實仍有待後續研究探討。年輕的幼兒園園長就現實年齡層面的約束及受舊經驗影響的程度是否較年長的幼兒園園長為低，我們可從幼兒園園務、行政管理的運作方式中瞧見端倪。承前所述，幼兒園園長多數自身即為幼兒園所的負責人、經營者，而本著中國人世襲傳承、肥水不落外人田的觀念，年輕一輩的幼兒園園長也多半來自家庭或家族中的成員。在穩定的經營基礎為後盾及沒有太多舊經驗制約的優勢下，也讓年輕一代的幼兒園園長更勇於跳脫傳統，嘗試不同的管理、行政運籌模式，主動的去適應或改變現有的經營型態，從適應環境及塑造環境的平均數也可得知。而不論是年輕一輩的幼兒園園長或年長的幼兒園園長在選擇環境的實用智能之平均數皆是三個構面中最低的。這顯示了除非幼兒園所的經營出現困難或是有其他個人因素（如不符合興趣）產生，否則幼兒園園長較少數會選擇另謀出路，雖現階段變異數分析未達顯著差異，但仍是未來值得深入探究的變項。

（二）不同性別的幼兒園園長實用智能之差異分析

不同性別的幼兒園園長實用智能差異的描述統計分析結果如表八所示，多變量變異數分析結果如表九所示。

表八：不同性別幼兒園園長的實用智能平均分數與標準差

實用智能構面	性別	平均數	標準差
適應環境	男	19.65	3.47
	女	20.38	3.20
塑造環境	男	19.74	3.17
	女	20.11	3.75
選擇環境	男	15.55	3.29
	女	16.64	3.36

表九：不同性別幼兒園園長的實用智能差異變異數分析結果摘要

效果 SSCP			誤差 SSCP			多變項 Λ	η²
29.563	15.110	44.175	3462.767	2019.050	867.475	.976	.024
15.110	7.722	22.578	2019.050	3275.264	908.889		
44.175	22.578	66.010	867.475	908.889	3256.907		

　　根據表九，不同性別之幼兒園園長實用智能的多變項變異數分析 Λ 為.976，未達.05 顯著水準，關聯強度為.024，後續分析停止，性別並未明顯影響幼兒園園長的實用智能。

　　但是根據表八檢視平均數可發現女性的幼兒園園長在適應環境、塑造環境與選擇環境三構面的實用智能皆優於男性幼兒園園長的現象。雖然變異數分析未達顯著水準，但是平均數分析所呈現的現象是否屬實仍有待後續研究探討。尤其是在現實生態中，大多數的園長皆是女性，少數男性園長中又有絕大部份是國小附幼的行政主管（主任），其實際運作仍是女性教師自主管理，性別造成差異的可能性與園所實際運作的真正行政主管屬性可能有所關聯。

（三）不同婚姻狀況的幼兒園園長實用智能之差異分析

　　不同婚姻狀況的幼兒園園長實用智能差異的描述統計分析結果如表十所示，多變量變異數分析結果如表十一所示。

　　根據表十一，不同婚姻狀況之幼兒園園長實用智能的多變項變異數分析 Λ 為.987，未達.05 顯著水準，關聯強度為.007，後續分析停止，婚姻狀況並未明顯影響幼兒園園長的實用智能。

　　但是根據表十檢視平均數，在適應環境的實用智能部份以離婚的幼兒園園長較優；在塑造環境的實用智能部份以未婚的幼兒園園長較優；在選擇環境的實用智能部份以離婚的幼兒園園長較優。雖然變異數分析未達顯

著水準，但是平均數分析所呈現的現象是否屬實仍有待後續研究探討。尤其是離婚的幼兒園園長其適應以及選擇環境能力較佳，更是頗堪玩味，其在園所經營所展現的實用智能與家庭管理所需的實用智能是否有差異，實值得進一步研究去釐清。

表十：不同婚姻狀況幼兒園園長的實用智能平均分數與標準差

實用智能構面	婚姻狀況	平均數	標準差
適應環境	未婚	19.68	3.24
	已婚	19.85	3.45
	離婚	20.50	3.54
塑造環境	未婚	20.08	3.33
	已婚	19.81	3.32
	離婚	17.50	2.12
選擇環境	未婚	15.59	3.40
	已婚	15.84	3.34
	離婚	17.50	2.12

表十一：不同婚姻狀況幼兒園園長的實用智能差異變異數分析結果摘要

效果 SSCP			誤差 SSCP			多變項 Λ	η^2
1.852	4.650	3.605	3490.478	2038.810	908.045		
4.650	13.308	10.012	2038.810	3269.678	941.479	.987	.007
3.605	10.012	7.582	908.045	941.479	3315.335		

（四）不同教育程度的幼兒園園長實用智能之差異分析

不同教育程度的幼兒園園長實用智能差異的描述統計分析結果如表十二所示，多變量變異數分析結果如表十三所示。

表十二：不同教育程度幼兒園園長的實用智能平均分數與標準差

實用智能構面	教育程度	平均數	標準差
適應環境	高中職	20.04	5.04
	專科（含五專，二三專）	20.00	3.31
	大學	19.73	3.33
	碩士以上	19.73	2.88
塑造環境	高中職	21.17	3.40
	專科（含五專，二三專）	19.72	2.91
	大學	19.75	3.44
	碩士以上	19.57	3.51
選擇環境	高中職	17.00	3.65
	專科（含五專，二三專）	15.40	3.74
	大學	15.79	2.96
	碩士以上	16.07	3.45

表十三： 不同教育程度幼兒園園長的實用智能差異變異數分析
　　　　 結果摘要

效果 SSCP			誤差 SSCP			多變項 Λ	η^2
59.985	31.435	36.003	3432.345	2002.725	875.647		
31.435	18.497	16.177	2002.725	3264.489	915.289	.965	.012
36.003	16.177	65.945	875.647	915.289	3256.972		

　　根據表十三，不同教育程度之幼兒園園長實用智能的多變項變異數分析 Λ 為.965，未達.05 顯著水準，關聯強度為.012，後續分析停止，教育程度並未明顯影響幼兒園園長的實用智能。

　　但是根據表十二檢視平均數，高中職程度之幼兒園園長其在適應環境、塑造環境、選擇環境三構面的實用智能均為最高，而碩士程度之幼兒園園長其在適應環境及塑造環境的實用智能則是最低，可見教育程度較低者其實用智能反而高於教育程度較高者。多變項變異數分析未達顯著，平均數分析所呈現的現象高中職程度之幼兒園園長其實用智能最佳，此一研

究發現等於間接說明實用智能與表徵學術智能的教育程度關聯不大，更進一步彰顯實用智能之取得依賴的不是學校學術學習經驗。然究竟實用智能與學術智能是否真的是兩種獨立的概念，或是彼此貢獻度、解釋層面不同，則仍有待未來研究納入學術智能變項，透過階層式迴歸來加以釐清。

（五）不同服務體系類別的幼兒園園長實用智能之差異分析

不同服務單位體系類別的幼兒園園長實用智能差異的描述統計分析結果如表十四所示，多變量變異數分析結果如表十五所示。

表十四：不同服務體系類別幼兒園園長的實用智能平均分數與標準差

實用智能構面	服務體系類別	平均數	標準差
適應環境	公立幼稚園	19.40	3.03
	私立幼稚園	20.00	3.79
	公立托兒所	18.87	3.91
	私立托兒所	20.05	3.25
塑造環境	公立幼稚園	19.39	3.75
	私立幼稚園	19.86	3.34
	公立托兒所	18.60	3.76
	私立托兒所	20.19	2.94
選擇環境	公立幼稚園	16.04	3.26
	私立幼稚園	15.73	3.47
	公立托兒所	16.27	4.11
	私立托兒所	15.71	3.19

表十五： 不同服務體系類別幼兒園園長的實用智能差異變異數分析結果摘要

10			誤差 SSCP			多變項 Λ	η^2
34.770	40.560	17.430	3457.560	1993.600	929.080		
40.560	51.556	20.143	1993.600	3231.431	951.610	.974	.009
17.430	20.143	8.770	929.080	951.610	3314.147		

　　根據表十五，不同服務體系類別之幼兒園園長實用智能的多變項變異數分析 Λ 為.974，未達.05 顯著水準，關聯強度為.009，後續分析停止，服務體系類別並未明顯影響幼兒園園長的實用智能。

　　但是根據表十四檢視平均數，服務於私立幼稚園及私立托兒所的幼兒園園長在適應環境及塑造環境二構面的實用智能皆優於服務於公立幼稚園及公立托兒所的幼兒園園長，而在選擇環境的實用智能部份，服務於私立幼稚園及私立托兒所的幼兒園園長則較服務於公立幼稚園及公立托兒所的幼兒園園長為低。雖然變異數分析未達顯著水準，但是平均數分析所呈現的脈落軌跡仍具有啟發性。畢竟私立園所比較需要適應以及塑造環境能力的園長，來領導園所在殘酷的競爭市場存活，而公立園所受到一定的保障，幼兒園園長在選擇環境上具有一定的優勢，所需承擔的風險也比較小。

（六）不同服務單位位置的幼兒園園長實用智能之差異分析

　　不同服務單位位置的幼兒園園長實用智能差異的描述統計分析結果如表十六所示，多變量變異數分析結果如表十七所示。

表十六：不同服務單位位置幼兒園園長的實用智能平均分數與標準差

實用智能構面	服務單位位置	平均數	標準差
適應環境	高雄市	19.59	3.80
	高雄縣	20.03	3.32
	屏東縣（市）	19.87	3.04
塑造環境	高雄市	19.70	3.17
	高雄縣	19.50	3.51
	屏東縣（市）	20.42	3.17
選擇環境	高雄市	15.75	3.62
	高雄縣	15.26	3.25
	屏東縣（市）	16.64	2.92

表十七： 不同服務單位位置幼兒園園長的實用智能差異變異數
分析結果摘要

效果 SSCP			誤差 SSCP			多變項 Λ	η²
10.630	2.106	7.895	3481.700	2036.266	919.545		
2.106	42.810	62.217	2036.266	3240.176	869.250	.950	.026
7.895	62.217	92.640	919.545	869.250	3230.277		

　　根據表十七，不同服務單位位置之幼兒園園長實用智能的多變項變異
數分析 Λ 為.950，未達.05 顯著水準，關聯強度為.026，後續分析停止，服
務單位位置並未明顯影響幼兒園園長的實用智能。

　　但是根據表十六檢視平均數，在適應環境的實用智能部份，高雄縣的幼
兒園園長優於高雄市及屏東縣（市）的幼兒園園長；在塑造環境方面，屏東
縣（市）的幼兒園園長優於高雄市及高雄縣；在選擇環境方面，屏東縣（市）
的幼兒園園長優於高雄市及高雄縣的幼兒園園長。由此看來，園長服務園所
位置與其實用智能關聯不大，即使平均數分析也未呈現院轄市優於一般縣市
的城鄉差距。換言之，幼兒園園長的實用智能與都市化程度無太大關聯。

表十八：不同園所歷史幼兒園園長的實用智能平均分數與標準差

實用智能構面	園所歷史	平均數	標準差
適應環境	5 年以下	19.80	2.87
	5～10 年	19.56	3.23
	11 年～15 年	19.88	3.46
	16 年以上	20.07	3.83
塑造環境	5 年以下	20.22	3.00
	5～10 年	19.34	3.44
	11 年～15 年	19.97	3.64
	16 年以上	20.00	3.13
選擇環境	5 年以下	15.74	3.09
	5～10 年	15.53	3.48
	11 年～15 年	16.35	3.04
	16 年以上	15.80	3.49

（七）不同園所歷史的幼兒園園長實用智能之差異分析

不同園所歷史的幼兒園園長實用智能差異的描述統計分析結果如表十八所示，多變量變異數分析結果如表十九所示。

表十九： 不同園所歷史幼兒園園長的實用智能差異變異數分析結果摘要

效果 SSCP			誤差 SSCP			多變項 Λ	η²
12.727	16.086	8.827	3479.603	2018.074	902.823	.981	.006
16.086	33.484	15.767	2018.074	3249.503	915.700		
8.827	15.767	25.186	902.823	915.700	3297.731		

根據表十九，不同園所歷史之幼兒園園長實用智能的多變項變異數分析 Λ 為.981，未達.05 顯著水準，關聯強度為 0.06，後續分析停止，園所歷史並未明顯影響幼兒園園長的實用智能。

但是根據表十八檢視平均數，在適應環境的實用智能部份，服務於成立 16 年以上園所的幼兒園園長表現最佳；在塑造環境的用智能部份，服務於成立 5 年以下園所的幼兒園園長表現最佳；在選擇環境的實用智能部份，服務於成立 11～15 年園所的幼兒園園長表現最佳。此外服務於成立 16 年以上園所的幼兒園園長其在適應環境及選擇環境的實用智能表現較佳。變異數分析未達顯著水準，平均數分析又無明顯脈絡可循，這不但說明幼兒園園長實用智能與其服務園所的成立時間無關聯，也顯示個體的實用智能基本上無法從園所的輝煌過去歷史經驗中汲取。

八、不同收托兒童數的幼兒園園長實用際能之差異分析

不同收托兒童數的幼兒園園長實用智能差異的描述統計分析結果如表二十所示，多變量變異數分析結果如表二十一所示。

表二十：不同收托兒童數幼兒園園長的實用智能平均分數與標準差

實用智能構面	收托兒童數	平均數	標準差
適應環境	100 人（含）以下	20.01	3.20
	101 人~200 人	19.78	3.58
	201~300 人	19.45	3.05
	301 人以上	19.00	5.32
塑造環境	100 人（含）以下	20.13	3.25
	101 人~200 人	19.51	3.21
	201~300 人	19.94	2.98
	301 人以上	18.31	4.99
選擇環境	100 人（含）以下	16.15	3.23
	101 人~200 人	15.39	2.85
	201~300 人	15.52	4.18
	301 人以上	15.77	5.37

表二十一：不同收托兒童數幼兒園園長的實用智能差異變異數分
　　　　　析結果摘要

效果 SSCP			誤差 SSCP			多變項 Λ	η^2
18.499	25.171	15.450	3473.831	2008.989	896.200		
25.171	55.183	29.632	2008.989	3227.803	901.835	.971	.010
15.450	29.632	38.769	896.200	901.835	3284.147		

　　根據表二十一，不同收托兒童數之幼兒園園長實用智能的多變項變異
數分析 Λ 為.971，未達.05 顯著水準，關聯強度為.010，後續分析停止，收
托兒童數並未明顯影響幼兒園園長的實用智能。

　　但是根據表二十檢視平均數，服務於收托人數 100 人以下園所的幼兒
園園長，其適應環境、塑造環境及選擇環境三構面的實用智能皆為最優。
一如先前所述，實用智能與組織背景變項關聯不大，園所的規模大小並無
助於幼兒園園長的實用智能的表現成長。

（九）不同服務年資的幼兒園園長實用智能之差異分析

不同服務年資的幼兒園園長實用智能差異的描述統計分析結果如表二十二所示，多變量變異數分析結果如表二十三所示。

表二十二：不同服務年資幼兒園園長的實用智能平均分數與標準差

實用智能構面	服務年資	平均數	標準差
適應環境	5 年（含）以下	15.18	2.97
	6~10 年	18.26	3.24
	11~15 年	20.31	3.65
	16 年以上	19.80	4.40
塑造環境	5 年（含）以下	15.45	3.12
	6~10 年	17.98	3.29
	11~15 年	20.02	3.73
	16 年以上	19.88	3.34
選擇環境	5 年（含）以下	12.77	3.37
	6~10 年	14.78	3.39
	11~15 年	15.85	3.29
	16 年以上	16.06	3.15

根據表二十三，不同服務年資幼兒園園長實用智能的多變項變異數分析 Λ 為.916，已達.01 顯著水準，繼續進行單變項分析以及事後比較。

在適應環境構面 F 值為 8.216，已達.001 顯著水準，事後比較發現服務 16 年以上的幼兒園園長顯著高於 11～15 年、6～10 年及 5 年以下的幼兒園園長。在塑造環境構面 F 值為 6.825，達.001 顯著水準，事後比較發現服務 16 年以上的幼兒園園長顯著高於 11～15 年、6～10 年及 5 年以下的幼兒園園長。在選擇環境構面 F 值為.362，已達.01 顯著水準，事後比較發現服務 16 年以上的幼兒園園長顯著高於 11～15 年、6～10 年及 5 年以下的幼兒園園長。單就平均數而言，實用智能三構面均呈現服務年資越

久，其實用智能越高之趨勢。然檢視各構面平均數可發現服務年資 11 年至 15 年與服務年資 16 年以上的幼兒園園長在實用智能三構面差異不大，且兩者都優於服務年資 5 年以下的幼兒園園長。由此可見，幼兒園園長的實用智能與其個人過去服務經驗豐富程度有所關聯，而此一發現符應理論成分所陳述的實用智能是一在真實世界累積萃取經驗所得。

表二十三：不同服務年資幼兒園園長的實用智能差異變異數分析結果摘要

效果 SSCP			誤差 SSCP			多變項 Λ	單變項 F	事後比較	η²
1318.948	1197.352	855.071	15838.449	14671.682	11758.349		適應 8.216***	4>3>2>1	
1197.352	1095.131	780.610	14671.682	15832.535	11927.190	.916**	塑造 6.825***	4>3>2>1	.029
855.071	780.610	561.467	11758.349	11927.190	12699.213		選擇 4.362**	4>3>2>1	

***p<.001 **p<.01

註：事後比較 1.2.3.4.分別表示 5 年（含）以下、6~10 年、11~15 年、16 年以上

（十）不同月薪的幼兒園園長實用智能之差異分析

不同月薪的幼兒園園長實用智能差異的描述統計分析結果如表二十四所示，多變量變異數分析結果如表二十五所示。

根據表二十五，不同月薪幼兒園園長實用智能的多變項變異數分析 Λ 為.903，已達.001 顯著水準，繼續進行單變項分析以及事後比較。

在適應環境構面 F 值為 13.243，已達.001 顯著水準，事後比較發現月薪在 50001 元以上的幼兒園園長顯著高於月薪在 20000～35000 元及 35001~50000 元的幼兒園園長。在塑造環境構面 F 值為 15.248，達.001 顯著水準，事後比較發現月薪在 50001 元以上的幼兒園園長顯著高於月薪在 20000～35000 元及 35001~50000 元的幼兒園園長。在選擇環境構面 F 值為

表二十四：不同月薪幼兒園園長的實用智能平均分數與標準差

實用智能構面	月薪	平均數	標準差
適應環境	20000~35000 元	16.61	3.42
	35001~50000 元	19.60	3.36
	50001 元以上	20.66	3.48
塑造環境	20000~35000 元	16.48	2.89
	35001~50000 元	19.61	3.26
	50001 元以上	20.72	3.65
選擇環境	20000~35000 元	13.82	3.12
	35001~50000 元	16.15	3.43
	50001 元以上	16.65	3.40

表二十五：不同月薪幼兒園園長的實用智能差異變異數分析結果摘要

效果 SSCP			誤差 SSCP			多變項 Λ	單變項 F	事後比較	η^2
803.282	839.949	569.366	9007.385	7624.251	6303.367		適應 13.243***	3>2>1	
839.949	878.290	595.393	7624.251	8553.430	6368.847	.903***	塑造 15.248***	3>2>1	.050
569.366	595.393	407.467	6303.367	6368.847	8688.280		選擇 6.964**	3>2>1	

***$p<.001$ **$p<.01$

註：事後比較 1.2.3.分別表示 20000~35000、35001~50000、50001 以上

6.964，已達.01 顯著水準，事後比較發現月薪在 50001 元以上的幼兒園園
長顯著高於月薪在 20000～35000 元及 35001~50000 元的幼兒園園長。單
就平均數而言，實用智能三構面均呈現月薪愈高，其實用智能越高之趨
勢，幼兒園園長月薪影響實用智能的關聯強度達 5.0%，已經介於低效果
量至中效果量之間。此一現象可能與月薪所表徵的工作績效含意有所關
聯，通常月薪越高的園長其工作績效理當越佳，負責人才願高薪聘用。而
實用智能又是影響工作表現的重要變項，因此出現月薪越高者實用智能越
佳，此一研究發現實屬合理可解。

　　總結上述，各背景變項的關聯強度（η^2）由高到低排序依次為月薪、服務年資、服務單位位置、性別、年齡、教育程度、收托兒童數、服務體系類別、婚姻狀況、園所歷史。意即月薪的關聯程度最強，在所有的背景變項中對於幼兒園園長的實用智能具有最大的解釋力；而服務年資的解釋力次之；園所歷史則是解釋力最小的背景變項。但無論如何，多變量變異數分析以及關聯強度估算已經彰顯幼兒園園長的實用智能與組織變項的關聯低於個體變項，以及實用智能與真實職場關係密切的月薪、服務年資關聯程度大於與職場無關的變項此兩大趨勢。此一研究發現已然說明實用智能無法依賴園所機構本身的正式支援，以及與職場無關的其他管道來提升。尤其是教育程度和實用智能關聯不大此一現象，更是表明了實用智能迥異於學術智能之處。

伍、主要研究發現、結論與建議

　　本研究以 Sternberg 與其同僚的實用智能理論為基礎，參酌國外相關實證研究，發展國內幼兒園園長用智能評量工具，以高雄市、高雄縣及屏東縣（市）300 所立案之公私立幼稚園及托兒所的園所長為研究對象，透過問卷調查方式，蒐集實證資料，歷時一年完成。進行幼兒園園長實用智能因素結構的驗證性因素分析，描述分析幼兒園園長實用智能的概況，解析不同背景幼兒園園長實用智能的差異。茲彙整本研究統計分析主要發現，論述本研究主要研究發現、結論與相關研究建議如後。

一、主要研究發現

（一）「幼兒園園長實用智能量表」心理計量品質尚在可接受範圍

　　本研究主要目的之一在發展幼兒園園實用智能評量工具，根據第一、二次預試蒐集實證資料的傳統信效度考驗，「幼兒園園長實用智能量表」

每個題目 CR 值皆大於 3，因素負荷量皆大於.5，單題與總分相關皆高於.3。三個分量表分別可以解釋 14.700%、17.632%、27.029%的變異量，合計總解釋量達 59.361%，整體解釋變異量將近六成。而各分量表的 Cronbach α 係數分別為.8183、.8014、.8976，總量表的 Cronbach α係數為.9385，皆大於.7。上述數值實足以說明「幼兒園園長實用智能量表」的心理計量品質。

（二）幼兒園園長實用智能三構面的假設模式成立

根據正式樣本蒐集所得實證資料的驗證性因素分析結果所示，幼兒園園長實用智能的二階三構面假設模式適配度評鑑良好，理論上的假設模式與實證資料尚稱符合。進一步檢視徑路係數 γ＝.660、.766、.740 皆達.001 顯著水準，且結構方程模式中適應環境、塑造環境、選擇環境三個初階因素可以被解釋的變異量分別是 43.6%、58.7%、54.8%。此外，各構面的成分信度皆大於.6，平均變異抽取皆在.5 以上，模式內在品質尚在接受範圍內。綜言之，幼兒園園長實用智能包含適應環境、塑造環境、選擇環境等三個因素構面的假設模式尚且契合觀察資料，而且適配度尚在可接受範圍，幼兒園園長實用智能測量模式包含三心理構面實可接受。

（三）幼兒園園長適應環境以及塑造環境能力顯著優於選擇環境能力

描述統計結果顯示，幼兒園園長在實用智能三構面的平均數分別是適應環境 19.8300 分，塑造環境 19.8267 分，選擇環境 15.8167 分，根據平均數大小可見適應環境較高，塑造環境次之、選擇環境最低。進一步根據相依樣本變異數分析與事後比較分析結果，F 考驗達.001 顯著水準，事後比較分析更進一步顯示幼兒園園長適應環境以及塑造環境能力顯著優於選擇環境能力。

（四）不同背景的幼兒園園長實用智能差異情形不一

根據多變量變異數分析以及事後比較考驗結果，在個人背景變項的差異顯著性考驗部分，服務年資 16 年以上的幼兒園園長實用智能最高，月薪愈高的幼兒園園長實用智能愈高，年齡、性別、婚姻狀況、教育程度與並未有顯著差異。在環境背景變項差異顯著性考驗部分，園所體系類別、園所規模、園所歷史、園所位置沒有明顯差異存在。就多變量變異數分析的關聯強度而言，影響實用智能的背景變項依照影響效果量排序分別為月薪、服務年資、服務單位位置、性別、年齡、教育程度、收托兒童數、服務體系類別、婚姻狀況、園所歷史。

二、結論

（一）「幼兒園園長實用智能量表」信效度良好

本研究所發展的「幼兒園園長實用智能評量量表」之因素分析總解釋量 59.361%，Cronbach's α 係數為.9385。顯示量表信、效度品質穩定在可接受範圍內。

（二）幼兒園園長實用智能是三向度二階層心理構念

經驗證性因素分析適配度評鑑，以及徑路係數考驗結果，顯示幼兒園園長實用智能的二階層三構面理論假設模式成立。適應環境、塑造環境、選擇環境三構面之上可以實用智能作為二階共同因素，而構念的因素架構確立，對於進一步實證研究具有重要意義。

（三）幼兒園園長的適應環境實用智能較高

幼兒園園長在實用智能三構面的表現以適應環境能力較高。由此可見幼兒園園長比較善於調整園所經營的型態以順應潮流及社會需求，以祈園所能永續經營，培養更多優秀的下一代。

（四）服務年資及月薪是造成幼兒園園長實用智能差異的主要背景變項

多變量變異數分析時之關聯強度估計值顯示服務年資、月薪是造成幼兒園園長實用智能顯著差異的主要背景變項。事後比較分析結果更顯示：月薪越高，實用智能越佳；服務年資越多，實用智能越佳。就月薪而言，月薪其實帶工作績效評量的涵義，月薪越高實用智能越佳等於間接說明實用智能與真實世界表現之間有密切關聯。就服務年資而言，服務年資其實表徵所謂的工作經驗，服務年資越多，實用智能越佳之結果符應實用智能理論建構，實用智能指涉的乃是真實世界工作場域的實用能力。

三、建議

（一）對量表應用上的建議

1、實用智能量表宜適時修正內容

本研究所發展的幼兒園園長實用智能評量量表係從初稿編製，兩次預試中不斷精簡篩選而成，其信、效度品質雖然良好。但是，實用智能此一脈絡化智能深受時空轉換之影響，幼兒園園長實用智能量表需做必要的更新與修正。

2、實用智能評量工具可作為園長遴選工具

由於私立幼兒園園長之產生深受市場邏輯影響，並未經過嚴謹的考試、甄選之類層層關卡考驗，其實際能力如何令人憂心。本研究所發展的幼兒園園長實用智能評量量表可以作為檢驗幼兒園園長能力之參考工具。

3、發展實用智能訓練課程

本研究採取情境判斷量表評量研究幼兒園園長實用智能，此一評量形式所包含的各種模擬情境問題，可以進一步開發成幼兒園園長情境判斷實用智能訓練課程，以提升其實務工作能力。

（二）對幼兒園園長的建議

1、分析自我實用智能

根據多變量變異數分析之關聯強度估計值，實用智能與表徵真實世界表現成功的月薪有密切關聯，而且其和表徵真實職場工作歷練的服務年資之關聯程度，略大於表徵學術智能的教育程度之關聯程度。因此，為了提升幼兒園園長真實世界表現成功，實宜鼓勵幼兒園園長剖析自我實用智能。

2、請教成功的資深園長

本研究發現幼兒園園長選擇環境能力顯著低於適應以及塑造環境能力，這可能是因為幼兒園園長較缺乏選擇環境的實務經驗磨練。幼兒園園長可透過請教轉換不同園所服務皆表現傑出的資深成功園長，來強化其環境選擇能力。

（三）對政府機關的建議

1、檢討私立幼兒園園長資格認定

私立幼兒園園長的資格取得偏重在學歷認定或相關研習的訓練，為了遴選優秀的私立幼兒園園長，以實用智能帶領園所健全發展，政府機構相

關單位宜重新檢討現行私立幼兒園園長資格認定。可以考慮評量其實用智能，以便篩選出具備真實世界表現優異潛能的傑出人才。

（四）對未來研究的建議

1、發展不同類型工具

有關實用智能的評量工具，除了本研究所採用的情境判斷測驗（SJT）之外，尚有其他類型的評量工具。例如模擬演練（in-basket tests）、情境訪談（situational interview）等等另類評量形式。未來研究可以考慮發展不同類型的幼兒園園長實用智能評量工具，以便提供更多元的實用智能評量管道。

2、擴大研究樣本

本研究限於研究者資源有限，研究樣本侷限在高高屏地區，為了提高研究結果的推論範圍。未來研究宜分層隨機抽樣全國不同地區的幼兒園園長以求取一個更具代表性的樣本。

3、增加研究變項

在背景變項上，本研究礙於研究者研究資源有限，僅探討幼兒園園長之年齡、性別、婚姻狀況、教育程度、服務年資、月薪、服務體系類別、服務單位位置、園所規模、園所歷史與實用智能之關聯等。然而，相關實證研究極度缺乏，可能影響幼兒園園長實用智能的因素仍有待進一步的研究解析，因此後續研究可多加探討如人格特質、家庭支持等因素，相信能獲得比本研究更宏觀的研究發現。

4、實用智能因素結構宜進行反覆檢驗

雖然幼兒園園長實用智能二階驗證性因素分析假設模式與觀察資料尚稱契合，然此一現象是否由於所蒐集樣本之特殊性所造成，仍需要未來研究進行跨樣本的反覆檢驗來驗證。畢竟，本研究樣本僅限於高雄市、高

雄縣及屏東縣市，其他地區樣本所得觀察資料是否依然支持假設模式，仍有待進一步探析釐清。

5、蒐集質化資料深度解析

為何幼兒園園長實用智能三構面有顯著差異？月薪、服務年資顯著影響實用智能的關鍵何在？對於這些量化分析的結果之詮釋，未來研究可以考慮進行質化的研究，以便深層理解造成統計分析顯著的來龍去脈，進而提供更具建設性的建議。

參考文獻

壹、中文部份

王志和（2003）。隱性知識分享模式之研究—以國內 IC 設計業專案運作為例。元智大學工業工程與管理學系碩士論文（未出版）。

王錦鴻（2004）。一位國民小學特殊班實習教師實務知識之研究。國立中正大學教育研究所碩士論文（未出版）。

邱皓政（2003）。結構方程模式—LISREL 的理論、技術與應用。台北：雙葉書局。

李新民（2003）。幼兒教師薪資滿足感、工作壓力與工作滿足感之研究。教育研究，11，115-126。

李新民（2004）。幼兒教師實用智能與工作表現之相關研究。高雄：復文圖書出版社。

李新民、陳密桃（2003）。成功智能的理論成分及其對教育實務的啟示。高雄師大學報，15（1），245-259。

李新民、陳密桃、莊鳳茹（2004）。國民小學教師實用智能評量研究。高雄師大學報，16，75-96。

洪蘭（譯）（1999）。活用智慧。R. J. Sternberg 著。台北：遠流出版社。

陳正昌、程炳林、陳新豐、劉子鍵（2003）。多變量分析方法。台北：五南圖書出版公司。

陳李綢（1992）。認知發展與輔導。台北：心理出版社。

張效筠、翁興利、蕭芳華、李裕光（1999）。我國幼兒教托政策分流研究。教育政策論壇，2（1），87-127。

蔡銘津（2003）：教育研究法。樹德科技大學上課講義（未出版）。高雄：
樹德科技大學幼兒保育研究所。

貳、西文部份

Brand, C. (1996). *The g factor: General intelligence and its implications.*
Chichester, England: Wiley.

Brody, N. (2000). History of theories and measurements of intelligence. In R. J.
Sternberg (Ed.), *Handbook of intelligence* (pp. 16-33). New York:
Cambridge University Press.

Carroll, J. B. (1993). *Human cognitive abilities: A survey of factor- analytic
studies.* New York: Cambridge University Press.

Cattell, R. B. (1971). *Abilities: Their structure, growth and action.* Boston:
Houghton Mifflin.

Chan, D., & Schmitt, N. (1998). Video-based versus paper-and-pencil method
of assessment in situational judgment tests: Subgroup differences in test
performance and face validity perceptions. *Journal of Applied Psychology,
82,* 143-159.

Chi, M. T. H., Glaser, R., & Farr, M. J. (Eds.). (1988). *The nature of expertise.*
Hillsdale, NJ: Erlbaum.

Eddy, A. S. (1988). *The relationship between the Tacit Knowledge Inventory
for Managers and the Armed Services Vocational Aptitude Battery.*
Unpublished master thesis. St. Mary University, San Antonio, TX.

Feuerstein, R. (1980). *Instrumental enrichment: An intervention program for
cognitive modifiability.* Baltimore, MD: University Park Press.

Frederiksen, N. (1986). Toward a broader concept of human intelligence. In R. J. Sternberg & R. K. Wagner (Eds.), *Practical intelligence: Nature and origins of competence in the everyday world* (pp.183-200). Cambridge: Cambridge University Press.

Gardner, H. (1983). *Frames of mind: The theory of multiple intelligences.* New York: Basic Books.

Gardner, H. (1999). Who owns intelligence? *The Atlantic Monthly, 283,* 67-76.

Goleman, D. (1995). *Emotional intelligence.* New York: Bantam Books.

Gottfredson, L. S. (2002). Dissecting practical intelligence theory: Its claims and evidence. *Intelligence, 30,* 1-55.

Groen, G. J., & Patel, V. L. (1988). The relationship between comprehension and reasoning in medical expertise. In M. T. H. Chi, R. Glaser, & M. Farr (Eds.), *The nature of expertise* (pp. 287-310). Hillsdale, NJ: Erlbaum.

Grotzer, T. A., & Perkings, D. N. (2000). Teaching intelligence: A performance conception. In R. J. Sternberg (Ed.), *Handbook of Intelligence* (pp.492-515). Cambridge: Cambridge University.

Gustafsson , J. E. (1984). A unifying model for the structure of intellectual abilities. *Intelligence, 8,* 179-203.

Herrick, M. J. (2001). *The validity of practical intelligence measures as constructs in the context of academic and vocational programs in high schools.* Unpublished doctoral dissertation. University of Mininesota.

Hunter, J. E., & Hunter, R. F. (1984). Validity and tility of alternative predictors of job performance. *Psychological Bulletin, 96,* 72-98.

Jensen, A. R. (1998). *The g factor: The science of mental ability.* Westport, CT: Praeger /Greenwood.

Krejcie, R.V., & Morgan, P. W. (1970). Determing sample size for research activities. *Educational and Psychological Measurement, 30*, 607-610.

Marsiske, M., & Willis, S. L. (1988). *Description and prediction of age-related change in everyday task performance.* (ERIC Document Reproduction Service No. ED382238)

Mayer, J. D., Salovey, P., & Caruso, D. (2000). Competing models of emotional intelligence. In R. J. Sternberg (Ed.). *Handbook of intelligence* (pp. 396-420). New York: Cambridge University Press.

Neisser, U., Boodo, G., Bouchard, T. J., Boykin, A.W., Brody, N., Ceci, S. J., Halpern, D. G., Loehlin, J. C., Perloff, R., Sternberg, R. J., & Urbina, S. (1996). Intelligence: Knowns and unknowns. *American Psychologist, 51,* 77-101.

Nickerson, R. S., Perkins, D. N., & Smith, E. E. (1985). *The teaching of thinking.* Hillsdale, NJ: Erlbaum.

Perkins, D. N., & Grotzer, T. A. (1997). Teaching intelligence. *American Psychologist, 52,* 1125-1133.

Rascevska, M., & Berzina, A. (2001). Structure and gender differences of practical intelligence in youths from age 16 to 22. *Journal of Baltic Psychology, 2(1).* 59-82.

Ree, M. J., & Earles, J. A. (1993). *G* is to psychology what carbon is to chemistry: A reply to Sternberg and Wagner, McClelland, and Calfee. *Current Directions in Psychological Science, 2,* 11-12.

Schmidt, F. L., & Hunter, J. E. (1998). The validity and utility of selection methods in personnel psychology: Practical and theoretical implications of 85 years of research findings. *Psychological Bulletin, 124,* 262-274.

Snow, C. C., & Snell, S. A. (1993). Staffing as a strategy. In N. Schmitt & W. C. Borman (Eds.), *Personnel selection in organizations* (pp. 448-478). San Francisco, CA: Jossey-Bass.

Spearman, C. (1927). *The abilities of man.* London: Macmillan.

Sternberg, R. J. (1985). *Beyond IQ: A triarchic theory of human intelligence.* Cambridge: Cambridge University Press.

Sternberg, R. J. (Ed.). (1985b). *Human abilities: An information-processing approach.* SanFrancisco: Freeman.

Sternberg, R. J. (1988). *The triarchic mind: A new theory of human intelligence.* New York:

Sternberg, R. J. (1996). *Successful intelligence: How practical and creative intelligence determine success in life.* NY: Simon & Schuster.

Sternberg, R. J. (1997). *Successful intelligence.* New York: Plume.

Sternberg, R. J. (1999). Successful intelligence: Finding a balance. *Trends in Cognitive Science, 3,* 436-442.

Sternberg, R. J., & Grigorenko, E. L. (2001). Practical Intelligence and the Principal(online).. Available:http://www.temple.edu/lss/pdf/publications/pubs2001-2.pdf (visited July.31 2003). *Laboratory for Student Success (LSS) Publication Series.*

Sternberg, R. J., & Horvath, J. A. (1999). *Tacit knowledge in professional practice.* Mahwah, NJ: Lawrence Erlbaum Associates.

Sternberg, R. J.,& Kaufman, J. C. (1998). Human abilities. *Annual Review of Psychology, 49,* 479-502

Sternberg, R. J., & O'hara, L. A. (2000). Intelligence and creativity. In R. J. Sternberg (Ed.), *Handbook of intelligence* (pp.611-630). Cambridge: Cambridge University.

Sternberg, R. J., & Wagner, R. K. (1993). The *g*-ocentric view of intelligence and job performance is wrong. *Current Directions in Psychological Science, 2*, 1-4.

Sternberg, R. J., Wagner, R. K., & Okagaki, L. (1993). Practical intelligence: The nature and role of tacit knowledge in work and at school. In H. Reese & J. Puckett (Eds.), *Advances in lifespan development* (pp.205-227). Hillsadale, NJ : Erlbaum.

Sternberg, R. J., Wagner, R. K., Williams, W. M., & Horvath, J. A. (1995). Testing common sense. *American Psychologists, 50*, 912-927.

Sternberg, R. J., Forsythe, G. B., Hedlund, J., Horvath, J. A., Wagner, R. K., Williams, W. M., Snook, S., & Grigorenko, E. L. (2000). *Practical intelligence in everyday life.* Cambridge: Cambridge University Press.

Taub, G. E. (1998). *Predicting success: A critical analysis of the predictive validity of the theory of practical intelligence.* Unpublished doctoral dissertation. University of Florida.

Wagner, R. K. (2000). Practical intelligence. In R. J. Sternberg (Ed.), *Handbook of intelligence* (pp.380-395). Cambridge: Cambridge University.

Wagner, R. K., & Sternberg, R. J. (1985). Practical intelligence in real-world pursuits: The role of tacit knowledge. *Journal of Personality and Social Psychology, 49,* 436-458.

Wagner, R. K., & Sternberg, R. J. (1990). Street smarts. In K. E. Clark & M. B. Clark (Eds.), *Measures of leadership* (pp. 493-504). West Orange, NJ: Leadership Library of America.

第四篇　積木遊戲相關研究

我國教育史上的「積木」初探

黃文樹
（樹德科技大學師資培育中心教授）

一、前言

　　一般而言，中國傳統小學教育是不贊成兒童嬉戲的。《禮記・學記》云：「入學鼓篋，孫其業也。夏楚二物，收其威也。」（孫希旦，1984：881）。「鼓篋」，意在「擊鼓警眾」，要求學習者「恭順」；「夏」即榎木之棍，「楚」即荊棒，兩者皆用以「撲撻犯禮」者，使他們收斂整齊。在我國教育史上，〈學記〉可說是最早比較系統地論述教學理論的專著，其所示學校教人傳道授受之次序與規範，反映出古代教育強調教學式態的威儀。唐代大教育思想家韓愈〈進學解〉亦謂：「業精於勤，荒於嬉；行成於思，毀於隨。」（韓愈，1983：25）認為嬉遊、隨興是求學的大忌。

　　清代社會廣為流傳的〈訓蒙訣〉，描寫了私塾禁止學童「手內做把戲」的要求。該文道：

> 牢記牢記牢牢記，莫把蒙師看容易。……催唸書，口不住，時常
> 兩眼相對看，怕他手內做把戲。非吃飯，莫放去。……深深兩揖
> 出門外，彬彬有禮循規矩。（胡澹菴，1980：56）

這勾勒出私塾是不許兒童手中把玩、操弄玩具的常態規範。

　　雖然如此，但遊戲是人類生活中的自然現象，它兼具休閒、娛樂、教育、社會等多元功能與意義，因此它很自然的形成與發展。本文試圖翻檢我國教育史料和相關文獻，追索「積木」的應用及其遊戲活動的歷史圖像。本文所謂的「積木」，係從較寬廣的義涵界定之，即積木指的是玩具（不

限於兒童用），由一個個或一塊塊的木製、土製、竹製、石製、塑膠製、海綿製、硬紙製等的許許多多形狀的東西。由於針對此一主題的專題論著，迄今尚付闕如；加以古代關於這方面的文獻，一則量少，二則分散，搜羅不易，本文受限於這些因素，所述內容自難周延、深入，故只能作為「拋磚引玉」的「初探」。

二、帝堯之世：擊「壤」是最古老的一種遊戲

玩「擊壤」可以說是中國人最古老的一種遊戲。「壤」是一種前頭大後面小，形狀像「鞋」的木頭玩具，「長約一尺四寸，寬約三寸」（黃偉、盧鷹，2004：6）。玩的時候先把一個「壤」放在三、四十步以外，然後再用手中的「壤」去丟它，能擊中的就贏了。有點兒像現在擲圈圈的遊戲。

遠古時代隨著生產力的提高，原始農業和畜牧業先後出現，為人們生活內容的豐富提供了條件，帶有「休閒娛樂」性質的活動乃相應而生。據《高士傳》卷上〈壤父〉篇載：

> 壤父者，堯時人也。帝堯之世，天下太和，百姓無事。壤父年八十餘而「擊壤」於道中。觀者曰：「大哉！帝之德也。」壤父曰：「吾日出而作，日入而息；鑿井而飲，耕田而食，帝何德於我哉？」（皇甫謐，1961：17）

好一幅安閑、恬靜、歡愉、自得其樂的野老歇耕圖。此一史料，說明了「帝堯之世」，人們已有「擊壤」的遊戲。

由上面「古野老」「擊壤」之戲可知，擊壤遊戲是中國古代人生活中一種很自然的活動。體育史家考證認為，「擊壤」「實為中國民間遊戲的開端」（吳文忠，1981：13）。有研究指出，宋代的「拋堶」、明代的「打瓦」諸遊戲，可能就淵源於古代的「擊壤」（黃偉、盧鷹，2004：6）。

「拋堶」又叫「飛堶」，是北宋時期汴京一帶在寒食節所盛行的一種拋擲瓦石的遊戲。「堶」就是「磚」，多以磚片、瓦片製成圓形，大如杯口；遊戲時三、五人數不拘，擊中為勝。明清時期的「打瓦」（又叫「打板」）——用瓦塊、石頭玩的投擲活動則是帝堯之世「擊壤」、北宋時期「拋堶」的後代演化。

三、先秦時期：摩頂放踵的墨子用「牒」摒退楚師

創立墨家學派的墨子（約生於 B.C.496-B.C.492 年之間，卒於 B.C.407-403 年之間）（李樹桐，1955：124），據西漢大史家司馬遷《史記》卷七十四〈孟子荀卿列傳〉的說法，他是「宋之大夫，善守禦，為節用。」（司馬遷，1979：1444）毛禮銳等人合著的《中國教育史》，將他與孔子並列為春秋時期二大教育家（毛禮銳等，2004：51-57）。王鳳喈在論述那個時代私學繁興的概況亦云：「儒家而外，主辦私學，力量較大的當推墨家。」（王鳳喈，1990：42）這些觀點，標誌出墨子在先秦教育史上的重要地位。

墨子抱持「摩頂放踵利天下」（朱熹，1985：357）為志，畢生宣揚兼愛、非攻、尚賢、尚同、節用、節葬、非樂、天志、明鬼等。《莊子》卷八〈天下〉載：墨子為人務「不侈於後世，不靡於萬物，不暉於數度，以繩墨自矯，而備世之急。」（王先謙等，1999：288）今人李紹崑對比孔子與墨子二人，稱「孔子是一位像蘇格拉底那樣的人文主義哲學家，而墨子則是一位和耶穌一樣的宗教領袖。」（李紹崑，1989：26）漢代劉安在《淮南子》卷二十〈泰族訓〉提到：「墨子服役者百八十人，皆可使赴火蹈刀，死不還踵，化之所致也。」（劉安，1971：357）足證墨子教育精神之狂熱和陶冶門下效益之宏大。

　　《墨子‧公輸》記述了墨子應用小積木作為「論戰」的模型，成功地阻止一場可怕的戰爭，實踐他「非攻」的主張。該文載：「公輸盤（又作般）為楚造雲梯之械成，將以攻宋。」當時人在齊國的墨子聽到消息，即刻一方面指揮弟子禽滑釐等三百人馳往宋國，持「守圉之器」固守宋城，以待楚寇；另一方面自己「裂裳裹足，日夜不休，行十日十夜而至於郢。」進行「外交折衝」。他與公輸盤在楚惠王面前模擬兩軍對抗（墨子代表宋軍禦楚）：「墨子解『帶』為城，以『牒』為械，公輸盤九設攻城之機變，墨子九拒之。公輸盤之攻械盡，墨子之守圉有餘，公輸盤詘。」（李漁叔，2002：391-394）楚王遂止攻宋計畫。這段描述中的「牒」，便是「小積木」（小木塊）。

四、自古迄今：永不消失的雜耍──弄「丸」球藝

　　雜耍或雜技作為中國古代體育娛樂活動的別支，在春秋戰國時代即有所開展。其中，「弄丸」一項直到今天仍相當常見。該項球藝活動係以若干「球丸」持於兩手，左右上下交替拋擲而不墜地為樂。《莊子》卷十九〈達生〉篇稱「弄丸」為「承蜩」。該文記云：

> 仲尼適楚，出於林中，見痀僂者承蜩，猶掇之也。仲尼曰：「子巧乎！有道邪？」曰：「我有道也，五六月累丸二而不墜，則失者錙銖；累三而不墜，則失者十一；累五而不墜，猶掇之也。」……孔子顧謂弟子曰：「用志不分，乃凝於神，其痀僂丈人之謂乎！」（莊子，1998：370）

在孔子看來，這位駝背的老人，運用心志不分散，就是高度凝聚精神的表現。

　　此外，《莊子》卷二十四〈徐無鬼〉篇則記載了楚都市南有一名叫熊宜僚的「弄丸高手」（同上，頁517），經常表演於街衢之間，觀者如堵。

後人所作的《丸經》還敘述了這樣一個在民間廣為流傳的「熊宜僚挾技敗敵」的傳奇故事：說楚莊王欲舉兵攻打宋國，聞人言道善於弄丸的熊宜僚一人可敵五百勁卒，遂重金聘來，隨軍出征。在楚宋兩國軍隊相遇、一場惡戰即將爆發的時刻，熊宜僚卻單身一人走出楚陣，在宋軍面前表演起了雙手玩弄九丸的奇技，只見球丸或上下交替起舞，或左右往來如飛，而熊宜僚眼疾手快，迎送自如，無一失手。宋軍大概從未見過如此精彩雜耍，一時看得眼花繚亂，不覺鬥志稍有鬆懈。楚軍趁機發動攻擊，予敵重創，取得大捷。這則故事雖不免有誇大的成分，令人難以置信，但卻從側面反映了熊宜僚確實是一位技冠當時、名震古今的弄丸大師（黃偉、盧鷹，2004：42）。

五、春秋戰國至明代：「籌」是計數運算的工具

中國古代，相應於小學的數學教學內容是「籌算」（王權，1996：3）。籌算是一種以算「籌」為工具，用擺弄的操作方法來進行記數和運算的。「籌」指「小竹棍」，古人用小竹棍擺成不同的形式來表示不同的數目，叫做「算籌記數」；如果用之於各種計算，就叫「籌算」（李儼、杜石然，1963：10）。一般認為，以「籌」記數的方法在西周已被使用，而在春秋戰國時期已在民間廣為應用，直到明代（十五世紀中葉）才逐步被「珠算」所取代，約使用了 2000 年之久（王權，1996：65）。

「籌」的規格如何？據《漢書》卷二十一〈律曆志（第一上）〉記載：「其算法用竹，徑一分，長六寸。」（班固，2002：956）；《隋書》卷十六〈律曆志（上）〉則言：「其算用竹，廣二分，長三寸。」（魏徵，2002：387）這說明「籌」多採「小竹棍」，而在不同的時代其長短粗細是不一樣的。有研究指出，籌的材質，除「竹棍」外，尚有「木棍」、「骨

棍」等，在 1954 年長沙戰國楚墓和 1971 年陝西千陽縣西漢墓的出土文物中就有「竹算籌」和「骨算籌」（王權，1996：65）。

使用算籌表示數目有縱橫兩種排列方式：

縱式

橫式

據《孫子算經》記載，算籌記數法則為：「一縱十橫，百立千僵。千、十相望，萬、百相當。」（引自王權，1996：66）也就是說：從右到左，個位用縱式，十位用橫式（一縱十橫），百位又用縱式，千位再用橫式（百立千僵），以此類推，萬位與百位一樣（萬、百相當）都應是縱式。若有零，則用空位表示（後來一些古算術中也有用畫圓圈表示零的）。如 4706 的表述式就是 （同上）。

籌算可進行「四則運算」。如 589＋644＝1233，籌算的運算步驟為（同上，頁 67-68）：

第一步，擺列二行算籌：

（589）

（644）

第二步，最高位相加，變高位數的二行為一行，滿十向前位進一：

(5)
(6)
(11)

第三步，次高位相加，法則同上：

(8)
(4)
(122)

第四步，算最後一位，法則同上：

(9)
(4)
(1233)

六、由宋至清：從「燕几圖」演變成「七巧板」

北宋哲宗三年進士黃伯思（字長睿，1079-1118），首創「燕几圖」（「燕几」即宴客時用的案几），論及其製作和種種拼合方式。後來，明代的嚴澂根據「燕几圖」的原理，以句股之形，作三角相錯，設計了加上三角形「蝶翅几」而成的「蝶几圖」。到了清代，民間就流傳著在「燕几圖」和「蝶几圖」的基礎上所發展出來的排板圖形——「七巧板」，或叫「七巧圖」（張世宗 2001：78）。在西方它被稱作「唐圖」（Tan-gram）。

　　顧名思義，「七巧板」係由七片大小不同的薄板所組成，但卻只有五種形狀，古人分別以兩「大」（兩個大三角形）、一「中」（一個中三角形）、兩「小」（兩個小三角形）、一「方」（一個正方形）、一「斜」（一個平行四邊形）名之。在清代，它是木匠所製作的一套桌几合組可成的圖形記錄，因此一般製作此排版玩具是以「切割法」將一正方形板分割成七塊（面）而成。但傳統木匠的做法卻是依「折疊法」以一張正方形薄宣紙經多次折疊，求出分割線後，再加以定形、放樣於木板後鋸出（同上，頁 77-78）。

　　七巧板可以排成正方形或長方形之基本形，分開後，又可以開放的排出各種圖形，種類繁多，操作者可以盡情地發揮想像力和創造力。其比較通俗的玩法大約可分為二大類：一類是設法拼出已知的圖象，如拼排一個大的平行四邊形；另一種是去創造一些具有美感而又有奇趣的圖形，如拼排一艘迎風揚帆的帆船。由於七巧板不但饒富趣味性，而且能啟發兒童之智慧，故歷久不衰，長期受到人們的喜愛。七巧板甚至流傳到海外，德國、法國、義大利、美國等都出現過相關的介紹，成為「中西文化交流史」的一環。

七、清代：「小輕圓木」與「細竹片」用於習字識字

　　清初唐彪著有《父師善誘法》上、下二卷，該書論及教導童子「學字法」（書法）之技巧與要領。其文云：

> 寫字重在執筆；執筆之法，全在掌虛指活。今童蒙初學書，勢必藉先生（教師）運筆。若不將物撐於童子手中，必將五指捏攏，後欲放開，今掌虛指活，難之至矣。為之計者，莫若將「小輕圓木」或縫就「小布團」，如雞子樣者，令童蒙握手中，然後先生運筆，庶指與掌俱活動，而年長字易工矣。（唐彪，1977：26）

這段話的重點是：為使「掌虛指活」，老師教兒童初學書法時，可利用「小輕圓木」（即圓而輕的小積木）或縫製如雞蛋形的「小布團」，令兒童握於手中，然後老師握童子手運筆，以其指掌俱動，年長則字易工整。

習字在古代小學教育裏是很重要的，年幼兒童多懵懂無知，故初學時往往需要老師扶手潤字，待其知輕重轉折，才放手讓他們自行書寫。這過程中，唐氏所建議用「小輕圓木」作為習字輔具，應是不錯的作法。

另者，清代「神童」蔣士銓（1725-1785）的母親鍾令嘉在他幼小時便對他開始應用「細竹片」施以基礎的識字教育。鍾令嘉是個有文化教養的「教育型媽媽」。蔣士銓四歲起，鍾氏就著手早期教育。當時他還不會拿筆寫字，母親就把竹子劈成細細的小竹片，截成一截一截的，又曲曲折折地做成點、橫、撇、捺等各種筆劃，分別組成不同的字。然後，抱著小士銓坐在自己的膝蓋上，一個字一個字地教他認。等士銓認識某個字以後，就把細竹片組成的字拆開。開始，每天教兒子認一、二個字。後來，每天認十來個字。頭一天認的字，第二天又重新擺出來，讓兒子再認，再讀。都記住了，才算通過，否則，就要再「補課」。在母親的耐心教導下，蔣士銓到六歲的時候，就認識了不少的文字，並且能握筆開始練習寫字了（趙忠心，2003：31）。

蔣士銓後來高中進士，授翰林院編修，是清朝著名的戲曲家、文學家，被譽為「江右三大家」（另二人為袁枚、趙翼）。回顧他成長的那段時期，蔣士銓的父親在外地，家中只有他們母子相依為命。蔣士銓深知，自己的學習和進步，全靠母親的精心培育，為了表達對母親的感激之情，他曾特地請了一位畫師，為自己可敬的媽媽畫了一幅畫，題名為「鳴機夜課圖」。畫面上，一盞油燈螢螢閃光，母親正端坐在織布機前，辛勤勞作；織布機旁邊，蔣士銓在伏案苦讀經書。他還專門為這幅畫寫了一篇文章（即〈鳴機夜課圖記〉），文中記述的就是上面所說的這些感人的故事（同上，頁62-63）。

八、晚清：「學堂章程」規定「手技」為保育要目

清末新學制的建立，始於光緒二十八年（壬寅年，1902）管學大臣張百熙（1847-1907）所擬的《欽定學堂章程》。又稱「壬寅學制」。該學制，縱向分三段七級，第一階段為初等教育，含蒙學堂四年、尋常小學堂三年、高等小學堂三年；第二階段為中等教育，設中學堂四年；第三階段為高等教育，含高等學堂或大學預科三年，大學堂三年，大學院年限不定。惟此一學制雖經公布，但並未實行。

光緒二十九年（1903）公布《奏定學堂章程》（即「癸卯學制」）。縱的方向，也分為三段七級：第一階段為初等教育，分為蒙養院、初等小學堂五年、高等小學堂四年；第二階段為中等教育，中學堂五年；第三階段為高等教育，高等學堂或大學預科三年，大學堂三至四年，通儒院五年。在公布施行「癸卯學制」的同時，清廷另公布《蒙養院及家庭教育法章程》，試行由過去的育嬰堂、敬節堂開始推展蒙養院教育，正式將幼兒教育機構「蒙養院」納入學制系統內實施，體現了對幼兒教育的重視。

《蒙養院及家庭教育法章程》內容共有四章，依序是：(一)蒙養家教合一章、(二)保育教導要旨及條目章、(三)屋場圖書器具章、(四)管理人事務章。在第二章第二節，規範蒙養院保育教導之條目包括遊戲、歌謠、談話及手技等四個學科。其中，明定「手技」一科：

> 授以盛長短大小各木片之匣，使兒童將此木片作房屋門戶等各種形狀；又授以小竹籤數莖及豆若干使兒童作各種形狀；又使用紙作各種物體之形狀；更進則使用黏土作碗壺等形；又使於蒙養院附近之庭院內播草木花卉之種於地，浸潤以水與肥料，使觀察其自發生以至開花結實等各形象。諸如此類，要在使引導幼兒手眼使之習用於有用之處為心知意興開發之資。（引自翁麗芳，1998：190）

可見「手技」涵蓋範圍甚廣，兼含了今日幼稚園課程中「工作」與「常識」（自然科學）等領域。

上面「章程」之規定，首列「授以盛長短大小各木片之匣，使兒童作房屋門戶等各種形狀」，指的就是「積木」教學。這標誌出「積木」教學在二十世紀初年中國新式學制創立之時，已明列為正式的幼教課程內涵，被賦予重要的地位。論者認為，「對幼兒的玩具器物、房舍設備作出如此合理、明確的規定，這在中國官學歷史上還是第一次。」（陳漢才，1996：283）當然，這距離福祿貝爾1840年創辦教育史第一所「幼稚園」，並以「恩物」作為主要教學媒介的時代，已晚了約六十五年之久。若同日本1870年代末葉即已興起的歐化幼稚園之使用積木比較，則落後近三十年。

《蒙養院及家庭教育法章程》頒行之後，兩湖、京師、上海、江蘇、廣東等地，紛紛辦起蒙養院。茲略以1905年開辦的「湖南蒙養院」為例說明之。該院草創初期聘請了二位日籍保姆，制定了「教課說略」作為施教圭臬，其重點如下：「幼稚園之宗旨，所以養成異日受教之根據」；「滿三歲以上未屆學齡之兒女皆應入園同學」；課程凡七：「談話、行儀、讀方、數方、手技、樂歌、遊戲」（陳漢才，1996：287-288）。研究指出，湖南蒙養院不僅受日本幼稚園模式的影響，而且間接受到德國福祿貝爾（Froebel，1782-1852）的影響。「教課說略」中「手技」科目中，明載：「（手技）即配插恩物是也。此物造自德人苦汝皮氏，計二十種，日本更變化用之。」（同上，頁288）「苦汝皮氏」即福祿貝爾的譯音，這反映出當時「中學為體、西學為用」的教育思潮。

九、清末民初：學者力倡「福氏恩物」與「弄兒之物」

清末康有為（1858-1927）、梁啟超（1873-1929）、張之洞（1837-1909）諸賢一致呼籲「近法日本，遠仿西洋」的主張。1902年，清廷委派吳汝綸

一行赴日考察教育制度，對東瀛的基礎教育與女子教育等，留下深刻印象
（陳漢才，1996：277）。不久，曹廣權接踵其後，參訪了當地「福祿貝
爾幼稚園」，使他「大開眼界」。曹氏回國時，把在日本得到的「福氏恩
物」帶回來。曹氏一方面在自家中開辦家族幼兒園，實踐福氏教育模式，
並公開在《教育雜誌》（1908 年第二卷第六期）撰文探討福祿貝爾的幼教
思想、遊戲的意義和恩物的用途。曹氏寫道：

> 弗勒別爾（即福祿貝爾）創立保育事項，區之曰遊嬉、唱歌、談
> 話、手技四者，各有精義。語其大要，即以使幼兒身體知識平均
> 長育為主，必按合兒童年齡心性及家庭社會情形，由保育員酌定
> 一貫通主旨，聯絡而善用之，始能合其本意。若四者各不相謀，
> 或畸輕畸重，或任便為之浸無用意，或強行成法不解便通，則非
> 徒無益，反是有害。（引自陳漢才，1996：277-278）

這是中國教育界對「幼教之父」福祿貝爾教育思想的最早介紹。

康有為早年浸淫「西學之書」，後又參訪香港，對西方學術、文化與
教育有一定的認識。他於 1913 年起陸續發表《大同書》部分內容，1919
年印成單行本。該書視教育文化為實現「大同世」的主要社會工程之一，
康氏指出：

> 太平世以開人智為主，最重學校，自慈幼院（即育嬰院）之教，
> 至小學、中學、大學，人人皆自幼而學，人人皆學至二十歲，人
> 人皆無家累，人人皆無惡習。圖書器物皆備，語言文字同一，日
> 力既省，養生又備，道德一而教化同，其學人之進化過今不止千
> 萬倍矣。（康有為，1935：418）

這個觀點，在當時確有其突破性。

《大同書》己部第三章專論「育嬰院」。康氏主張以國家的力量辦理「育嬰院」，凡自三歲至五歲之嬰幼兒，全部「移送入此院」，由「靜細慈和」的「女保」負責保育。在環境規劃與設計上，康氏認為，育嬰院地應慎重選擇，「當擇平原、廣野，丘阜特出，水泉環繞之所。」（同上，頁 297）「不得在山谷狹隘傾壓、粗石犖确、水土旱濕之地，又不得近市場、製造廠及污穢之處。」（同上，頁 317-318）此外，育嬰院之結構與設施，「當擇與嬰兒最相宜之式，大約樓居少而草地多，務令爽塏而通風。日臨池水，以得清氣；多植花木，多蓄魚鳥。畫圖雛形之事物，皆用仁愛慈祥之事，以養嬰兒之仁心。」還有，「本院凡弄兒之物，無不具備，務令養兒體、樂兒魂，開兒知識為主。」（同上，頁 318）康氏的要求與前述清廷《蒙養院及家庭教育法章程》的規定有異曲同工之妙。

上面所謂「弄兒之物」，即兒童玩具、玩物；另所謂「雛形之事物」，即教學用的實物與「小模型」。康有為要求育嬰院購置各種童玩、實物、教學模型，使「無不具備」，讓幼童盡情「嬉戲」玩耍、操弄，以達到「樂兒魂」、「開兒知識」。依他的觀點，利用玩具、實物、模型作種種遊戲與教學活動，不但能擴展嬰幼兒的知識視野，而且可以培養其想像力與創造力，為他們長大後「熟悉工藝，多能鄙事」（同上，頁 319）打下厚基。康有為這些學前教育主張，在民國初年，無疑是先進的、新穎的，同時為中國後起的新式幼稚園引進西方積木作為重要教具之作法，帶來催化作用。

十、1922 年「新學制」以降：「恩物」與「積木」教學思潮

1919 年，中國掀起「五四運動」，包括教育改革在內的革新求變思潮風起雲擁。1922 年，教育部因應時局，召開學制會議，通過「學制改革系統案」，由過去的仿日制，改為仿美制，這就是「新學制」，又稱「六三

三四學制」、「壬戌學制」。在學前教育方面，此學制中規定，小學校下，設「幼稚園」，收受六歲以下之兒童。

這段期間，中國教育界引進了美國實驗主義教育哲學，杜威（John Dewey,1859-1952）的「兒童本位」、「興趣中心」、「教育即生活」、「教育無目的論」、「做中學」，以及其弟子克伯屈（Kilpatrick，1871-1965）的「設計教學法」等，逐漸在各級學校教育上萌芽、發展，以至流行。植基於五四精神及實驗主義教育哲學，我國政府於 1932 年公佈、1936 年修正的《幼稚園課程標準》，在總目標上強調要給兒童快樂，培養良好習性；在課程上有音樂、故事和兒歌、遊戲、社會和常識、工作、靜息、餐點等。這使幼稚園教育朝向「近現代化」邁進了一大步。

在「工作」領域中，該「課程標準」首次訂出「積木」二字，並將之列為「工作」的「內容大要」之一，規定：「（積木）由兒童各隨所好，用大小積木等裝置房屋和其他建築物等」。「由兒童各隨所好」一句，體現了「兒童本位」、「興趣中心」的幼稚教育思潮。此外，此「課程標準」同時對教育方法列出原則性的規範，包括尊重學童的喜好、採用設計教學法、引導代替注入、學校與家庭結合等。可以說新學制的精神與《幼稚園課程標準》的特色，與現代教育新思潮已經接軌了。

回顧清末民初是中國幼教之「機械模倣時期」（先模倣日本，再模倣美國），到了 1920 年代後半葉，走上「從兒童生活中取材時期」。這時期的幼教機構（包括蒙養園、幼稚園）可概分為二大類：一類是單純模倣外國的，一類是吸收理論對應中國兒童的。前者又可包括教會辦的幼稚園和日本式的幼稚園，後者則為普通的幼稚園（翁麗芳，1998：142）。

教會辦的幼稚園，其教學設備與教學模式，依張雪門在〈參觀三十校幼稚園後的感想〉一文所述，約略如後：

> 美麗的教室，小巧的桌椅，精緻的（福祿貝爾）恩物，在一時自
> 由活動以後，工作以前，孩子們一定要閉一忽兒眼睛，他們的小
> 嘴一定還要唱一隻禱告的詩曲。（張雪門，1929：129）

日式幼稚園可追溯到 1904 年創辦的湖北幼稚園（翁麗芳，1998：140）。翌年開辦的天津私立嚴氏蒙養院之教育模式則直接模倣自日本幼稚園，斥資購買幼稚園教材教具，延聘日本幼教師資任教。據載，該校之教學設備概況如下：

> 教具有成盒的積木，有七巧板，大小銅圈可分成圓形、半圓形，
> 有不同長短的竹棍等等，都可以培養兒童認識一些幾何形體。以
> 上幾種玩具均稱「恩物」與福祿貝爾所稱相同。（同上，頁 196-197）

這類日式幼稚園，甚至有不管清政府「蒙養院」法規而直接以「幼稚園」命名的，如 1907 年創設的北京私立曹氏家庭幼稚園便是一例（同上，頁 138-139）。據研究，當時日本國內的幼稚教育已積極導入歐洲大陸幼稚園的教育內容，購置、應用福祿貝爾的恩物及操作性教具等，作為施教之中心（同上，頁 51）。當時我國仿日的幼稚園，呈現出一種「恩物主義」教學形態（同上，頁 197）。

日本式幼稚園的教育模式，則可見其教師中心、強調秩序的導向，有如下面的描述：

> 日本式的幼稚園又可以叫做小學式的幼稚園，因為它很像是小學
> 校。……他們將遊戲、談話、手工、唱歌、識字、算術、圖畫、
> 排板、檢查身體、習字、積木分作一個時間一個時間的功課，明
> 明白白地規定在逐天的功課表裡，不會混雜的而且也不許混雜
> 的，保姆（老師）高高地坐在上面，孩子一排一排地坐在下面。
> （張雪門，1929：130）

　　值得注意的是，當時中國幼教工作者並未十分瞭解福祿貝爾等西洋幼教思想家的理論精華，其施教方式有些地方是有待商榷的。諸如老師們發下恩物教具，大夥兒依著指示操作這些西洋玩具。仍然沒有脫掉形式主義、教師中心的窠臼，依舊漠視學童自由想像與創造的學習活動。無怪乎目睹此一缺失實況的陳鶴琴（1892-1982），即針對當時幼稚園誤用福氏教法的弊病提出嚴厲批判，他發表於 1927 年〈幼稚教育的新趨勢〉一文評驚道：「一般幼稚園教師竟忘了福氏提倡幼稚園的用意（讓幼童自由活動），把福氏的教法弄的非常呆板，把活潑的幼稚園變成無生氣的小囹圄。」（陳鶴琴，1989：135）當時幼稚園積木教學的常態是：學童的一舉一動差不多都要受教師的指揮，做什麼手工、積木，概依教師的命令機械式進行。陳氏作了下面這段「寫真」的觀察描述：

> 玩積木的時候，各小孩拿一盒小積木放在桌上，教師說「一」，大家把手放在盒子上；說「二」，大家把積木倒出來；教師又說：「搭牌樓」，大家都搭牌樓；教師說：「搭樓房」，大家都搭樓房。搭了一歇，教師說：「時候到了，大家把積木放好。」大家就把積木放好。（同上，頁 136）

在他看來，像這樣呆板的教法，會把小孩教成「木偶人」。陳氏的駁議應是中肯之論。

　　上面陳鶴琴反對那時幼稚園呆板的積木教學之說法，讓我們聯想到明中葉（十六世紀初期）王陽明（1472-1528）在〈訓蒙大意示教讀劉伯頌等〉一文，對傳統「權威式」與「注入式」兒童教育的尖銳批判。陽明指出：當時的訓蒙人員，「日惟督以句讀課仿，責其檢束，而不知導之以禮；求其聰明，而不知養之以善；鞭撻繩縛，若待拘囚。」造成學童「視學舍如囹獄而不肯入，視師長如寇仇而不欲見。」（王守仁，1992：88）陽明認為，兒童教育，首要營造快樂、自由、和諧的學習情境，讓學童「舒暢」

地學習。他說：「大抵童子之情，樂嬉遊而憚拘檢，如草木之始萌芽，舒暢之則條達，摧撓之則衰痿。」（同上，頁87）這種「兒童本位」的教育觀點，在當時兒童教育盛行「約束」的時代裡，實際上已是「石破天驚」的「改革思想」。可惜，經過四百年的發展，以追隨日本式（即間接歐式）──追求進步教育為名的中國幼稚園裏，還是與「兒童本位」有段距離。

至於「普通的幼稚園」，不像教會辦的幼稚園受到宗教的束縛，也不盲目依循外國人編的教材施教。這類新式的普通幼稚園，既實施了福祿貝爾教育法的完全的訓練，又運用了蒙特梭利（Montessori，1870-1952）教育法的精髓，但因經費的關係，只能將福氏的「恩物」和蒙氏的教具「割裂湊用」（張雪門，1929：132），仍存在著問題。

據研究，1910-1920年代，中國大陸曾盛行蒙特梭利研究。例如1914-1915年之間在江蘇省成立了「蒙氏教法研究會」，許多幼稚園採買上海商務印書館製作的蒙特梭利教具，試行蒙氏教育（翁麗芳，1998：269-270）。由上面的簡述可知，1922年至1930年代之間，福祿貝爾的恩物和蒙特梭利的教具，已在中國幼教界普遍使用了（同上，頁143）。

在1920、1930年代熱心參與幼稚教育的張雪門（1891-1973），對於當時日本式與教會辦的幼稚園，普遍使用福祿貝爾「恩物」，印象深刻。他曾客觀評價了福氏恩物，指出第一至第九種恩物是手工的絕好材料」，分別是：可用於遊戲的第一種「毛線製的六小球」、第二種「木製的球體、立方體和圓柱」；可用於手工構造作業的第三種「正方體木片八片」、第四種「長方體木片八片」、第五種「木片39片──含正立方體21片、長方體6片、三角柱12片」、第六種「面積不等的長方體木片36片」；可用於組織圖形作業的第七種「五種小板（排板）」、第八種「長短不同的木製箸」、第九種「圓形與半圓形的環」。至於第十種「粒體與畫圖用的方格盤」，則「過密則嫌其纖，粗又失之於疏」；第十一種「鑽針和紙板」和第十二種「縫針和色線」，易造成兒童「纖小筋肉的緊張」；第十三種

「點畫（畫點）」，「太機械、太細緻，不如用粉筆或蠟筆的自由畫」；第十四種「剪紙」和第十五種「黏紙（貼紙）」，尚可採用；第十六種「編紙」、第十七種「配紙形」及第二十種「黏土細工」，較適用於小學低年級；第十八種「摺紙」和第十九種「豆細工」，也是手工的適當材料（張雪門，1930：113-115）。這些評論應是信而有徵的。

十一、1949 年兩岸分治之後：積木教學模式有別

（一）大陸幼教發展梗概

1949 年中共政權成立後，改「幼稚園」為「幼兒園」，於 1952 年先後頒發《幼兒園暫行規程（草案）》和《幼兒園暫行教學綱要》，就幼兒園的學制、設置、管理、教學等方面作了明確之規定。但是，1966-1976 年間的「文化大革命」徹底破壞了幼兒教育事業；文革後，中國大陸學前教育才又從廢墟中重新建立起來。1981 年，中共教育部頒發《幼兒園教育綱要》提出生活衛生習慣、體育、思想、語言、常識、計算、音樂、美術等八個教學內容和要求。1987 年「國家教育委員會」召開全國幼兒教育工作會議，著重於研討未來發展與改革措施（黃文樹，1994：69）。

中國大陸幼兒園一般按年齡分班進行教學。小班為三至四歲，中班為四至五歲，大班為五至六歲直至入小學。根據《幼兒園教育綱要》之規定，幼兒園的教育任務是對幼兒進行體育、智育、德育和美育全面發展的教育，具體分析而言，包括下列四項主要教育任務：

1、體育方面：做好營養衛生保健工作，培養幼兒良好的生活衛生習慣和獨立生活能力，發展其基本動作，提高體育活動興趣，以保護和促進幼兒的健康。

2、智育方面：教導日常生活基本知識和技能，發展幼兒注意力、觀察力、想像力和語言溝通能力。

3、德育方面：實施初步的「五愛教育」（即愛祖國、愛人民、愛勞動、愛科學、愛護公共財物），培養幼兒團結、友愛、守紀、勇敢等優良品德。

4、美育方面：教給幼兒音樂、舞蹈、美術、文學等基本知能，發展對美的感受力和表現力（同上，頁69-70）。

有什麼樣的文化傳統和政治意識，便產生什麼樣的教育特質。中國大陸學前學育深受中國傳統文化與共產主義意識型態的共同影響。美國學者Tobin, Joseph J.等人於1989年所從事中國大陸學前教育的田野調查報告發現：大部分的中國人都認為學前教育的功能是教導學童去履行適當的行為、自我控制、守紀律、維持社會和諧和負責任（Tobin, 1989：93）。而看過大陸幼兒園影片的美國人和日本人，對中國大陸幼兒園嚴格訓練和過份統制的教學方法，卻提出強烈的質疑，並給予下面否定的評價：「教師對幼兒的灌輸和影響太多」、「教師太過於限制和控制兒童的行為」、「學童習於被動，毫無獨立自主性」、「學童太被壓抑、太順從」等。他們認為中國大陸幼兒園的學童看起來備受束縛，一點多不自然；學校給人的感覺是太冷酷、太無趣了（同上，頁92）。

大陸幼兒園有太多的統制，它看起來像軍隊而不像學校。例如幼兒園的教師在每天固定時間要求全班學童一起排隊上廁所，同時拉尿解便，同時排隊洗手。這種全體一致的要求，也同樣實施於教室學習活動上，例如幼兒園上積木課時，學童被教導以一種固定唯一的方法與步驟去堆架積木，而不准小孩隨心所欲，或以較具想像力的方法去堆架積木。學童依循一定的指導完成工作，如同工廠裝配線上的工人，完全喪失了積木遊戲的教育功能，大大斲傷了學童想像力與創造潛能（黃文樹，1994：70）。

由於中國大陸擁有全世界最多的人口，1989年他們的幼兒園有七十多萬所和幼兒園的學生數有一千八百多萬（中國大陸國家統計局，1990：703-707），也是世界最高；加以中國大陸推動「一胎化政策」以來，幼

兒園內有極大比率的學童是獨生子女，尤以都市為然（超過 90%），因此他們的幼教工作便有與眾不同的地方（黃文樹，1994：68）。

近年來，中國大陸一些幼兒園進行了所謂「綜合教育」的嘗試。其作法，有的分科教學中強調課程內容和形式的統整；有的組成一個個學習單元，集中教育；有的在綜合課上以一個活動為核心，運用多種教學方式；有的在系統論思想指導下進行整體改革；有的在小班不設課，完全寓教於遊戲中；有的試驗分組教學。這些嘗試作法，是他們進行學前教育革新措施的不同實驗，效果如何尚待進一步評估（同上，頁 70）。

（二）台灣幼教發展梗概

1895 年（光緒 21 年）中日簽訂《馬關條約》，清廷將台灣、澎湖割讓予日本。日本旅以武力實行接收。此後，日治五十年間，台灣各級學校教育注入了濃厚的日本文教色彩。

台灣的近現代幼稚教育，肇造於日本治台之初，當時府城紳商共組教育會，以維繫傳統教育於不墜。明治三十年（1897）教育會幹事，前清秀才蔡夢熊至京都、大阪考察教育，並參觀幼稚園，認為所費不多，且對培育後昆助益良多，值得在台灣推廣。回台之後，蔡氏以台南教會名義向台南縣廳申請設立「關帝廟幼稚園」。園址在祀典武廟，俗稱關帝廟之六和堂。學生多為府城紳商富豪子女，另有少數日本幼童，為台灣幼兒教育之開始（石萬壽，2003：49）。

台南關帝廟幼稚園，一因招生困難，二因廟宇香火鼎盛，不利教學，才辦二年餘即退場。接踵其後的是台北幼稚園。明治三十三年（1900），該校由台北國語學校（今國立台北教育大學）校長田中創辦，聘請日籍教師為保姆，招生以日人幼童為主（1927 年以後允許少數社經地位背景高的台籍兒童入學），教學模式係直接仿自東京女子高等師範學校附屬幼稚園（翁麗芳，1998：222）。

　　明治三十八年（1905），日本總督府公布《幼稚園規程》，一方面將幼稚教育法制化，一方面作為設置公立幼稚園、由地方稅支辦的法律依據。同年又發布《私立學校規則》，允許私人創辦幼稚園。大正十年（1921），總督府公布《台灣公立幼稚園規則》，規定市街庄等自治團體可設置幼稚園，收受三歲以上至入小學校（日童學校）或公學校（台童學校）的幼兒，課程活動包括遊戲、唱歌、談話、手技及禮儀等。此後台灣幼稚教育逐漸發展；據統計，昭和三年（1928），全島公立幼稚園有三十一校，私立二十校（石萬壽，2003：50）。

　　1930 年代至 1940 年代中期，台灣幼稚園的教保概況，若以前述的「台北幼稚園」為例，據曾就讀該園、出生於 1926 年的張寬敏的回憶如下：「老師均是日籍女保姆，上、下課均先唱歌，後打招呼。有午睡的時間（不睡的會受處罰）、有遠足、運動會、遊藝會等活動。……平均一班幼兒約20-30 人，其中台人幼兒約僅 2、3 名。……課程包括唱歌、跳舞、遊戲及勞作，玩具僅有教育用品，園方提供石板及角材型的石筆（白色）。還有園藝活動。」（引自翁麗芳，1998：310-311）由於這所幼稚園完全沿用東京女師附幼的學風，故這段憶述所提到的「教育性玩具」，主要應是「以福祿貝爾的二十種恩物為主軸」；至於「勞作」的重點則是「置於具體教具——恩物及操作恩物的手工技術」上（翁麗芳，1998：51）。

　　1949 年國民政府遷台後，台灣地區幼教的發展，可概分為下列四期：1.延續及重組期（1949-1952 年）。幼稚園設置依國民政府在大陸時期於1943 年公布之《幼稚園設置辦法》，延續大陸學制、法規，力除日本教育的影響。2.自立期（1953-1964 年）。先後研擬《幼稚園暫行設備標準》、修訂《幼稚園課程標準》，為幼教發展樹立宏規。3.發展期（1965-1981年）。陸續修訂《幼稚園設置辦法》及《幼稚園課程標準》，使更合時宜。此期幼稚園的數量成長快速，平均每年增加 45 所；招收幼兒數，平均每年增加 5500 人之多。4.繁盛期（1982 年-迄今）。1982 年公布施行《幼稚

教育法》，1987 年再次修訂公布《幼稚園課程標準》，1992、1993 年連續二年修正《幼稚教育法》，這些都象徵台灣幼教邁入新的里程碑（洪福財，2002：123-128）。

在幼稚園設備方面，1961 年公布《幼稚園暫行設備標準》，而由於社會變遷快速，科學技術日新月異，其中部分內容標準已未能契合實際需要；同時為配合 1987 年修訂公布《幼稚園課程標準》，因此教育部乃於 1989 年再度修訂公布《幼稚園設備標準》，使幼稚園設備更能配合幼兒身心發展特性及教學活動的需要。該「標準」在「訂定原則」明示：「分組活動編組：如積木每組（依需要以十五人、十人、六人、五人為單位）一套。」（教育部，1989：11）這無疑使有關積木的設備數量之規定具體化、數字化了。

新的《幼稚園設備標準》，關於「積木」的規範，分別見載於「遊戲」教學設備及「常識」教學設備二方面。在「遊戲」教學設備方面，該「標準」規定：「肌肉運動遊戲」設備，五班以下至少要有 5 套；六至十班，至少要有 10 套；十一至十五班，至少要有 15 套；十六班以上，至少要有 20 套。同時規定，積木的材質應「海綿、硬紙、木質、塑膠製等大型小型均有」（教育部，1989：121）。另外「建構及思考遊戲」設備，五班以下，至少要有 1 組；六至十班，至少要有 2 組；十班以上，至少要有 3 組。同樣的，「應備有不同大小及材料之積木」（同上，頁 122）。

至於在「常識」教學設備方面，該「標準」規定：「社會」領域教學，應購置「各類型積木」，「材質不拘」，但需註明「安全玩具者（ST）」；其數量是「每班 5 套」（同上，頁 168）。另在「數、量、形」領域教學，規定須有：(1)平面幾何模型（含方形、三角形、圓形），五至十班至少 1 套；十一班以上至少 2 套。(2)立體模型（含球體、方體、圓柱體），五至十班至少 1 套，十一班以上至少 2 套。(3)數學積木，每班 1 套（同上，頁 175-176）。

　　上面這些規定，相當務實，一方面使幼稚園有「標準」可循，去購置、運用積木；另一方面保證了學童在操弄積木時有一定程度的學習機會；第三方面，裨益於相關的「教育評鑑」之實施，即幼稚園評鑑時，可依積木設備的多寡予以客觀評量，提高公正性。平心而論，新的《幼稚園設備標準》的修訂公布與施行，是台灣幼教進步的表徵之一。

　　近二十年來，台灣幼稚教育蓬勃發展，各幼稚教育機構因教學理念、經營特色、所在地資源之不同，而有多樣化的教學型態。其中犖犖大者，如大單元活動設計教學型態、蒙特梭利教學型態、高廣度認知導向教學型態、方案教學型態等。這些教學型態，各有奇彩，各有發皇，惟多指向開放的、適性的、自由的教育模式，滙成一股多元而活潑的幼教學風。

　　上面諸種教學型態的積木教學實務，分別約略有下列特質：其一，大單元活動設計教學型態，每一單元活動的運用是富有彈性的，往往依幼兒興趣進行調整。其二，蒙特梭利教學型態，主張「尊重兒童」，堅信幼童是有能力的個體，可以自我教育、自我發展；因此教學計畫的中心在於安排一個有吸引力的學習環境，讓幼兒自由的探索，採行開放的情境佈置以及自助式的設備。其三，高廣度認知導向課程，強調幼兒是一個主動的學習者，教師的核心任務是規劃富有趣味的學習活動，引導、鼓勵幼兒發表自己的想法，並依己意發展出自己的經驗，以廣化深化自己對事物的認知和理解。其四，方案教學型態，所謂「方案」是一尚待解決的與幼兒生活經驗有關的具體問題，提出者可以是幼兒，也可以是由師生共同商討、表決出來；教學活動歷程中，幼兒有多重選擇的機會，他們可以獨立、自發地選擇與進行活動。

　　由上可見，台灣現行的積木教學模式，在幼兒觀上，視幼童是一充滿潛能、有獨立自主權的個體；在教師的角色上，主張教師是一個設計者、引導者、輔助者；在教學活動上，尊重幼兒的自由選擇與自由探索，彈性地依幼兒興趣而調整；在情境佈置上，採取開放式、自助式，幼兒可以主

動隨興地操弄積木設備。這些特質，與前述中國大陸幼教「以教師為中心」、「教師主導課程」、「幼兒遵循指示」、「教學步驟固定」的方式，是截然不同的。

十二、結語

綜上可知，我國教育史上的「積木」，從帝堯之世以降，就從未「缺席」過。最先出現的是「壤」，「擊壤而歌」似乎成為古代太平社會一項生活元素。直到中世紀宋代的「拋堶」、近古時期明代的「打瓦」等，都可以看到這類應用木製板塊玩具，進行休閒育樂活動媒介的歷史圖景。

先秦時期，偉大的宗教型的大教育家墨子，利用「牒」──小木塊積木，以摒退楚國大軍的歷史佳話，更為大家所津津樂道。同樣在這個「百家爭鳴」的時代，我們的祖先們開始用「小竹棍」做成的「籌」來計數運算。「小竹棍」足足發揮了它在過去 2000 年中計量及加減乘除四則運算上的豐功偉業。

還有，一樣發生在這一黃金的「學術競立」時期，「弄丸」──手中把玩球丸的技藝，在我國體育史、文化史，乃至思想史上，也都有「一席之地」。《莊子》書中所載「痀僂者」「承蜩」，「累五不墜」是他「用志不分」的精神體現，發人深省，連「至聖先師」孔子都由衷敬佩。而時人熊宜僚得心應手地玩弄九丸，誠然「神乎其技」，令人嘆為觀止。

北宋起，進士黃伯思創造「燕几圖」，作為文人雅士宴會助興的遊戲。明代嚴澂受燕几圖啟發，又創製出「蝶几圖」，使編排的方式更豐富多變。到了清代，由燕几圖、蝶几圖一路衍傳而來的「七巧板」，逐漸風行於民間，並以「益智遊戲」受用於廣大社會。不僅如此，七巧板更「遠傳」歐美，其別名「唐圖」在西方學術文化界並不陌生。

　　時代巨輪向前推進到清代，唐彪建議利用「小輕圓木」作為幼童初學書法時的輔具，亦相當務實，頗具參考價值，不妨嘗試應用。而清儒蔣士銓的學術成就，概得力於慈母鍾令嘉的自小調教。「細竹片」雖小，但實為蔣氏札穩學術腳跟的基石。

　　晚清，內憂外患，當局被迫仿日仿洋，「學堂章程」明定「手技」一科，學童的玩具、積木、實物、模型等被要求「必備」於蒙養院。當時的有識之士，亦大力提倡「福氏恩物」與「弄兒之物」的教育價值，學前教育模式為之「煥然一新」。這為民國以後的新式幼稚園引進西方積木，起了促動作用。

　　1922 年，頒行「新學制」，實施仿美學制。在教育哲學上，以杜威的實驗主義為主導，以兒童為本位、重視學習者興趣、強調教育與生活結合、側重做中學習等教學新取向，逐漸在基礎教育階段上落實。1930 年代公布的《幼稚園課程標準》首次訂出「積木」二字，並明白規定積木是「工作」課程的「內容大要」，為積木在教育史上奠立了新的標竿地位。

　　兩岸分治之後，大陸幼教同時體現了傳統文化與共產主義意識型態，積木教學呆板、機械、過度強調控制與紀律，了無趣味，扭制了兒童想像力與創造力的發展。至於台灣方面，歷經延續及重組、自立、發展、繁盛等階段，成長穩定而快速。《幼稚教育法》、《幼稚園課程標準》及《幼稚園設備標準》等的公布、修訂，無不助益於幼教工作的改善與發展。其中，《幼稚園設備標準》對積木設備的具體而明確之規定，以及彈性、多元、自由、活潑的積木教學模式，無疑是進步的。

參考資料：

一、史料部分：（依年代先後順序排列）

周・莊子著，張耿光譯註，《莊子》，台北：台灣古籍出版社。

漢・司馬遷（1979），《史記》，台北：河洛圖書出版社。

漢・劉安（1971），《淮南子》，台中：普天出版社。

漢・班固（2002），《漢書》，北京：中華書局。

唐・魏徵（2002），《隋書》，北京：中華書局。

唐・韓愈（1983），《韓昌黎文集》，台北：漢京文化事業公司。

晉・皇甫謐（1961），《高士傳》，北京：中華書局。

宋・朱熹（1985），《四書章句集注》，高雄：復文圖書出版社。

明・王守仁（1992），《王陽明全集》，上海：古籍出版社。

清・王先謙、劉武集解（1999），《莊子集解》，北京：中華書局。

清・唐彪（1977），《父師善誘法》，台北：偉文圖書出版社。

清・胡澹菴、錢慎齋輯（1980），《繪圖解人頤》，台北：新文豐出版社。

清・康有為（1935），《大同書》，上海：中華書局。

二、今人論著部分：（依作者姓名筆畫由少至多排列）

Tobin, Joseph J. & Wu, David Yh. & Dayidson, Dana H. （1989），《Preschool in Three Culture -- Japan, China, and the Unites States》.Yale University Press.

中國大陸國家教育委員會計畫財政局編（1983），《中共 1949~1981 年教育年鑑》。

中國大陸國家統計局編（1990），《中國統計年鑑》。

毛禮銳、邵鶴亭、瞿菊農（2004），《中國教育史》，台北：五南圖書出版社。

王鳳喈（1990），《中國教育史》，台北：正中書局。

王權（1996），《中國小學數學教學史》，濟南：山東教育出版社。

石萬壽（2003），〈走過百年的台灣幼稚教育（上）〉，《E 代府城——台南市刊》第 3 期，頁 48-51。

吳文忠（1981），《中國體育發展史》，台北：三民書局。

李紹崑（1989），《墨子：偉大的教育家》，台北：台灣商務印書館。

李漁叔註譯（2002），《墨子今註今譯》，台北：台灣商務印書館。

李樹桐（1955），〈墨子生卒年月考〉，《師大學報》第 1 期。

李儼、杜石然（1963），《中國古代數學簡史》，北京：中華書局。

孟憲承（1989），《中國古代教育史文選》，台北：五南圖書出版社。

洪福財（2002），《幼兒教育史——台灣觀點》，台北：五南圖書出版社。

孫希旦（1984），《禮記集解》，台北：文史哲出版社。

張世宗（2001），《台灣傳統童玩與益智游藝》，台北：國立傳統藝術中心。

張雪門（1929），《幼稚園的研究》，北平：北新書局。

張雪門（1930），《幼稚園研究集》，北平：香山慈幼院。

陳漢才（1996），《中國古代幼兒教育史》，廣州：廣東高等教育出版社。

陳鶴琴著，北京教育科學研究所編（1989），《陳鶴琴全集》，揚州：江蘇教育出版社。

教育部（1936），《幼稚園課程標準》，南京：教育部。

教育部（1989），《幼稚園設備標準》，台北：教育部。

翁麗芳（1998），《幼兒教育史》，台北：心理出版社。

黃文樹（1994），〈從文化觀探討中國大陸學前教育〉，《比較教育通訊》第 33 期，頁 68-73。

黃偉、盧鷹（2004），《中國古代體育習俗》，西安：陝西人民出版社。

趙忠心（2003），《中國神童——清朝》，北京：中國法制出版社

積木建構遊戲的歷史演進
及其對幼兒教育影響之析論

周俊良
（樹德科技大學師資培育中心助理教授）

壹、緒論

一、前言

　　遊戲是幼兒天生的本能，發展的重要基礎，兒童不管在任何時空地點、任何材料，隨時信手拈來都可以發生具有童趣的遊戲，一面是遊戲，同時也是學習；職是之故，吾人可以認定：兒童沒有遊戲就沒有學習與發展，幼兒與遊戲之間的關係互為主體性，綿密不能切割。

　　而積木遊戲與幼兒教育的關係，追本溯源至少也有一個半世紀上百年的關係。透過教學多樣的創造性活動，建構性積木遊戲帶給幼兒歡樂、挑戰、視覺及觸覺的刺激，當幼兒開始他的建造行為，中途可能改變造型，甚或一再的拆解、架疊，過程中幼兒發展了精熟的知覺，完成堆疊後的成就感，直接帶給孩子無限的樂趣。積木遊戲不分兒童年齡與發展程度，它的魅力十足，常是吸引注意的工具與提供幼兒發展機會的媒介；而且，積木遊戲的調整彈性甚大，適合各階段不同身心發展或學習式態（learning styles）差異的兒童操弄（manipulation）。

　　積木建構（blockbuilding）遊戲在幼兒園中極為常見，無疑的是幼兒園教室中最重要的設備，透過積木無數的建構方式，提供幼兒各方面發展重要的基礎，無論一般幼兒或發展遲緩兒童，皆可以從中學習社會技能、促進語言與認知……等能力（Starks, 1960; Booth & Miller, 1990; Nicolopoulou, 1991; Sandal & Schwartz, 2002）。

　　建構性積木遊戲與幼兒的發展密不可分，但是鮮少有人知道，積木與幼兒教育兩者發展的演進與關係，追根探源的結果，將提供從事幼教工作者鮮明的借鏡與未來藍圖，以利優質幼兒教育的持續推展。

二、研究目的

　　綜上所述，本研究的目的有三：

(一) 瞭解積木遊戲的由來與在西方教育史上的演進，及其對幼兒教育的宗旨。

(二) 探究積木遊戲與幼兒教育的關係，梳理知名幼稚教育家對於積木運用於教學的思想體系。

(三) 發掘積木遊戲蘊含於幼兒教育的精神意涵，及其影響未來幼教的脈絡發展與啟示。

三、研究方法

　　本研究採用歷史研究法，以探究積木建構遊戲的演變；藉助文獻調查法及語意分析法，深入窺探倡導、利用積木為教材的幼教家們之重要談話，最後得以演繹、形敘積木遊戲對於幼兒教育的原貌。

（一）歷史研究法（historical research approach）

積木遊戲對於幼兒教育的影響既深且廣，它的起源也非常的早；所以，積木遊戲與幼兒教育相關的研究，奠基的時間距離現今也有一段歲月。尋本溯源、返古鑄新，鑒往而知來；因此，運用歷史研究法的精神，探究積木建構遊戲的起源、變遷、演進，以宏觀因果分析法（macro-casual analysis）比較歷史的相關判準，製表羅列異同，找尋共同的而排除相異的因素，以確定因果推論，茲識別前後之旨趣懸殊（謝臥龍，2004）。

（二）文獻調查法（literature survey approach）

根據中、英文與積木暨幼兒教育相關的文獻資料蒐集，利用並排、比較、分析與解釋的策略，綜合、歸納、演繹出積木遊戲與幼兒教育相關的原理原則，以為本研究之根基。

（三）語意分析法（linguistic analysis approach）

資料解釋的部分，採用語意分析法，論斷決定性影響人物的語言意涵及思維價值，不曲解史料、文獻，不穿鑿附會故事情節，以臻條理清晰，呈現最接近事實的結果。

四、研究範圍與限制

積木遊戲的愛好不會因為年齡的不同而有明顯的差異；惟，本研究的範圍設定在學前教育階段的幼兒與積木遊戲相關的歷史演進之探究，對於國小階段以上兒童或青少年的積木遊戲，不在此探討範疇。而幼教積木的研究開始很早，根基穩固，所以近年來的研究有限，國內針對積木與幼兒的研究更少，大量近期參考資料不易覓得。

貳、西方積木的歷史發展與演變

十九世紀初之前，人們幾乎未曾見過積木這種玩具（toys），兒童的遊戲玩具未受到重視（Wellhousen & Kieff, 2001）。事實上，到了十七世紀中，比較像現代積木的遊戲玩具已經出現；對於積木在西方世界的演進，不只是單純的玩具演變的歷史，也是幼兒教育發展的過程；下述將以積木發展的時間順序，編年紀事來說明（Provenzo & Brett, 1983）：

一、洛克的字母積木（Locke Alphabet Blocks）

洛克（John Locke, 1632-1704）認為人的心靈如同一塊白板（tabula rasa）的潔淨，一切思想或觀念皆由後天經驗獲得，最早在其 1692 年的著作「教育漫畫（Some Thoughts Concerning Education）」一書中就曾提到字母積木（alphabet blocks）的學習玩具，利用骰子的外型設計來幫助兒童認識字母，也就是所謂的「洛克積木（Locke blocks）」，它被視為現代積木的濫觴（Wellhousen & Kieff, 2001；傅任敢，1996）：

> 我認識一個極有身份的人（他的學問與德行比他的階級與高貴的地位更要可敬），他把六個母音粘在一個骰子的六個面上（因為在我們的文字裡面，Y 也是一個母音），而把其餘十八個子音分別粘在另外三個骰子上面，作為他的孩子們的一種遊戲，看誰一次用這四個骰子擲出的字數最多，誰就得勝」，……「粘在骰子或多邊形的東西上面的字母，開始的時候，大小最好跟對折本的聖經上面的字母一樣，全都不要用大寫體；他一旦能讀這種字體所印的東西之後，他就不會長久不認識大寫體的；他在開始學習的時候不可花樣太多，反而弄得不知所措（引自傅任敢，1996，頁137）。

二、福祿貝爾的恩物（Froebel's Gifts）

兒童使用的積木第一位引進到教育系統者，當屬十九世紀幼兒教育家福祿貝爾（Friedrick Froebel, 1782-1852），他於 1820 至 1840 年代在德國設計恩物；恩物的第二種至第六種為積木，厚寬 1 英吋、高度為從 1 至 12 英吋不等的木頭方塊，完全分開，可以變成小塊桌上積木，成為課程中不可或缺的一部份（陳鳳娟，2001；臧瑩卓，2004）。

三、柯南道爾的積木系統（Crandall Block System）

十九世紀末，無論在美洲或歐洲，積木已經成為兒童最受歡迎的玩具了；美國南北戰爭後，柯南道爾家族宰制了玩具積木業，發展出適合大小成套連結的積木（陳鳳娟，2001）。

四、雷徹特的建築磚塊積木（Ritchter Building Bricks）

十九世紀末二十世紀初，德國與美國生產一種顏色不同的雷徹特小型建築磚塊積木，頗受父母歡迎而購買給子女玩（陳鳳娟，2001；臧瑩卓，2004）。

五、蒙特梭利的感官教具積木（Montessori's Materials）

二十世紀初期數十年，積木用於幼兒教學現場的情形逐漸普遍了起來。蒙特梭利（Maria Montessori）的教具中也蘊含了積木建構的概念，如：粉紅塔與棕色梯（陳鳳娟，2001；臧瑩卓，2004）。

六、普拉特的單位積木（Unit Block System）

普拉特（Caroline Pratt）在距今約 100 年以前，發明了現在仍為幼兒園所普遍使用的單位積木；它的發明，主要想提供幼兒創造屬於他們自己的世界。

七、現今的積木種類

目前常見幼兒在教室、家中或其他地方使用的積木類型有（Provenzo & Brett, 1983）：

（一）單位積木（Unit Blocks）

單位積木有非常多樣的形狀，如長方形、正方形、三角形、圓柱形、半圓形、1/4 圓、拱形……等；單一單位（single-unit）長方形積木是所謂的驅動積木（starting block），長、寬、高各為 5 又 1/2 吋、3 又 3/4 吋與 1 又 3/8 吋，其餘則比對該此吋去設計（Church & Miller, 1990; Dodge & Colker, 1992）。

（二）鑲拼積木（Parquetry Blocks）

這些小的木製積木，有各式各樣的形狀，包括鑽石形與三角形。他們具有鮮明的色彩，可以有趣地提供幼兒創造重複的樣式或裝飾積木做成的建築物（Church & Miller, 1990）。

（三）大型中空積木（Large Hollow Blocks）

可分為木製與塑膠製品，這些積木的形狀有正方形、長方形與三角形的傾斜面；雖然，他們佔據很大的空間，但是其仍適合 4 歲以上的幼兒大

肌肉的發展，無論在室內、外遊玩，兒童可以使用他們在戲劇遊戲（dramatic play）中，連結建造房子、汽車及其他實際可用的結構體（Church & Miller, 1990; Dodge & Colker, 1992）。

（四）大型紙板積木（Large Cardboard Blocks）

適合更為年幼的兒童遊玩，1尺長、輕而易舉，可以作大型的堆疊；雖然紙板積木很堅固，但不適合放在潮濕的操場或室外（Church & Miller, 1990）。

（五）超級積木（Superblocks）

超級積木是一種大型的塑膠積木，中空並分隔成幾個小空間，幼兒可以將別的物體放入其中，比木製同樣大小的積木要輕些，也比紙板積木來得堅固（Provenzo & Brett, 1983）。

（六）直豎積木（Bristle Blocks）

為一種連結型塑膠製積木，它的特色是突出的豬鬃型棒狀物，可由側邊插入結構當中而釘住結合，與傳統積木迥異。

（七）樂高積木（Legos）

屬於桌上形的塑膠磚塊積木，圓形小突起在每一磚塊之上，裡面是筒狀中空，利用這些設計，每一磚塊就可以彼此相互接連組合，有不同大小的積木，堆疊不同的造型，適合多樣的教室情境；惟，需避免被破壞與遺失。

綜合以上的討論可以得知，積木與幼教的歷史反映時代的變遷。以下更將主要的幼兒教育思想與實踐家，利用積木執行教育工作的形貌輪廓、精神價值與時代意義，以及對幼兒教育的貢獻，於後面章節呈現。

參、積木遊戲與幼兒教育關係的理論基礎

　　積木的建構活動屬於結構性的遊戲，它可隨著年齡的增長、身心的發展而漸趨繁複，他也有性別上的偏好差異，教師的良好引導，可以促進幼兒身心各項技能的提昇。以下分別就遊戲、積木建構的發展歷程、性別與積木遊戲、積木遊戲的教育功能，以及積木遊戲的教師促進角色等方面，來探討積木遊戲的理論基礎：

一、遊戲

（一）定義與功能

　　何謂遊戲？Garvey（1990）認為：遊戲是提供無限的可能性給幼兒去嘗試新的構想，並以舊觀念去精心推敲、重組與重塑新的發現。遊戲不拘形式與年齡，隨時隨地都可以發生，遊戲中幼兒學習到生活的原則與規律，造就面對未來生活的能力，透過遊戲尋求個人自由發揮的空間，或虛構故事情節，以發洩社會文化的限制所造成的沮喪與不滿（引自黃瑞琴，2001，頁10）。

（二）建構性遊戲（constructive play）

　　從事建構性遊戲是技能發展初步的階段，而這些技能也是創造力發展的開端；建構性的遊戲建立在為了增加兒童的能力之上，這些能力也將盡可能的促進創造性行為，以增加兒童的遊戲樂趣（Forman & Hill, 1984）。建構性遊戲的特徵在於遊戲者本身必須有所「建構（constructing）」；如果，兒童不是藉由模仿教師或同儕，而卻能自己發明一些新的方式去建構的話，他們就能更有機會瞭解新、舊方法之間運用在表現上的差異所在，

教師若能在旁促進，創造的效果更優（Biber, 1958）；所以，兒童之創新發明，即為建構遊戲的核心價值（Forman & Hill, 1984; Gehlbach, 1991）。

表一：KrÖtzsch 積木建構發展四階段分期表

階段 時期	表徵 （representation）	積木運用 （use of blocks）	美學特色 （aesthetic characteristics）	遊戲 （play）
一	建構的概念尚未形成。	無計畫性的選擇。	選擇某些喜歡的積木。	積木本身的運用就是遊戲開始的起點。
二	以明顯而相似的形狀來解釋建構的結果。	挑選大小、外形相似的積木，小心的將其行對行的並排或堆疊擺置。	藉由大小、外形相似的積木，仔細的一行一行來擺置。	韻律與音樂的感受，以及最為異質的移動與型式結果，都在工作中獲得。
三	達到有意義的建構。	真實的空間型塑（space forming）或有意的順從材料來建造。此期兒童的建構活動愈來愈多被完成了，並力求模仿在環境中的形體。	利用裝飾性的圖式排列。	積木幾乎複製了移動的型式，如：火車、貨車或輪船。
四		兒童會挑選材料並企圖設計自己想要的形狀。	逐漸的增加在個別積木與整體配置對稱（symmetry）的重視。	自由操作出現。積木成為一種達成目的的手段，而非為了某種緣故，就為遊戲的樣式。

二、積木建構的發展歷程

隨著幼童年齡的增長，認知的發展與建造積木的技能與日俱增，所堆疊積木的結構形式愈形分立（separate）與複雜（complex），圖樣的變化

也多了起來（Reifel & Greenfield, 1982; Reifel, 1983; Reifel, 1984b）；換言之，積木建構具有發展的階段性特質。以下就 KrÖtzsch、Johnson 與 Nicolopoulou 綜合的積木建構發展論，分述於後：

（一）KrÖtzsch 四階段發展論

德國 KrÖtzsch 曾在 1917 年發表了一份以 2 歲 8 個月至 5 歲 6 個月的幼兒為對象的研究，根據他的發現提出古典的幼兒積木建構四階段論：表徵、積木運用、美學特色與遊戲（引自 Guanella, 1934）；而每一階段還有不同的分期（如表一）。

另外，KrÖtzsch（1917）更進一步將積木的空間型塑（space forming）部份，區分為四步驟：（1）使用單一積木作為整體的結構；（2）牆壁的建造，以不同的角度對著牆壁或延伸到牆外；（3）圍堵空間的建構，以住家周圍庭園的設計樣式，比鄰而立；（4）屋頂或空地的覆蓋，以及全體或分區空間由整體到個別的建造（引自 Guanella, 1934，頁 6）。

（二）Johnson 七階段發展論

根據 1966 年 Johnson 在她的著作 The Art of Block Building 中的分期，幼兒在建造積木方面，可以分為幾個階段，無論目前年齡的大小，這些階段都會經過，只是年齡愈大的幼兒，愈快經歷完先期的階段，而且更貼近每一階段發展的適切年齡（Johnson, 1996；學前教育雜誌社，1995）；Johnson 的分期，由 Apelman（1996）、Wellhousen 及 Kieff（2001）區別為七個階段如下表二：

表二：Johnson 積木建構發展七階段分期說明表

階段	名稱	說明
一	攜走期 （Carrying）	剛開始，幼兒渾然不知積木為何物，帶著積木到處走動；尤以，較年幼的幼兒為然。此時積木並非用來堆疊用的。
二	造塔期 （Stacking）	堆疊積木的動作開始，幼兒一個接一個往左右排成一列，也有地板上水平或垂直式的堆疊。兒童早期的積木建造，有非常多的型式反覆出現，如：疊高造塔、築路……，以增加對積木特性的瞭解與掌控。
三	架橋期 （Bridging）	幼兒嘗試將第三塊積木架在兩塊留有空間而並排的積木上面，猶如搭橋一般。
四	圍堵期 （Enclosures）	幾塊積木放置成一條狀的型式後，逐漸把一個空地圍堵了起來，創造了一個封閉的空間；此緊接著發生在兒童開始規律運用積木之後。
五	樣式對稱期 （Patterns and Symmetry）	隨著年紀的增長，幼兒能更輕易而具想像的堆疊積木。他們使用更多的積木，並且藉由圖樣及平衡、對稱作用，創作了更精緻的造型。
六	命名期 （Naming）	幼兒開始對於他們引人注目的作品命名，渴望知道各種不同積木的稱呼；惟，在此期前，幼兒們也會有命名，只是不一定與他們創作的作品功能有關。
七	象徵期 （Representation）	幼兒開始複製他們眼見或知道的實物，利用他們反映自己的經驗、幻想和知識，藉助想像賦予作品象徵性的意義。

（三）Nicolopoulou 積木操作發展層次

Nicolopoulou（1991）綜合學者們的研究，對於積木遊戲的發展階段，以年齡來分，共有四個層次（level），即使孩子到達較高層次之後，早期的操作階段動作還會持續。四個積木操作發展層次，說明詳如下表三：

表三：Nicolopoulou 積木操作發展四層次表

階段	說明
層次一	年齡從 6 個月大到 1 歲的幼兒，他們操作單一個積木，最大極限擴張超過一個。幼兒們的興趣集中在積木與身體的相互關係，如敲擊、滾動……，而非空間的積木組合特性。
層次二	幼兒 2 歲開始，他們會建造直線型之不是垂直就是水平式的積木排列。
層次三	幼兒 2 歲後期，他們竭力建構雙向的排列積木，最終還會排列成圍堵的水平空間。
層次四	約在 3 歲的幼兒，開始會建造實心的 3 度空間結構的積木，很快又會變成為圍堵式 3 度空間的結構，兒童們所建構的建築物可能也包括更精巧的結構體，例如：牆面的通路、相鄰的結構物、圍堵的樓層、橋……等；一旦，兒童精熟空間的堆疊法則，之後的發展就有極大的差異，將不再強調所謂的「階段（stage）」了。

三、性別與積木遊戲

1、性別差異與積木

　　男、女生因為性別（sex）的差異，對於積木的愛好也不盡相同，積木遊戲通常被視為男孩子的遊戲（Varma, 1980）。根據 Farrell（1957）研究 3 至 7.5 歲，共 376 位兒童（187 位男童與 189 位女童）的觀察發現，24%的男童選擇以積木為玩具，只有 5%的女童選擇積木；另外，男生 99%的遊戲全長時間玩積木，而女生玩積木只佔遊戲全長的 55%；因此，男生無論在遊戲選擇及投入時間上，皆較偏好積木遊戲。Shure（1963）的研究也顯示，當幼兒進入「異性偏好（opposite sex）」的角落區時（女生進入積木角，男生進入娃娃角），幼兒們還是無法從事該角落的遊戲機會，如：男童在娃娃角還是會選擇玩汽車等遊戲（引自 Kinsman & Berk, 1979）。Varma（1980）建議，如果提供更多的積木、或由父母、教師鼓勵，女生也會增加從事積木遊戲的頻率與動機，減少性別角色偏好（sex-role stereotyping）的現象；而教師採男、女混合分組（區域或角落），亦可避免積木遊戲選擇具有性別差異的狀況發生（Rogers, 1987）。

　　2、性別角色與積木

　　兒童玩積木時，會以其堆疊的結構呈現很多他們的所知與經驗（Reifel, 1983）。Erikson 還認為，積木的形式也會反應性別角色型態（sex-role morphology）與社會角色（cultural role）；所以，男生所堆疊的積木形式，呈現較多陰莖型的塔樓和來自工作世界的社會場域物件，女童則顯現內在心理的空間與家中情境擺設（引自 Reifel, 1982）。

四、積木遊戲的教育功能

　　積木是幼兒教室中最被接受的教學材料，幼兒從事積木遊戲時，他們可以沈思推想，它協助幼童釋放能量、促進社會性的整合，並鏈結創造性的表達與專門的技能於一身（Kinsman & Berk, 1979）。積木是幼兒教育中，非常重要的玩具，其主要的教育功能分述於後：

（一）促進肢體動作發展

　　單位積木的建造，從最簡單的重疊堆積至複雜的懸臂堆法，不但促進了粗、精細動作的發展，同時也統合了手眼的協調性；再者，兒童學會使用合適的策略去調整擁擠的建築物，獲致平衡、控制與空間知覺（Cartwright, 1988; Reifel, 1984a）。所以，教師有關利用積木促進幼兒肢體動作發展的教學目標，可以設定在三方面（MacDonald, 2001; Dodge & Colker, 1992; Cartwright, 1988）：

　　　1、小肌肉（small muscles）：視知覺（visual perception）、手指控
　　　　制（finger control）、手眼協調（eye-hand coordination）、手部
　　　　操作控制（controlled hand manipulation）

2、大肌肉（large muscles）：身體「側邊（從腋下到腰上）」一起活動（sides of body working together）、彎曲（bending）、空間移動（moving through space）

3、身體知覺（body awareness）、蹲坐（squatting）、提起（lifting）、放置（placing）、平衡（balance）

（二）促進社會發展

幼兒在幼兒園中，有很多第一次與同儕合作互動與探索有趣遊戲的經驗（Wellhousen & Kieff, 2001）。堆積木的過程中，利用機會觀察正向社會互動，練習積極的同儕合作交流；幼兒透過對其舉動的友善社會回應，而獲得增強；同樣地，對其反社會行為亦從中得到懲罰（Rogers, 1987）。幼兒們以自我為中心，因為肢體接觸或要共享資源，衝突無可避免，教師可以引導同儕相互幫忙，並且彼此同理支持，而紛爭、苦惱的解決處理，將有機會在幼童間發生（Wellhousen & Kieff, 2001; Church & Miller, 1990; Rogers, 1987; Singer, 1988; Cartwright, 1995; Brody & Hirsch, 1996）。利用積木促進幼兒社會發展的教學目標，可以設定在幾個方向，包含：社區（community）、人與職業（people and their work）、相互依賴（interdependence of people）、角色扮演（role play）、關係形式（patterns in relationships）、人際互動（interactions of people）、象徵性表達（symbolic representation）……等範疇（MacDonald, 2001; Cartwright, 1988）。

（三）促進情緒發展

幼兒需要機會探究環境，且利用具體的材料來創造他們的想像力；他們需要被允許可以於同儕團體中，在感到滿意的情緒下，為他們自己計畫與決策，教師利用開放、自我控制與可供情感表達的積木遊戲環境，建立幼兒自尊、轉移經驗於3度空間的結構中，甚或虛編故事抒發情感，支持

幼兒情緒的發展，協助其處理憂傷、困惑（Wellhousen & Kieff, 2001; Church & Miller, 1990）。促進幼兒情緒發展的教學目標，可以設定在幾個方向，涵蓋：主動（initiative）、自治（autonomy）、角色扮演（role play）、整理（clean-up）、冒險（taking risks）、合作（cooperation）、責任（responsibility）、團體行為（group behavior）、選擇（make choices）、自信（self-confidence）、與他人共事（work with others）、能勝任的感覺（feeling of competence）、尊重別人的工作（respect for the work of others）……等領域（MacDonald, 2001; Cartwright, 1988）。

（四）促進認知發展

幼兒思考主要憑其知覺，而非邏輯；幼兒的知覺以來自感官的訊息為基礎，利用所見、所聽、所聞、所觸、所嚐，告訴他們有關這個世界；正當幼兒持續操作積木，創造不同的型式與結構，逐漸活絡他們的心智，更準確的解釋所獲得的感官訊息時，其已學會運用知覺與先前所學的知識及策略，建構出邏輯思考與問題解決能力（Wellhousen & Kieff, 2001;Church & Miller, 1990）。如 Reifel（1983）研究積木遊戲對於幼兒之「部分—整體」關係發現，隨著年齡的增長，幼兒認知結構也更加的成熟，更認識這個世界；尤以，「部分——整體」關係的覺知為然，像是積木建造房子（整體），需要有牆、屋頂、門、煙囪……等（部分）來組合完成。教師利用積木促進幼兒認知發展的教學，主要在科學與數學二方面，其教學目標為（MacDonald, 2001; Cartwright, 1988;Dodge, 1979;Leeb-Lundberg, K., 1970;1996;Moffitt, 1996）：

1、科學（Science）：質量（gravity）、重量（weight）、系統（systems）、探索（discovery）、交互作用（interaction）、力（force）、計畫（planning）、平衡（balance）、變化（diversity）、穩定（stability）、觀察（observation）、問題解決（problem solving）、因果關係（cause and effect）、歸納思考（inductive thinking）、實驗（experimentation）、物質特性（properties of matter）、傾斜平面（inclined plane）、創造思考（creative thinking）……等。

2、數學（Mathematics）：空間（space）、形狀（shapes）、大小（size）、次序（order）、數字（number）、分數（fractions）、重量（weight）、長度（length）、深度（depth）、寬度（width）、高度（height）、繪圖（mapping）、對稱（symmetry）、數量（quantity）、數數（counting）、相等／不相等（equal/unequal）、認識集合或群組（recognize sets or groups）、長短（shortest/longest）、高矮（tallest/shortest）、估計（estimate）、異同（similarities and differences）、分類（classification）、測量—體積、面積（measurement－volume, area）、製表（graphing）、一對一的對應（one-to-one correspondence）、部份與整體關係（part and whole relationships）……等。

（五）促進語言發展

玩積木的過程當中，幼兒彼此互動產生，因為有溝通上的需要，幼兒會與同儕或大人討論建造的計畫，或解釋建造過程給有興趣的老師聽，無形中拓展了語彙的數量，鼓勵了幼兒口語發展；幼兒也會將戲劇性故事配合積木的建造鋪陳情節，語言的形式、結構與流暢度將更加的增長與提昇（Wellhousen & Kieff, 2001;Church & Miller, 1990;Isbell & Raines, 1991）。教師利用積木促進幼兒情緒發展的教學目標，可以設定在幾個方向（MacDonald, 2001）：閱讀圖式說明或標誌（reading picture directions, signs）、討論有關建造物的功能（discussion about functions of buildings）、命名、標記及編擬有關建造物的故事（naming, labeling, and making up stories about buildings）、觀念的交流——範例、預測、證實、整合（exchange of ideas－sampling, predicting, confirming, integrating）、口語（oral language）、節韻（rhyming）、瞭解故事情節的段落（understanding story sequence）、語彙形成（developing vocabulary）、建製觀光名勝字彙（building a sight word vocabulary）、對積木物件與觀念的描繪（using representations of objects and ideas）……等範圍。

（六）促進藝術、創造力概念發展

藝術的本質在於創造性的傳達個人之理解、觀念與情感的能力，幼兒藝術創作作品是他們眾多經驗的合成（Gelfer & Perkins, 1988）。當兒童透過肢體與社會經驗探索物質的特性時，藝術美學的知覺概念於焉成形（Church & Miller, 1990）。建構性遊戲是技能發展的基本階段，而技能又是創造力的根本（Forman & Hill, 1984）；所以，積木遊戲是一種很好的工具，具有鼓勵幼兒表達他們藝術創作的特質；因此，積木可以多樣型式的安排以娛悅幼兒的感官；積木也可以用來表徵幼兒的觀念，描繪心中的影像；積木更可以藉由幼童的想像，創造出各式的建築物……（Stephens, 1991）。教師利用積木促進幼兒藝術概念發展的教學目標，可以設定在幾個方向，包括：樣式（pattern）、平衡（balance）、創造（creativity）、形狀（shape）、設計（design）、次序（order）、對稱（symmetry）、規劃（planning）、鑑賞（appreciation）與自我表現（self-expression）……等方面（MacDonald, 2001）。

五、積木遊戲的教師促進角色

幼兒從事積木遊戲的教師角色，在於藉由積木遊戲的觀察所得，能洞見促進幼兒各身心層面的發展，以及培養幼兒對自身與真實世界感知的價值（Church & Miller, 1990）。建構性遊戲的產生，需要支持性的環境與敏

感的父母或教師的存在（Forman & Hill, 1984）；因而，教師促進幼兒從事積木遊戲的地位非常重要，其具體的方略有（Wellhousen & Kieff, 2001; Dodge, 1979; Hirsch, 1996）：

（一）環境安排

建構一個合適幼兒從事積木遊戲的環境，是教師引導、促進幼兒玩積木的最重要工作。積木區布置的原則如下（臧瑩卓，2004）：

1、提供寬廣的操作空間

積木區的安排必須能夠大到足以讓幼兒想堆什麼就疊什麼，如此也才可能提供幼兒明確的動線，不至擁擠而碰觸推撞，引起不必要的紛爭，影響幼兒專注投入的時間。

2、選擇適合幼兒高度開架多層式櫃子

積木外在的形狀、大小不一，取放收納應選擇適合幼兒身高之開放多層式櫃子，以方便幼兒貯藏積木。

3、提供數量足夠的積木

積木的數量如果不足，幼兒無從發揮複雜的建構技能，也可能導致爭搶積木的窘境。對於剛開始接觸積木的幼兒來說，掌握「量多種類少」的原則，隨其年齡的成長，逐漸增加其他形狀與數量的積木。MacDonald（2001）建議，原則上 3 歲的幼兒要有 200 塊積木，4 歲 300 塊，5 歲以上則需要 400 塊的積木操作，較確切的數量如表四所列（Church & Miller, 1990, p. 27）。

表四：3 至 5 歲積木數量建議表

積木形式	3 歲	4 歲	5 歲
半單位（Half units）	24	24	30
一單位（Units）	54	96	110
二單位（Double units）	48	70	95
四單位（Quadruple units）	24	24	36
方柱體（Pillars）	12	24	36
小圓柱體（Small cylinders）	10	16	20
大圓柱體（Large cylinders）	10	12	16
圓形彎曲（Circular curves）	6	8	10
橢圓彎曲（Elliptical curves）	4	8	10
小三角形（對）（Pairs of small triangles）	4	8	9
大三角形（對）（Pairs of large triangles）	4	8	12
平板（Floor boards—11）	6	15	30
斜坡（Ramps）	6	16	20
直角轉接（Right-angle switches）	0	4	8
Y 形轉接塊（Y-switches）	2	2	4
屋頂板（Roofboards）	0	6	10
X 形轉接塊（X-switches）	0	4	8
半方柱體（Half pillars）	0	6	8
總計	214	351	472

資料來源：Church, E. B., & Miller, K. (1990). Learning through play blocks: A practical guide for teaching young children (pp. 27). Broadway, New York: Scholastic Inc.

4、遠離安靜活動的區域

　　幼兒操作積木時會發出高分貝的吵雜聲響，影響教室其他區域幼兒的學習活動；因此，除了鋪設地毯之類的設施，防止積木傾倒時所帶來的噪音之外，將積木區設置在遠離安靜活動的區域，才能杜絕干擾（Dodge & Colker, 1992）。

5、分置拿取區與建構區

因屬不同的目的區域，積木的拿取區與建構區要分開設置；若，將地毯沿著積木櫃鋪設，會造成幼兒隨地就在櫃子旁邊搭蓋起積木，容易與拿取積木的幼兒產生擦撞，引起無謂的紛爭。

6、布置壁面

壁面可以充分利用來展示積木排列形式的說明（instructions），如：操作過程、步驟……等，亦可張貼完成作品的照片，以增加幼兒的成就感，引發更強烈的興趣。

7、製作對應標記

可以在積木櫃各層貼上與擺放積木形狀相同的標籤，提供視覺線索，以利幼兒歸位時的妥善置放。

8、提供配件（accessories）

積木配件提供幼兒構念，將建構積木的想像延伸到不同的主題去，常常更改配件，協助幼兒更新興趣，並刺激新的學習；基本的配件如：汽車、洋娃娃，以及動物，幼兒應該隨時都能取得才好（Church & Miller, 1990）。

（二）融入每一位幼兒於積木遊戲中

根據研究顯示，女童不像男童將多數時間投入在 3 度空間的玩具（如：積木、黏土）上，她們會花比較長的時間在富有語言的遊戲之中；而鼓勵女童的同時，也不要忘記促進較少玩積木的男童，甚至是具有身心障礙的幼兒，其策略包括（Wellhousen & Kieff, 2001, p. 146）：

1、將積木區更為廣泛的延伸，納容更多的幼兒，並提供更多積木的選擇機會。

2、鼓勵過度從事積木遊戲的幼兒更換新的活動，讓不常玩積木的孩子也有機會涉入。

3、將實體積木混入不同的學習區，增加在非積木區從事活動的幼兒，也能使用到積木的機會。

4、設置女童偏好的學習區緊鄰積木區旁，並鼓勵跨區從事活動。

5、提供能引起女童強烈興趣的積木配件（如：娃娃角的家具），鼓勵參與積木遊戲。

6、女性教師可以以身示範，甚或與幼兒一起玩積木，以引發女童的興趣（Stephens, 1995）。

7、當同儕有性別偏見態度（gender-biased attitudes）產生而阻止玩伴玩積木時，要能適時介入。

8、呈現男孩與女孩一起玩積木的照片，強調兩性對於積木遊戲具有相同的特質。

9、運用一致的口吻來討論男童與女童所建造的積木結構。

10、發展遲緩幼兒的個別化教育計畫（IEP）或個別化家庭服務計畫（IFSP）目標能融入於進行的活動本位課程中，以促進特殊幼兒在融合環境的積木遊戲。

（三）檢視兒童積木遊戲後的進展

鑑衡幼兒在積木遊戲後的成長狀況，教師可以更瞭解積木對幼兒身心發展上的幫助情形。作法如下（Wellhousen & Kieff, 2001, p.146）：

1、評量幼兒的學習

透過積木遊戲，教師可以檢驗幼兒在各項發展能力上的提昇與變化情形，如：評鑑幼兒肢體動作發展上有何進展？檢視幼兒數理邏輯能力，是否因此而更加精進？

2、觀察與紀錄幼兒所學

利用各種觀察方法來記錄積木遊戲影響幼兒學習的變化情形，甚至可以歸納觀察結果，解釋行為在發展上的意義與價值。檔案評量法（Portfolio assessment approach）就是一種藉助永久性作品資料的收集，幫助教師發覺比較幼兒從事積木活動前後的進步評估方法。

肆、福祿貝爾的恩物積木與幼兒教育

幼教之父福祿貝爾（Friedrick Froebel, 1782-1852）乃是第一位將幼兒教育場地命名為幼兒園（Kindergarten）的偉大幼兒教育家。其生平史略與使用積木於幼兒教育的創見事蹟，分述於後：

一、福祿貝爾生平史略（李園會，1997）

福祿貝爾於 1782 年生於德國杜林根森林附近的奧伯威斯巴克（Oberwisbach）偏僻小鎮。母親生完福祿貝爾後 9 個月，即不幸患病去世，排行第 6 的他，從小缺乏大人照顧，而與其 5 位年齡差距較大的兄姊一起長大，年幼時的孤獨，養成日後思考哲學的性格，後來分別在幾個大學從事研究工作，獲得自然與人生的廣泛知識，奠定從事幼教事業的重要基礎。而福氏的父親是一位學識修養俱豐的牧師；所以，從小受父親影響就篤信宗教，他所設計的教具也是神所恩賜的禮物，稱做「恩物（Gifts）」。

福氏的教育工作開始於 1816 年，創設了兼顧自由與規律的「開荷學園」，教育 3 至 18 歲的學生，創立的宗旨是讓兒童在森林中追逐，流汗耕作大地之自然的教育，福氏也應學生的要求，讓學生共同製作積木，奠定日後福氏實踐幼兒教育的基礎。福氏更於 1826 年出版了不朽的教育巨著「人的教育（The Education of Man）」一書，敘述開荷學園的教育內容，

集成了福祿貝爾對教育與哲學的見解。參觀過開荷學園的人士，曾有如此的描述（引自李園惠，1997，頁72）：

> 學生們彼此如同手足一般，快樂的共同生活。大家也自由自在的按照自己的能力工作和遊戲，並在教師輪流指導下共同在一起遊玩。教師和學生打成一片，平等相對待，並遵守遊戲規則，進行各種遊戲。

1836年當福氏54歲時，才覺知要設立教育機構來培育幼兒；直至1840年5月1日，正式將他的幼兒教育機構命名為「幼兒園（Kindergarten）」，幼兒園是「兒童的王國」，充滿和諧、安詳、快樂與活潑的園地（林玉体，2001）。他認為幼兒必須在幼兒園發展他們的本質，如同萬物受到神的恩惠一般，在調和統一（unity）與心靈連結（inner connection）的狀況下，很生動的發展（Wellhousen & Kieff, 2001）。而實施幼兒教育首先必須提供適當的童玩，他專心研究各種玩具的製造，並將其命名為恩物（Gift）與工作活動（occupation），透過神賜的教具，來認識神，以傳遞神的意旨。

二、恩物與積木

（一）恩物基本原理

1835年福氏開始研究適合幼兒操作的教具，直到1850年才逐漸發展完成（臧瑩卓，2004）。他強調感官實物的教學，重視兒童個別差異的需求性，幼兒的感官及身體四肢的活動，都是一種內在自我本質自由發展下的一種表徵，他所創作的恩物不全為積木，其恩物設計的基本原理有三（引自魏美惠，2002，頁38-39）：

1、為使幼兒瞭解神的意旨，引發如神般的創造力；所以，恩物必須順應兒童的本性，使他們能自由的配合活動使用。

2、爾後萌發的遊戲新芽必須包含於先前的遊戲當中，如此幼兒的活動才能連續性的發展而非間隔式的躍進。

3、操作教具時能同時鍛鍊幼兒的各種能力，除了認知之外，情感與意志也要適當的訓練。

　　依照這些原理，使知識的形式、美的形式、生活的形式獲得充分的表現（李園會，1997）。

（二）積木恩物

　　恩物可分為點、線（1度空間）、面（2度空間）、體（3度空間）等4領域，共有10種恩物，適合用於提昇幾何學、算術、對稱、轉換、組合與邏輯等數學觀念（Leeb-Lundberg, 1972）。而第二至第六種恩物為積木的形式，屬於3度空間—「體」的領域（李園會，1997）；Bultman（1997）提出積木恩物有生活（Forms of Life）、知識（Forms of Knowledge）、美（Forms of Beauty）等型式，詳如表五（引自 Wellhousen & Kieff, 2001, p.8）。

伍、蒙特梭利的積木教具與幼兒教育

　　著名的義大利籍幼兒教育家蒙特梭利（Maria Montessori, 1870-1952），致力幼兒教育系統的建立，她設計了很多的教具運用於課程之中，亦將積木操作的作法，帶進教室教學。以下針對她的生平史略與鑲入積木於教學之中的主張，分述於後：

表五：積木恩物的型式說明表

恩物	實體	生活的形式	知識的形式	美的形式
第二種	直徑 6 公分的木製圓球及圓柱體和立方體 3 種。	自由的以積木或木箱操作，描述所建造的型式。	形狀的名稱、分類、計數、概念：上／下、在……之上／在……之下。	利用在棒子上的旋轉，創造型式與圖案。
第三種	由8個每邊長3公分的木製立方體所組成，又稱第一積木。	利用積木呈現熟悉的物體，並創造建構物體的故事。	分類、計數、算術、分數、字彙。	使用對稱、平衡和比例，在立方體的方格上創造圖案。
第四種	由 8 個木製磚形長方體所組成，又稱第二積木。	使用積木作成圍牆、籬笆、桌椅，當這些材料以言語來介紹時，積木就變成了磚塊、磁磚、階梯。	分數、比例、概念：垂直、水平、寬、長、高……等。	創造對稱與非對稱圖案。
第五種	將每邊長 9 公分的木製立方體分解成 27 個每邊公分的小立方體，其中3個沿對角線切割成二等分，另3個沿兩對角線切割成四等分。	建構的作品呈現，會與相關的故事、建築物和熟悉的結構連結。	名詞，如：角、三角形、對角線、長方形角柱、大小／形狀差異、三立方體、畢氏定理。	藉由修正結構而非毀壞或重建地，形成複雜的樣式和對稱。
第六種	由 27 個磚形木製長方體所組成，可以組合成每邊 6 公分的立方體，其中有3個是沿直線的方向切割為二等分，其他6個是沿橫的方向切割為二等分。	運用新的尺寸、形狀，作為建造的型式。	分數、面積與體積、進位法、比例。	利用平衡、單一性、向心力，形成對稱的圖案。

資料來源：引自 Wellhousen, K., & Kieff, J. (2001). A constructivist approach to block play in early childhood (pp. 8). Albany, NY: Delmar, Thomson Learning, Inc.

一、蒙特梭利生平史略

　　蒙特梭利生於義大利，出身知書達禮之家，非下層階級，從小資賦優異，數學成績超群，幼小時立志不當教師；惟，日後反倒成為聞名國際的幼兒教育家（林玉体，2001）。

　　蒙特梭利是第一位獲頒醫學博士的女性，因為醫學工作接觸的關係，開始時研究智能障礙兒童的疾病問題，後來將興趣轉移到他們的教育上。她非常有名的看法認為：智障並非是醫學上的問題，而是教育的問題，並於 1907 年創設「兒童之家（Children's House）」，為特殊兒童教育提供了一個「實驗室」，發展教材、設計教具、教學方法，不但開啟了幼兒特殊教育的先河，也將成效卓著的實驗教育結果，移植到一般幼兒教育，當時雖招致如杜威（John Dewey, 1859-1952）與克伯屈（William Heard Kilpatrick, 1871-1965）……等教育大哲的批評，認為蒙氏的教學方法只適合特殊兒童，並不適用於幼兒（李德高，1997；林玉体，1991）；然，其作法仍為後來的幼兒教育工作者所認同，樹立良好的幼教典範，她終其一生戮力於教育工作，對於幼兒教育的貢獻，居功至偉（黃世鈺，1993；林佩蓉、陳淑琦，2003；周欣，1994）。

二、蒙特梭利積木式教具

　　蒙氏認為她的教具是為了幫助兒童發展自我的內在（inner self）而設計的，特重感官教具，共有三款的積木式教具，她的鉅著「發現兒童（The Discovery of the Child）」將其歸類在視覺與聽覺辨識領域中（Montessori, 1967）。其感官積木式教具說明，詳如下表六：

表六：蒙特梭利積木式教具說明表

積木	功能	實體	說明
粉紅塔	大小	這些立方體的每一邊由10公分遞減到 1 公分，顏色是粉紅色的，體積由最大到最小。	將最大的立方體先放在地毯上，然後逐漸塔他們向塔一樣堆跌起來，幼兒可將他取下後，再建造起來。
棕色梯	寬窄	這些長方體柱每個都是20公分長，但他們邊上的正方形最大每邊10公分，逐漸減少到最小的每邊1公分。	可以在地毯上練習，將一組棕色的長方體柱放在一起，由最粗的長方體柱依序排列到最細的，就像一個樓梯般。
長棒	長短	長棒有一正方形的面，每邊為2公分，漆上紅色，每根長度相差10公分，最長的為1公尺，最短的為10公分。	幼兒必須用全身的動作拿取，他們必須走動搬運這些長棒，然後依序將他們並排在一起，看起來像風琴的管子。孩子事先已經在地上鋪好足夠擺放教具的地毯；之後，他們將風琴組合起來，拆開來，將他們混合在一起，然後再重新開始。可隨時依照興趣重複操作。

資料來源：吳玥玢、吳京譯（2001）：發現兒童（pp.223-224）。台北市：及幼文化。

陸、普拉特的單位積木與幼兒教育

無論是福祿貝爾或蒙特梭利，他們仍偏向以成人為主導的積木操作模式，直到普拉特（Caroline Pratt, 1867-1954）女士的出現，才有所改觀（臧瑩卓，2004）。

一、普拉特生平史略

普拉特於 1867 年生於美國上紐約州的偏遠鄉鎮法耶特維理（Fayetteville），她的童年物質生活仍然相當的原始，當時的教育亦不嚴格講究，師資並不需特別的要求與訓練；所以，他 16 歲一個暑假期間就

當起保育園所的老師了。不久後，進入法耶特維理高中，隨後又在一所國小獲得教職，教了 5 年書。1892 年拿到了獎學金，進入紐約師範學院（Teachers College）與後來賓州大學（University of Pennsylvania）就讀，接受教育相關訓練，從此她開始尋找兒童教育的意義，並與傳統教學方法對抗（Pratt, 1948; Winsor, 1996）。

她接受過瑞典手工藝體系的手藝訓練，很快的從中覺醒認為，木工（woodworking）與雕刻可以作為教育幼兒很好的方式；正當十九與二十世紀交替的年代，普氏回到紐約居住與工作，藉由觀察以前她所教過兒童的行為，開始了發展個人的教育哲學時期。她認為教師應該提供豐富的遊戲內容給兒童，所以參考另外一位教育家史密斯（Patty Hill Smith, 1868-1946）所發明的木製積木後，更加想要自製更具彈性及變化，而且能促使幼兒經驗重現的教具，於是發明了單位積木（Unit Block）。當她第一次使用積木於教學時曾有如此的敘述：

> 有我已經做好的積木，和自己設計完成的玩具；也有蠟筆、紙、黏土……我知道該如何使其既容易又誘人，然後我就站在旁邊，讓他們搜尋他們自己所需要的東西（引自 Winsor, 1996, p.4）。

普氏於 1913 年在紐約創立了一所遊戲學校—城市暨鄉村學校（The City and Country School），作為遊戲教學的實驗場所（Pratt, 1924）。她曾看著一位 6 歲的孩子，專心的在積木遊戲中自我創造，令他難以忘懷，更加堅定推展積木用作教學的動機（引自陳鳳娟，2001，頁 58）：

> 孩子在地板上玩著，純粹用積木和從垃圾桶撿來的剩餘紙箱做廢物利用，建立一座完整的鐵道系統，這景象教導了我，推動孩子們玩耍的原動力，其實就是一種工作的原動力（Pratt, 1948, p. 10）。

表七：單位積木組表

名稱	大小	名稱	大小
一單位 （Units）	$1\frac{3}{8}$ 吋 * $2\frac{3}{4}$ 吋 * $5\frac{1}{2}$ 吋	半單位 （Half units）	$1\frac{3}{8}$ 吋 * $2\frac{3}{4}$ 吋 * $2\frac{3}{4}$ 吋
二單位 （Double units）	$1\frac{3}{8}$ 吋 * $2\frac{3}{4}$ 吋 * 11 吋	四單位 （Quadruple units）	$1\frac{3}{8}$ 吋 * $2\frac{3}{4}$ 吋 * 22 吋
方柱體 （Pillars）	$1\frac{3}{8}$ 吋 * $1\frac{3}{8}$ 吋 * $5\frac{1}{2}$ 吋	三角形 （Triangles）	$1\frac{3}{8}$ 吋 * $2\frac{3}{4}$ 吋 * $2\frac{3}{4}$ 吋
三角形 （Triangles）	$1\frac{3}{8}$ 吋 * $2\frac{3}{4}$ 吋 * $5\frac{1}{2}$ 吋	彎曲 （Curves）	$1\frac{3}{8}$ 吋 * $2\frac{3}{4}$ 吋 * 約 10 吋
轉接 （Switches）	$1\frac{3}{8}$ 吋 * $2\frac{3}{4}$ 吋 * 約 13 吋	圓柱體 （Cylinders）	$1\frac{3}{8}$ 吋直徑 * $5\frac{1}{2}$ 吋長
圓柱體 （Cylinders）	$2\frac{3}{4}$ 吋直徑 * $5\frac{1}{2}$ 吋長	立方體 （Cubes）	1 吋 * 1 吋 * 1 吋（原色）

資料來源：Provenzo, E. F., & Brett, A. (1983). The complete block book (pp. 113). Syracuse, NY: Syracuse University Press.

二、普拉特的單位積木

普氏的單位積木是用平滑的原木所製成，表面上不雕刻也不上色；所謂一單位為長 5 又 1/2 吋、寬 3 又 3/4 吋與高 1 又 3/8 吋的積木，其餘還有半單位、二單位和四單位，也有彎曲的、拱形的、斜面的、三角形、方柱體、圓柱體和轉接器，這些積木的功能是多元的，要幫忙孩子在遊戲中探究數學、幾何、科學、社會學研究（social studies）……等課題（Church & Miller, 1990; Dodge & Colker, 1992）。在她的自傳「我從孩子身上所學到的（I Learn from Children）」中回憶（引自陳鳳娟，2001，頁 58）：

在我所見過給孩子們的材料……希爾的這些積木似乎最適合孩子們。簡單的幾何圖形對孩子而言，可以變化很多東西：可以是一

輛卡車、一艘船或火車的車廂。他可以建造建築物，從穀倉到摩天樓。我彷彿可見孩子們在我尚　未誕生的學校裡，用積木建造了一整個社區（Pratt, 1948, p. 29）。

可以說直到現在，普拉特所設計的積木，仍為幼兒園所廣泛使用（Wellhousen & Kieff, 2001；陳鳳娟，2001）；有趣的是，超過 150 年以來積木使用的歷史，儘管累積了製造的技術，但是單位積木仍然是教師用來教導兒童數學、語彙與其他技能，最有用與最有價值的設備（MacDonald, 2001）。普氏的單位積木組為表七所示：

柒、結論

積木遊戲的發展與幼兒教育的歷史密不可分；可以說，幼兒教育的演變史，就是積木的發展史。幼教發展百年多以來，為何積木遊戲仍然存在於幼兒園所，屹立不搖、不被取代？從福祿貝爾、蒙特梭利到普拉特，這幾位幼兒教育的大思想家與實踐者，莫不深覺積木遊戲對於幼兒教育的地位與利用價值的重要；不但，在肢體動作、認知學習、社會技能、情緒發展、藝術創造……等領域有非常優越的提昇功能，在這資訊時代的來臨，仍然能夠突破重圍，與電腦科技結合，發展出來更加利於幼兒教育的時代科技產品，代表積木的不朽特質，不因製作材質的更替而改變，其將留芳百世造福人類，創造更優質的下一代。

參考文獻

英文文獻：

Apelman, M. (1996). Stages of block building. In E. S. Hirsch (1996). The block book (pp. 142-148). Washington, D.C.: National Association for the Education of Young Children.

Biber, B. (1959). Premature structuring as a deterrent to creativity. American Journal of Orthopsychiatry, 29(2), p. 280-290.

Booth, E., & Miller, K. (1990). Learning through play blocks—a practical guide for teaching young children. New York: Scholastic Inc.

Brody, C., & Hirsch, E. S. (1996). Social studies through block building. In E. S. Hirsch, The block book (pp. 61-74). Washington, D.C.: National Association for the Education of Young Children.

Cartwright, S. (1988). Play can be the building blocks of learning. Young Children, 43(5), p. 44-47.

Cartwright, S. (1990). Learning with large blocks. Young Children, 45(3), p. 38-41.

Cartwright, S. (1995). Block play: Experiences in cooperative learning and living. Child Care Information Exchange, May, p. 39-41.

Church, E. B., & Miller, K. (1990). Learning through play blocks: A practical guide for teaching young children. Broadway, New York: Scholastic Inc.

Cuffaro, H. K. (1995). Block building: Opportunities for learning. Child Care Information Exchange, May, p. 36-38.

Dodge, D. T. (1979). Blocks: A creative curriculum for early childhood. Washington, DC: Creative Associates, Inc.

Dodge, D. T., & Colker, L. J. (1992). The creative curriculum for early childhood. Washington, DC: Teaching Strategies, Inc.

Farrell. M. (1957). Sex differences in block play in the early childhood. Journal of Educational Research, 51, p. 281-284.

Forman, G. E., & Hill, F. (1984). Constructive play–Applying Piaget in the Preschool. Reading, Massachusetts: Addison-Wesley Publishing Company.

Garvey, C. (1990). Play. Cambridge, Massachusetts: Harvard University Press.

Gehlbach, R. D. (1991). Play, Piaget, and creativity: The promise of design. Journal of Creative Behavior, 25(2), p. 137-144.

Gelfer, J. I., & Perkins, P. G. (1988). Using blocks to build art concepts: A new look at an old friend. Early Child Development and Care, 30, p. 59-69.

Guanella, F. M. (1934). Blockbuilding activities of young children. Archives of Psychology, 174, p. 1-92.

Hirsch, E. S. (1975). Transition periods: Stumbling blocks of education. New York: Early Childhood Education Council of New York City.

Hirsch, E. S. (1996). The block book. Washington, D.C.: National Association for the Education of Young Children.

Hirsch, E. S. (1996). Block building: Practical considerations for the classroom teacher. In E. S. Hirsch, The block book (pp. 117-132). Washington, D.C.: National Association for the Education of Young Children.

Hulson, E. L., & Reich, H. L. (1931). Blocks and the four-year-old. Childhood Education, 8, p. 66-68.

Isbell, R.T., & Raines S. C. (1991). Young children's oral language production in three types of play centers. Journal of Research in Childhood Education, 5(2), p. 140-146.

Johnson, H. M. (1966). The art of block building. In E. S. Hirsch (1996). The block book (pp. 9-26). Washington, D.C.: National Association for the Education of Young Children.

Karges-Bone, L. (1991). Blocks are not (circle all): Messy, expensive, difficult: Every child deserves time to play with blocks. Dimensions, 20(1), p. 5-8.

Kinsmans, C. A., & Berk, L. E. (1979). Joining the block and housekeeping areas: Changes in play and social behavior. Young Children, 35(1), p. 66-75.

Leeb-Lundberg, K. (1970). Kindergarten mathematics laboratory. The Arithmetic Teacher, 17 (5), p. 372-386.

Leeb-Lundberg, K. (1972). Friedrich Froebel's mathematics for the kindergarten: Philosophy, program, and implementation in the United States. Ph.D. dissertation, New York University.

Leeb-Lundberg, K. (1996). The block builder mathematician. In E. S. Hirsch, The block book (pp. 35-60). Washington, D.C.: National Association for the Education of Young Children.

MacDonald, S. (2001). Block play—the complete guide to learning and playing with blocks. Beltsville, MD: Gryphon House, Inc.

Moffitt, M. W. (1996). Children learn about science through block building. In E. S. Hirsch, The block book (pp. 27-34). Washington, D.C.: National Association for the Education of Young Children.

Montessori, M. (1967). The discovery of the child. New York: Ballantine Books.

Nicolopoulou, A. (1991). Constructive play: a window into the mind of the preschooler. In B. Scales, M. Almy, A. Nicolopoulou, & S. Ervin-Tripp (Ed.), Play and the social context of development in early care and education (pp. 173-191). New York: Teachers College Press.

Pratt, C. (1924). Experimental practice in the city and country school. New York: E. P. Dutton & Company.

Pratt, C. (1948). I learn from children. New York: Simon and Schuster.

Pratt, C., & Stanton, J. (1926). Before books. New York: Adelphi Company.

Provenzo, E. F., & Brett, A. (1983). The complete block book. Syracuse, NY: Syracuse University Press.

Reifel, S. (1982). The structure and content of early representational play: The case of building blocks. In S. Hill, & B. J. Barnes (Ed.), Young children and their family (pp. 171-190). Lexington, MS: D. C. Health and Company.

Reifel, S., & Greenfield, P. M. (1982). Structural development in a symbolic medium: The representational use of block constructions. In G. E. Forman, Action and thought–from sensorimotor schemes to symbolic operations (pp. 203-233). New York: Academic Press, Inc.

Reifel, S. (1983). Take a closer look at block play. Texas Child Care Quarterly, 7(1), p.10-14.

Reifel, S., & Greenfield, P. M. (1983). Part-whole relations: Some structural features of children's representational block play. Child Care Quarterly, 12(1), p. 144-151.

Reifel, S. (1984a). Block construction: Children's developmental landmarks in representation of space. Young Children, 40(1), p. 61-67.

Reifel, S. (1984b). Symbolic representation at two ages: Block building of a story. Discourse Processes, 7, p. 11-20.

Reifel, S., & Yeatman, J. (1991). Action, talk, and thought in block play. In B. Scales, M. Almy, A. Nicolopoulou, & S. Ervin-Tripp (Ed.), Play and the social context of development in early care and education (pp. 156-172). New York: Teachers College Press.

Reifel, S. (1995). Enriching the possibilities of block play. Child Care Information Exchange, May, p. 48-50.

Rogers, D. L. (1987). Fostering social development through block play. Day Care and Early Education, Spring.

Sandal, S. R., & Schwartz, I. S. (2002). Building blocks for teaching preschoolers with special needs. Baltimore, MD: Paul H. Brookes Publishing Co.

Singer, R. (1988). Estimation and counting in the block corner. Arithmetic Teacher, 35(5), p. 10-14.

Starks, E. B. (1960). Blockbuilding. Washington, D.C.: Department of Kindergarten-Primary Education, NEA.

Stephens, K. (1991). Block adventures: Building creativity and concepts through block play. Bridgeport, CT: First Teacher, Inc.

Stephens, K. (1995). On the floor with kids: Teachers as block play partners. Child Care Information Exchange, May, p. 51-53.

Stritzel, K. (1995). Block play is for all children. Child Care Information Exchange, May, p. 42-47.

Varma, M. (1980). Sex stereotyping and block play of preschool children. Indian Educational Review, July, p. 32-37.

Wassermann, S. (1992). Serious play in the classroom. Childhood Education, 68(3), p. 133-138.

Wellhousen, K., & Kieff, J. (2001). A constructivist approach to block play in early childhood. Albany, NY: Delmar, Thomson Learning, Inc.

Winsor, C. B. (1996). Blocks as a material for learning through play. In E. S. Hirsch, The block book (pp. 1-8). Washington, D.C.: National Association for the Education of Young Children.

中文文獻：

李園會（1997）：幼兒教育之父：福祿貝爾。台北市：心理。

李德高（1997）：蒙特梭利教材教法。台北縣：啟英文化。

吳玥玢、吳京譯（2001）：發現兒童。台北市：及幼文化。

林佩蓉、陳淑琦（2003）：幼兒教育。台北縣：空大。

林玉体（1991）：西洋教育史。台北市：文景。

林玉体（2001）：幼兒教育史。台北市：五南。

周欣譯（1994）：蒙特梭利教學法。台北市：桂冠。

陳鳳娟譯（2001）：學齡前兒童的適切實作。台北市：桂冠。

傅任敢譯（1990）：教育漫畫。台北市：五南。

黃世鈺（1993）：特殊幼兒教育的展望。屏東師院學報，6，頁194-223。

黃瑞琴（2001）：幼兒遊戲課程。台北市：心理。

廖信達（2004）：幼兒遊戲。永和市：群英。

謝臥龍編（2004）：質性研究。台北市：心理。

臧瑩卓（2004）：幼兒學習環境——理論與實務。永和市：群英。

學前教育雜誌社編（1995）：玩具與幼兒。台北市：信誼基金。

魏美惠（2002）：近代幼兒教育思潮。台北市：心理。

積木遊戲在教學上的應用

蔡銘津
（樹德科技大學師資培育中心教授）

一、前言

　　「從遊戲中學習」是當今學前教育的主要方向，而積木可說是達成這個目標的最佳工具之一。積木的魅力在於它的「開放」特質！你怎麼堆、怎麼排都好；變化無窮，深具挑戰性，能予人莫大的成就感。而積木可以還原、再創造的特質，更是符合幼兒的發展需求：喜歡不斷重覆做同一件事情；做了拆、拆了再做。因此，就如同沙水一樣，積木也是幼兒最喜歡的「原始型」玩具之一！（戴文青，民88）

　　但不知是否由於積木太常見了，或大人自以為是的認為幼兒會較喜歡電腦、芭比娃娃等流行玩具，而忽略了積木在幼兒發展上所扮演的重要角色。甚至在幼稚園所裡也常會見到下列這些「情景」：1.積木櫃裡亂成一團，或閒置於狹小的角落或桌椅旁，如同廢棄物般。2.老師視玩積木為「自由活動」，當幼兒在玩時，全不理睬。或認為積木是一種「危險」的東西，怕孩子亂丟、亂敲，而限制幼兒接觸積木的機會。3.一個三歲的孩子，正不斷重覆堆疊積木或排長條時，老師以為他不會玩積木而打斷他的動作，想教其蓋房子。或當孩子搭完一個精采作品，得意之餘，推倒想再重蓋（再體驗那種成就感），但這行為卻被老師視為一種破壞，製造噪音，而加以訓斥！這些因不了解積木的教育價值或幼兒身心發展特質而產生的錯誤

教師行為，其剝奪幼兒練習機會的程度及在幼兒內心所造成的挫敗感，恐怕不是用言語可形容的。（戴文青，民 88）

積木遊戲是希望透過遊戲方式，讓幼兒體會到堆立物品的樂趣，學習到如何花心思去表現自己、以及對數量與圖形產生興趣，進而發揮豐富的想像力，並在個人與社會生活中養成良好的習慣與態度（王真瑤譯，民 86）。我們要讓幼兒玩積木，首先要先確定自己對積木的認識，瞭解積木對孩子成長的影響，才能著手去從事積木角的安排和佈置（陳竹華譯、民 75）。

二、積木的大小、形狀、材質與附屬品

（一）積木的大小

積木有各式各樣的大小、形狀與材質。依照積木大小的不同，可以大致分為二種：一種是小型積木，幼兒可以自行排列或堆高；另一種是大型積木，可以由好幾個幼兒一起玩的而且，幼兒可以爬到積木上面，或是鑽到堆好的積木裡頭玩耍。

小型正立方體積木的邊長可以分為 3 公分、5.5 公分、6.8 公分三種。其正式的名稱是小型地板積木、中型地板積木、大型地板積木。尺寸由小到大，分別適用於二歲、三歲、四歲的幼兒。

大型正立方體積木的邊長，則可分為 15 公分、22 公分、30 公分三種。其正式的名稱是小型箱積木、中型箱積木、大型箱積木。尺寸由小到大，分別適用於三歲、四歲、五歲的幼兒。（王真瑤譯，民 86）

（二）積木的形狀

標準的箱型積木的形狀，有最基本的立方體積木，以及體積為其一半的三角體積木（等邊直角三角形）和二分之一立方體積木（正方形短柱），

另外，還有體積是立方體積木兩倍的二倍立方體積木（正方形長柱）、二倍立方體積木體積一半的長方體積木、長方體積木體積兩倍的二倍長，方體積木、和相當於二倍長方體積木的一個面的板塊積木。而這些積木，可以經由組合，而拼出更大型的積木。

除此之外，還有和中型箱積木差不多大小的三倍長方體、圓柱、半圓柱、四角椎體的積木。

至於地板積木的標準形狀，則和箱型積木差不多，有正立方體、二分之一立方體、三角體、二倍立方體、長方體（二倍立方體的一半）、二倍長方體等積木。

另外，也有球形、半球形、圓柱、半圓柱、四角椎體等積木。。而圓柱積木，除了標準的圓柱體之外，還包括高度為其兩倍、三倍、四倍的圓柱體。而所謂的三角體積木，包括有以正三角形為面的正三角體積木，也有如圖所示，由長方體平面上的兩條對角線所分割而成的三角體積木，以及將兩倍長方體積木分割成一半的棒狀正四角柱積木。（王真瑤譯，民 86）

（三）積木的材質

積木的材質，以木製最為普遍，市面上則出現了以保麗龍、塑膠、軟木所做成的積木。在木製的積木中，有像地板積木，用木材去裁成特定的形狀，也有像箱型積木那樣，是利用板子來組合出特定的形狀，所以通常是中空的，表面上看起來很大，實際上卻是沒什麼重量的。（王真瑤譯，民 86）

（四）積木的附屬品

您要孩子在玩積木時發揮他們的想像力嗎？那麼您就必須在積木區放置一些附屬品，以便輔佐戶外教學和其他學習區的主題，藉以是升創造力。您要孩子用積木把戶外教學的情形、所聽到的故事或外面專家的來訪

表達出來嗎？那麼您就必須在本區放一些特別的附屬品以提這種假想情況。表一列舉了具目錄表上和店裡普遍可以買到的一些小玩具，孩子們喜歡配合積木一起玩。它們有的事精雕細琢的木製、塑膠製或壓模鑄的金屬製品，有顯示膚色和外貌特微的各民族的人偶等。（貝爾悌，民 88）

表一：積木的附屬品

人物組	動物組
家庭成員	農場動物
社區幫忙者	森林動物
兒童;嬰兒	動物園動物
各民族族人	恐龍
殘障人士	海洋生物
建築工人	致命生物
醫院職員和病人	交通工具組
消防隊員	汽車
園藝花匠	卡車
騎馬西部人	牽引車
小丑	建築交通工具
機場人員	急救交通工具
清潔隊	飛機
農場人員	船
其他附屬品	交通標誌
娃娃屋家具	
小型的吃喝用具與炊具	
超級市場的供應品	

三、一般老師對積木的不同看法

（一）有些老師不喜歡積木的原因有：

1、玩積木太吵鬧，聲音太大。

2、幼兒不喜歡收拾積木。

3、積木佔了太多的貯存空間。

4、玩積木時所需要的空間太大。

5、積木可能會帶來危險─幼兒也許會因丟積木傷到別人，或被倒塌的積木高塔弄傷。

6、幼兒會把積木當槍使用。

7、幼兒喜歡把積木拿去當扮家家食物。（陳竹華譯、民 75）

（二）有些老師把積木遊戲視為重要學習活動，理由是：

1、幼兒從中學到數概念，例如重量、平衡和計量等概念。

2、幼兒學到不同的幾何形狀。

3、幼兒學到新的詞彙。

4、積木活動幫助大肌肉和小肌肉發展。

5、幼兒從中可以略為瞭解建物是如何搭建的。（陳竹華譯、民 75）

四、幼兒眼中的積木

幼兒們很喜歡排列、堆積、組合身邊的一些東西。這些東西有可能是小石頭、空盒子或是木片。但由於積木的形狀固定，容易組合，故目前乃是一種最能滿足幼兒遊戲需求的玩具。

因為幼兒能夠照自己的意思去堆積、排列，甚至破壞積木，所以他們的遊戲世界才能藉著積木自由地發展。透過積木遊戲，幼兒可以得到許多經驗，在此，我們就針對一些重要經驗，進行介紹：（王真瑤譯，民 86）

（一）滿足組合的慾望

　　即使是一塊積木，幼兒也會為了實現自己的想法，而將它想像成某種東西來玩。剛開始，也許只是嘴裡喊著：「火箭來了」，手裡拿著積木，高興得到處亂跑，但過沒多久，他就能夠隨心所欲地堆積、、排列自己心目中的東西了。高樓、太空船等，原本都是幼兒最羨慕的東西，現在只要用積木，就可以做了，對於幼兒來說，雖然搭建立體物並不容易，但是撇開這個不說，光是組合或排列積木，就能做出各種立體物了。此外，再加上積木有容易倒塌、方便修改的特性，使幼兒能享受隨心組合積木的樂趣。

　　透過這些遊戲，幼兒除會發現到積木的形狀特徵，並體會到組合積木或作品完成時的樂趣，以及因實現願望而感到的滿足。

（二）心理上的解放

　　幼兒常幻想，也常常在編織自己的夢。他們可以利用積木自由地發揮，或是將堆好的積木想像成某種東西，以表達自己的內在想法。例如小明利用箱型積木堆成好幾層的四方型，並在最上端排上木板以當做蓋子。他在裡面放了一個洋娃娃，嘴裡喃喃說著：「你今天必須要看家，不能出門，乖乖地等我回來喔！」我們問小明，才知道原來被放在房子裡的小娃娃是小國的弟弟，由於前一天弟弟去看病時，小明曾被留下來看家。所以小國為了想撫平自己的寂寞，而利用積木的遊戲，將弟弟關在房子裡看家。

　　小安則是在搭很高的樓房，他發出很大的聲響，然後，將之推倒。他反覆地在做這些動作，顯得非常滿足。透過組合與破壞積木，幼兒的心理可以得到解放，並得以重新出發。因此，積木可以說是一種很易於表達心理的玩具之一。

（三）在幻想的世界裡玩耍

小廣坐在由箱型積木所圍成的一個四方體裡，他的手腕戴著一個油畫圖紙所做成的收信器。有時候，他會將手腕貼近嘴邊，口裡唸唸有詞，然後會忽然站起來，將兩手伸直，開始跑來跑去。跑完一圈回來之後，便開始將積木堆高，並躲到積木的隱密處。觀察他的動作，可以發現小廣自己一個人利用積木在玩超人遊戲。

小美和小麗利用積木搭橋。兩個孩子很小心、很快樂地在過橋，據小美說，橋下是海，海裡有沙魚，小麗還叫著：「趁沙魚不在，趕快坐船離開。」由此可知，由積木所組合而成的東西，已成為一個能讓幼兒自由發揮想像的舞台。

（四）建立朋友關係

小織和其他四個朋友一起搭建了一個房子。他們用大型箱積木蓋外圍，再搬一些椅子和錄音機到裡面玩。房子被隔成幾個小小的單位，有浴室、床等。連續好幾天，小織他們都蓋一樣的房子，做同樣的遊戲。在附近玩耍的裕子和代子也圍出一個小小的空間，並在裡面看故事書。小織提議用板子將兩間房子連接起來，讓兩邊的孩子能夠經由這條走廊，來來去去。

能夠在同一個積木所圍成的空間裡玩，代表著兩方的孩子都已經把對方當成自己的朋友了。如果能一起做一樣東西，或是在同一個地方玩耍，都會比較容易建立朋友的關係。在使用積木的各種活動中，很容易讓幼兒意識到人際關係的存在。

五、幼兒在積木遊戲上的發展

（一）以開始接觸積木的階段來分

　　幼兒接觸積木，大致上可以分為三個階段：1.探索的階段、2.有意圖的階段、3.以達成遊戲為目的的階段。另外，個人玩積木與跟朋友一起玩積木的方式其實是不同的，而且，隨著年齡的不同，在玩法上也不一樣。

　　以比較常玩的地板積木或小型箱積木來說，幼兒會很快地從探索的階段、有意圖階段過渡到有目的的階段。但是，對必須和朋友一起玩的中型或大型箱積木來說，就算幼兒過去玩地板積木或小型箱積木時，已經達到了目的階段，但如果這次沒有志同道合的朋友，恐怕就無法和朋友一起達到最後的目的。此外，如果單獨一個人玩地板積木的話，那麼，孩子的年齡越小，在探索的階段所需的時間也就會越久。總之，要用何種積木？其數量多寡？堆在何處？玩積木時的自由度？以及和朋友的情感基礎培養的如何？這些因素，都會改變幼兒與積木的關係。（王真瑤譯，民86）

1、探索的階段

　　所謂探索的階段，是指幼兒藉著摸積木、敲積木、抬積木、移動積木、改變積木的方向、組合積木、排積木、堆積木等活動，而不斷地嘗試錯誤，最後，終於能夠透過這種好玩的探索，而瞭解到積木是什麼。也就是說，透過各種嘗試，而讓幼兒了解到積木的階段。探索階段的特徵，就是幼兒在接觸各種積木的同時，會去想像堆出來的形狀或是幫堆好的東西取名字。雖然在堆高地板積木的過程中，孩子會既緊張又期待地想著：「什麼時候會倒下來？」但是，最後孩子還是把高高的積木看成是東京鐵塔、或是一座山。在排成長長一列的箱型積木上，孩子會在上面邊走邊玩，有的幼兒會把它當成是一條路，有的會把它當成是一座橋。如果，有人在長長的一列積木上面，擺了一塊直立的積木，這會刺激幼兒，開始去堆一些積

木在這塊直立積木的兩邊，等到階梯形成了，孩子可能會把他看成是一座山，爬到山頂坐下來玩，但過不了多久，他們又會把它看成是一架飛機了。

2、有意圖的階段

所謂有意圖的階段，是指幼兒在探索過積木之後，會有「這麼做會有這樣的結果」、「在這種情況之下該這麼做」等想法，所以，在這個階段，他們會用他們所知道的去堆積木。例如，如果知道把兩塊三角體積木合在一起，就會變成一塊正立方體積木，那麼，孩子就能利用這些積木去玩組合遊戲。另外，如果知道把大塊積木放在一起堆起來的小積木上，積木就容易倒塌，那麼，孩子在堆積木時就會先從大塊積木開始。當幼兒了解到積木的堆法時，就能利用這些特徵，去達成目的。

所以說，到了這個階段，幼兒在堆積木時，並不是隨手亂放，等錯了再改，而是有意圖地認為：「這個地方要堆這塊才行。」也因此，其效率自然會隨之提高，例如：在玩家家酒時，孩子就會依照預想的藍圖去構思：「這樣擺的話，就能有一個玄關了」、「把這塊積木排進去，就能做成浴室」等，亦即他們會先預想要做什麼，然後再去組合。

在這個階段，他們只能做到片段，還無法掌握到全部。也就是說，他們雖然已經能夠預想出一部份了，但仍無法串連起來，因此，整體來說，探索的部份仍然居多。

3、以達成遊戲為目的階段

以達成遊戲目的的階段，乃是指幼兒已經能從推測「這麼做會有這樣的結果」、「在這種情況之下該這麼做」的有意圖階段，進步到能拉長推測，一邊想著：「下一步要這樣做」、「接著要那樣做」，一邊組合積木。所以說，在這個階段，他們已經有了「想做這樣的東西」、「能不能做成這樣的東西」等以組合為目的的想法了。在透過以往的堆積木經驗來實現目的時，孩子會知道，要選哪一塊積木，要用什麼方法？以及多少塊？什

麼形狀等。因此，即使以往會拒絕將積木借給其他的幼兒，但到後來，他們都會將自己用不到的積木轉讓給別的小孩。（王真瑤譯，民86）

　　此外，到了這個階段，他們也已經了解到，積木若沒有堆好，就會倒塌，所以幼兒在擺放每一塊積木時，都會留意位置，和考慮整體的穩定性與安全性。這是因為他們已經能預想出積木完成品的形狀，才能從容不迫地組合積木。

　　在這個階段，孩子會先對積木的輪廓和特徵有一個大概的想法，然後才加以組合，最後再花一點精神去處理細部。也就是說，他們是先有「想要做這個」的意圖，再以想像力做為基礎，經由探索、及有意圖的行動，完成了有整體性的作品；或是和此完全相反，他們是藉由探索後的結果在啟發想像力，然後再有意圖地去組合其他部份。因此，在組合積木的過程中，也有一些幼兒正在探索，或處在有意圖的階段，亦即幼兒所處的階段常常參差不齊。不過，只要經常和固定的玩伴反覆進行組合遊戲，久而久之，他們就會對達成組合遊戲產生共識，故可以和玩伴朝著共同的目的使用積木。換句話說，如果堆積木是他們的遊戲目的，那麼，它的前提就是，孩子們必須先懂得和朋友朝共同的目標群策群力。（王真瑤譯，民86）

（二）以操作本身的發展來分

　　有的學者（陳竹華譯，民75）以操作本身而言，認為有下列四個階段：

1、帶著積木走來走去

　　比較小的幼兒常常花上好幾天的時間，帶著積木走來走去，不搭也不排。他們是在學習積木的特性，例如積木有多重、摸起來像什麼、一次可以抱幾塊等等。

2、把積木堆成高塔狀或排列成條狀

幼兒在一起先搭積木時喜歡重複地把積木一塊一塊地疊起來，或是平鋪在地上，有時候也把這兩種方式結合起來。他們做的塔通常都不四平八穩的；平鋪在地上的積木有時候根本彼此不相連接。他們就是在堆堆疊疊的過程中，知道了積木有大小之分，還有各種不同的形狀。

3、連接積木的新方式

三、四歲的幼兒在熟悉積木的基本特性後，通常會利用積木搭建木的時候，同時也是在「發現」和「解決」問題了。一般來說，您也許會看到下列幾種搭建型式：

(1) 圍堵式—把積木排在一起，圍出一個空間。一開始幼兒會對這種圍堵式的搭建，本身就是一件能使幼兒感到滿足的經驗。

(2) 搭橋—放好兩塊積木，中間留下一些間隔，再拿另外一塊積木架上去，連接原來的兩塊。

(3) 對稱和各式各樣的圖案型式，總是很能吸引幼兒的注意力。他們用幾塊積木搭出一個花樣後，只要還有積木可用，他們會重複搭相同的花樣，而且樂此不疲。

4、給作品取名字或賦予象徵性意義

當幼兒比較有經驗後（大約四歲到六歲），就開始給自己的作品取名字，比如說：公寓、動物園。然後，他會用這個小小的建築物來玩扮家家。

（三）以遊戲的方式來分

王真瑤譯（民 86）以遊戲的方式來分，其看法包括：

1、往上堆高，再加以破壞。

幼兒在很小的時候，就有接觸積木的經驗。三、四歲或是剛進幼兒園的幼兒，一看到積木，就會隨手抓幾塊往上堆高。他們一心想叫老師看堆

好的東西，另外，當他們小心翼翼地堆好積木時，只要看到積木倒塌，並發出聲響，就會感到非常興奮。他們可以說是為了感受倒塌那一瞬間的快感才去堆積木的。大部份的幼兒，都是自己一個人，反覆地在玩這種單純的遊戲，但如果在同一個場地玩耍，且有其他的幼兒，因為碰倒積木而大叫，就會讓幼兒有著與之同樂的感覺。

經過多次的堆積與弄倒，幼兒已經能夠領悟到最安定的堆法了。漸漸地，可以看到幼兒堆成拱門的形狀，或是在四根柱子上搭一座橋等。因此，老師必須將積木擺在顯眼的地方，如果孩子對之產生興趣，就要讓他們能自由地隨時拿積木來玩。同時，老師也要跟大家一起玩，並從旁協助幼兒，讓他們盡情地把玩積木。

2、為組合而成的積木取名字

幼兒都很喜歡將積木往上堆高，或是排成一列。在組合的同時，他們也會為自己做的東西取名字，例如：這是大樓、這是車庫等等。在這個時期，孩子不見得有想到要做某種東西的念頭，只是對排列感到興趣。有時，幼兒也會將一塊積木當成是一種交通工具，把它拿在手上推來推去。經過反覆的玩耍，原本毫不考慮積木形狀的幼兒，也漸漸地會挑選一些大小、形狀相同，或是能夠拼湊的積木。接著，他們開始會做平面的排列，將積木鋪在地板上。幼兒在這段期，大都以個人所持有的意象為基礎，在玩屬於自己的遊戲。也希望老師能夠接受，並指導每一個幼兒的遊戲方法和積木的使用方式。

3、有目的地搭建立體物

孩子已從替自己做的東西取名字，轉變成先決定目標，再搭建積木。他們變得很常做高速公路、交通工具、扮家家酒、建大樓等，剛開始，他們都是一邊組合積木，一邊修正，以接近自己的理想，漸漸地，幼兒已經會為了目標，而去選擇適當的積木，或考慮組合的方法。在這個階段，幼

兒似乎已經會仔細地觀察週遭的事物。並將之應用到自己的遊戲裡。看到朋友做的東西，就想去模仿，甚至會很努力地力求接近對方的排列、組合的方式。

戴文青（民 88）的看法亦大同小異，其認為有四個階段：

1、認識積木

對一、兩歲的幼兒來說，剛接觸積木時，他並不會（尚未發展出此能力）搭建積木，他喜歡抱著積木走來走去，或放在口袋裡、塞到某個地方再拿出來，或弄成一堆「據為己有」！再不然就將積木搬過來、搬過去。偶而還會咬咬看！這些在大人眼中看似無聊的舉止，卻意味著孩子正在「認識」、探索這個新東西。雖然他無法說出每一種形狀的名稱，也無法理解幾何圖形的原理，但他卻能從觸摸中深刻體會每一種形狀的特色。

2、疊高、排長條

到了三歲左右，幼兒慢慢發展出建構行為。在這個階段，他們總會將積木一塊挨一塊的，排列成一長串或疊成為高塔狀。這種過程對他來說是一大挑戰，也極具吸引力，他會聚精會神地不斷重覆同樣的動作。一開始，幼兒或許不能了解或說出自己在做什麼？但在不斷觸摸、比較與實驗的過程中，幼兒會漸漸「內化」：

靠近、分開、好高、好長、短的、矮的、一個接一個之次序等概念。然後他會比較那一塊比較長（短）、比較大（小）或誰的塔比較高（矮）……等。

3、架橋、圍堵、對稱圖形

當幼兒邁入第三階段的建構行為時，他們的作品常會出現：橋狀、圍堵（用數塊積木圍出一個空間）及對稱三種型態。他們會漸漸注意（在意）積木的形狀。比如：在架橋時，得先排兩塊一樣的積木做橋柱；排列對稱

圖形時，左邊擺了什麼，右邊也一定要找到同樣的積木擺放才行。在這種區辨、尋找及比較各類形狀積木的過程中，「分類」的概念便衍生了。

4、命名

當幼兒的建構技巧越來越純熟時，他的作品便漸趨複雜且具像化。他同時也開始替自己的作品命名。而這個階段的幼兒對積木尺寸及形狀的需求，更是「挑剔」。比如：搭一個斜坡、搭一座碼頭、模仿一輛汽車……等，都有其特殊的需求。他也會開始精確地「數」積木，還差幾塊就可搭成一間房子，這裡多了幾塊……等，「量」的概念已從以前一堆一堆的粗略印象發展到一塊塊點算的階段。

六、積木區的學習目標

在了解單位積木的功能與幼兒在接觸積木時的行為特質後，老師們的重要工作就是提供一個適情適性的「積木區」，讓幼兒在堆堆疊疊中：（戴文青，民88）

(一) 盡情發揮想像與創作能力。

(二) 學習基本數概念。

(三) 提升語言表達與傾聽能力。

(四) 培養發現問題、解決問題的能力。

(五) 提升思考技巧。

(六) 學習社交技巧。

(七) 獲得感官上的滿足。

(八) 增進大小肌肉之發展。

七、積木遊戲的教學功能

（一）促進體能發展的活動

　　孩子們與單位積木的互動，促進了大小肌肉的運動發展。當孩子自架子上拿取和歸放積木時，臂膀和手會變得有力，手指的小肌肉會變得有力；建構或築塔時平衡積木的動作，提升了手眼協調的能力，在建築物或高塔裡放置小人兒和設備時，也有相同的作用。這些都是孩子在積木區經常自己做的自然活動。如果老師經由觀察孩子的互動階段時，也還有其他的方式可以讓孩子參與可促進體能發展的活動。表 3-2 就列出了一些孩子可能在 3M 階段中出現的動作。

（二）促進社會發展的活動

　　孩子在積木區需要學的社會技巧包括：接近進行中的遊戲、成為領導人或跟從領導人、輪流、告作協力地遊戲以及社會上的幫助技巧。積木區對社會技巧的自然實驗而言，是一個很好的地方。有些孩子團結在一起合力建築，有些則試著從中間接近、加入，但被拒絕了。這在學前課程是很普遍的情形，就像學前專家阮思（Ramsey）所說的：學前教室裡的互動是短暫的，所以孩子們經常必須加入新的小團體，這個過程較難達成，因為孩子已經與同伴從事一個活動時，會有拒絕新人加入以保護其互動空間的傾向（Ramsey,1991），老師不該強迫已在建築積木的孩子允許別的孩子加入，但是卻可以透過教孩子使用不同的策略，來幫助他們獲得接近的機會。根據學前教育研究家，最有效的策略包括：1.安靜地在該小組附近徘徊。2.模仿該小組的活動行為。3.發表順應小組的聲明。（Beaty,1995）

（三）促進情緒發展的活動

孩子在積木區也可以發展情緒。在建築時所歷的每一次成就，或在本區與其他孩子的活動，都會增加他們對自己無以衡量的美好感覺，亦即肯定的自我印象。此外，如果他們已從老師對他們幫忙，及支援他們克服困難的方式中學習到經驗的話，他們會學習用肯定而正面的方式來處理情緒的情況。

（四）促進認知發展的活動

長久以來，玩單位積木都與幼兒的認知發展有關。為了智能上發展，孩子必須有大小形狀、整體與部分等的經驗觀念；他們必須試驗數數兒、分類、配對和歸類；而且他們必須有預測和解決問題的經驗。玩積木給了他們這些所有的學習經驗。單位積木特別適合這些經驗，因為它們是經過細心設計的，就像數學單位裡的分數和倍數。短積半是平單位，要兩塊才能合成一個完整單位。兩個一單位長的積木合起來就變成一雙單位積木。四塊一單位長的積木疊起來就是一塊四單位積木。

（五）促進語言發展的活動

在積木區裡，不管您是否刻意去進提升，語言的發展都會發生。當孩子們一起建築時，他們便會一起說話。聽聽看他們在說什麼，您會暸解他們的社會角色是領導者或是被領導者，您會暸解他們對於大小、形狀和數字的認知觀念，您當然也會暸解他們如何操縱語言。他們會說較複雜的句子嗎？他們用正確的字序發問嗎？他們使用新字眼如「拱門」、「四倍」、「摩天樓」嗎？哪些孩子在講話？哪些孩子只是一直當聽眾？

（六）促進創造力發展的活動

積木區對創造力的發展是一個很好的地方，因為在這裡的教材並未設限而且垂手可得，可以讓孩子盡情使用。您在積木區最好的涉入策略，事實上就是——不要干涉！讓孩子自己建構。那麼，先前提到的活動呢？您可能會懷疑。老師主導啟蒙的活動應該是備用的，例如：在戶外教學之後使用先前所提到的活動，可達更進一步的效果，或是在其他遊戲結束時進行，特別是在收拾的時間。（貝爾悌，民88）

八、積木角的空間設計

積木區的設計，看似簡單，但若不注意一些細節，將無法讓積木直接和幼兒「說話」，而影響學習品質。以下提供幾點規劃原則，讓老師們作參考：

（一）寬廣的場地，且採開放空間的設計

讓幼兒在建構積木時能「暢所欲為」，同時也「歡迎」幼兒隨時加入活動。這樣空間設計，也可作為其他用途，如：團體時間、唱遊律動或午休用。過小的空間容易使幼兒因爭奪活動空間，相互碰撞而引起肢體衝突。

（二）沒有任何桌椅

桌椅的存在會強烈地暗示幼兒：「請你坐下，不要在地上亂玩」，且無形中也限制了幼兒與人、與物接觸的機率。因此，在積木櫃旁擺桌椅，容易混淆幼兒的感覺，是該玩還是不該玩？即使是玩了，也會覺得處處受限，壓抑幼兒的想像與創作空間。

（三）遠離交通要道

如：教室中央或門口，以免行經之人踩到或碰倒搭建好的作品，而引起不必要的爭端。

（四）避免和安靜區域相鄰

如：語文區、益智區等，以免吵雜聲干擾其活動。

（五）鋪設地毯

以免幼兒在搬運或推倒積木時，產生過大的聲響而干擾其他區域活動的進行。

（六）標示清晰

利用書面紙，描繪各式積木形狀後貼在各層方格內，並以寬膠帶保護之。這樣的設計，能讓幼兒能一目了然地知道他有那些建構「原料」，且在收拾時亦能立即物歸原處，養成劣兒獨立的能力。混亂的環境陳設容易暗示幼兒：破壞性行為是被允許的。如雜亂成堆的積木不但使幼兒在找尋積木時，易生挫折感而失了玩興，他們也很容易順手就將積木全部掃落地面或亂扔亂丟。因為環境告訴他們：反正本來就是一團糟，大人就是這樣擺的！而不知惜物恐怕混亂環境所造成的最壞的結果。

（七）提供配件

視幼兒發展需要，提供人偶、動物偶、鐵軌、火車、汽車、房舍模型等配件以豐富幼兒的活動內容。這些配件可以用塑膠籃盛起，並貼上標示。

（八）標示界線

櫃子前最好用膠帶貼出一條橫線，「告訴」幼兒在線外搭建積木，以免幼兒常常拿了積木就在櫃邊搭玩，造成其他人取拿積木的不便。

（九）積木櫃宜採用多層多格形式

以便各種積木能分門別類存放。積木櫃高度以 100~120 公分高度為宜，以免幼兒使用不便。

（十）選購積木時應以實心林材（櫸木、橡木）為上選

軟木材質容易凹損斷裂。各種積木間尺寸比例的裁切準確性尤應注意，一套裁切不確實的積木，其功能將失大半。

（十一）避免潮溼環境

積木堅固耐用，也是昂貴的教具，若能妥善保存的話應可使用十年以上，所以應避免接觸潮溼地面或以水清洗之。（戴文青，民 88）

（十二）列舉一些積木角的使用規則

1、限制同一時間內的使用人數。
2、不可以破壞別人的積木作品。
3、不可以胡亂丟擲積木。
4、積木的搭建高度，不可以超過自己的身高。（有些老師不擔心這一點，允許幼兒站在椅子上，以便搭得更高）（陳竹華譯、民 75）

九、積木角設計例子

(一) 積木角和圖書角為鄰，玩積木的聲響會打擾看書的幼兒。

(二) 積木架前就是桌子，那麼，幼兒該在那裡搭積木呢？

(三) 積木角靠近門口，是進出教室必經之路，積木活動會經常受到干擾和無心的破壞，而使幼兒覺得掃興或不高興。

(四) 如果積木角太小，幼兒必須緊挨著搭積木，容易引起爭執和衝突。

(五) 遵守四部和四要原則：

以下四個實例說明了佈置積木角的「四不」原則：

　　1、不要把積木角設在與安靜區相鄰的地方。

　　2、積木角內不要放置桌椅。

　　3、不要把積木角設在通道上。

　　4、積木角的活動面積不宜太小。

下面幾個例子說明了設置積木角的「四要」原則：

　　1、以矮櫃或架子隔出積木角，可將其他活動屏檔於外，以防止幼兒分心。並且最好讓積木角緊鄰裝扮角（娃娃家），一方面可以鼓勵積木遊戲中的裝扮活動，另一方面也可以把兩個較吵鬧的學習角落安排在一起。

　　2、在地上鋪一張地毯（避免使用長毛地毯），使幼兒坐上去覺得舒服，更可以消除一些聲響。

　　3、在積木架前約一步寬的距離貼一條膠布，表明膠布和積木架之間是不可以搭積木的。如此，可以避免幼兒在取積木時碰倒積木作品。

　　4、如果沒有地毯，或架子不夠，不能用上述方法畫分出積木角時，可以在積木角的邊界貼上膠布，表明積木角的範圍。（陳竹華譯、民75）

十、如何展開積木活動

（一）製造一個能玩得盡興的環境

　　為了使幼兒能充分地利用積木並展開活動，在他們對遊戲生出興趣前，就必須提供一個可以讓他們隨時啟動的環境。配合幼兒的年齡與成熟度，將適合他們的積木擺在看得到、拿得到的地方也是很重要的。如果將一樣的積木擺在固定的地方，或是遊戲的場所始終不變，就會有幼兒老是在玩一樣的遊戲。所以，有時不妨將積木搬到戶外，或是陽台，這麼一來，反而可以引起他們新的興趣與行動。

　　孩子在玩積木時，通常都必須要玩很多次，或持續一段時間，才能看得出發展。因此，充分的遊戲時間也是非常重要的。

（二）盡量滿足每一個幼兒對遊戲的需求

　　大人在看到幼兒不做什麼，只顧著堆一堆、排一排積木時，往往會忍不住要他們堆點像樣的東西，於是，幼兒的興趣遭到破壞，在大人的過高要求下，幼兒很可能就不想再玩下去。大人必須要了解，目前每一個幼兒最感興趣的是什麼？並幫助他們獲得此一方面的經驗。為了達到這個目標，老師必須要具有解讀幼兒發展，與幼兒內心的慧眼。

（三）依個人差異進行指導

　　孩子們對積木遊戲的喜好方式，自然是因人而異。大體來說，男孩子較女孩子喜歡玩組合遊戲，而個性內向、屬於思考型的幼兒，就比較不會參加此項活動。有的幼兒喜歡自己一個人玩積木；有的幼兒則完全不感興趣。

　　老師要一方面配合幼兒其他活動的情形，一方面引導他們漸漸地將興趣轉移到積木遊戲。如果孩子能夠很快樂地進行各種活動，人際關係也能

有所擴展，自然接觸積木的機會也會增多，並因而對之產生興趣。此外，老師也必須準備各種積木，以促使幼兒對積木產生興趣。

（四）告知安全的使用方法

積木原本是一種很安全的玩具，但是如果使用不當，還是有可能會造成危險。

例如坐在不穩的積木上，孩子有可能會連積木一起掉下來；或是把積木堆得過高，以至於掉下來的積木敲到身體；此外，如果幼兒在積木附近奔跑，一不小心跌倒很有可能就會因為撞到積木的角而造成意外。為了不破壞快樂的氣氛，因時因地，都要讓幼兒曉得安全的用法。（王真瑤譯，民 86）

十一、設立積木區老師們常遭遇的問題

（一）沒人來！

幼兒不進入積木區玩的原因非常多，如：不熟悉、陌生感、幼兒間的相互影響……等。只要老師確定不是因布置不當而引起的情況下，或許可試試兩種技巧：(1)自己先坐到積木區，靜靜地把玩，不需多久就會引來一群人跟進；(2)在地上隨意搭建一個未完成的作品。根據完形心理學（gestalt psychology）的論點；人對不完整或未完成的事物，總有一股衝動，要將之完成。因此，當幼兒看到地上的作品，或許會好奇、多事地繼續搭建。當然這其中最重要的就是老師本身的態度，一個不喜歡積木的老師是不可能誘導幼兒探索這類玩具的。

（二）應該擺多少積木？

這得視幼兒的發展能力、是否有接觸過積木、以及學期作息狀況而定。對二至三歲的或剛接觸積木的幼兒而言，正處於探索階段，過多的刺激（太多的選擇機會），往往會使他們不知所措，而產生挫折感或破壞性行為。因此，一開始，積木的形狀不要過多（8~10 種即可），且最好是基本形狀，如：長方形、正方形等。數量方面可視積木區所要容納的人數而定（每人約需 30~50 塊）。另外，開學之初，幼兒情緒較易浮躁，也不宜提供過多的刺激。

（三）兩個幼兒爭執一塊積木的事情

雖立下規矩，因此有時候，還是會發生需要老師出面解決紛爭的情形。比如說，即使您已用盡了「減少紛爭」的方法，有時候，您還是需要處理兩個幼兒爭執一塊積木的事情啊！既然紛爭是不可避免的，那麼要如何和幼兒「一起」解決紛爭呢？

1、先認清幼兒內心的感受。

2、和幼兒講道理。（為什麼他不可以這樣做？）

3、幫助幼兒發展解決問題的技能。

4、教導幼兒以「語言」代替「能力」。

5、仔細聽取旁觀者提供的客觀性資料。（陳竹華譯、民 75）

（四）男生或大孩子獨占的局面

老師若長期觀察幼兒在積木區的互動行為便會發現，開學過後不久，積木區便成為男生的天下，而在混齡的教室裡，更是大男生專利區。女生或小班的幼兒一旦進入，沒幾分鐘便被趕出來，或覺得無趣而自動退出。面對幼兒這種「幫派」似的群性行為，老師有時是無法介入，也無可奈何

的。但若任期無限地發展的話，也將剝奪女生或弱小幼兒的「權益」。因此，老師需視狀況，嘗試用下列方式「介入」之：

1、直接帶女生或小班幼兒進入積木區，和其一起搭建，或者扮演「牽線者」，伺機引導他們加入男生或大孩子的遊戲。

2、利用分享時間，多讓女生及小班幼兒談論他們的作品。

3、設定「女生使用日」或「小班使用日」。老師若覺得各種方式用盡都無效後，可在一星期中選定一兩天，限定男生或大孩子不得進入積木區，讓「弱小族群」得以有接觸積木的機會，待情況好轉後，再取消之。

（五）收拾

積木區由於空間寬廣、且積木量大，在收拾上的確較其他區域費時費力，因此，常被老師視為頭疼區域，甚至將這種心態「傳染」給幼兒，一到收拾時間，便做「鳥獸散」，無人收拾。最後演變為：老師眼見幼兒不願收拾，便限制幼兒的使用時間或使用量，甚至「關閉」積木區。其實，這種惡性循環的結果，皆緣於老師本身錯誤的心態與管理不當。其實只要積木櫃上貼有清楚的標誌，收拾時間一到，老師便可和幼兒玩「分類配對」遊戲：請（要求）每一個在場的幼兒收拾一兩種積木。而老師自己也要加入收拾，除了示範收拾技巧外，還可視狀況「煽火」，添加收拾樂趣與效率。例如：老師可說：「哎呀，正方形的積木快收完了，長方形的好像……」「咦，這裡有好多動物，還沒回家哩！」孩子們通常是喜歡相互競爭，也極富同情心，更喜歡幫老師做事。老師只要善加「利用」幼兒的特質，任何繁瑣的收拾工作，皆可變為有趣的遊戲。（戴文青，民 88）

十二、積木遊戲的指導重點

（一）我們應該擺出多少積木？

　　積木角的基本教具是自然是單位積木，可是您還是要考慮究竟該擺出多少積木，不必把所有的積木同時擺出來。

　　1、對初次接觸積木的幼兒，太多的選擇機會反而會使他們不知所措。

　　2、新形狀的積木可以是幼兒活動需要，適時引進。

　　3、引進新形狀，可以激發幼兒新的搭建構想。

　　4、如果積木形狀種類少，但塊數多，可以減少幼兒間的紛爭。

（二）幼兒彼此不能分享積木的時候，我們應該怎麼做？

　　由於幼兒年紀很小，沒有團體生活經驗，加上學期剛開始，幼兒還沒有學習到在新環境中信任別人，因此不妨嘗試下列的方法：

　　1、積木的形狀不要過多，每種形狀的塊數增加一些。在學習中再漸次引入新形狀。

　　2、每一種輔助玩具都準備雙份以上。

　　3、限制積木角每次使用的人數。

　　4、安排每人使用的時間，輪流使用。

（三）如何限制人數及安排使用時間？

　　老師可以在每個學習角落旁做一個「告示欄」，標明有多少幼兒可以同時在某一個角落活動。這樣不但可以鼓勵幼兒在選擇遊戲活動時，先看一下有沒有活動空間，也同時告訴幼兒在做選擇之前，應有「周密」的考慮。

　　告示欄本身可以用三夾板來做。在上面貼一張圖畫或照片來表示每個學習角落的功能。如果積木角的空間和玩具，一次只能容許四個幼兒活動

的話，便在告示欄上釘上四個掛鉤或做四個小袋子。在其他學習角落也是一樣。

做好告示欄後，發給每個幼兒一張小卡片。卡片上可以貼上他自己的照片，或畫上自己喜歡的圖型符號，最後用大透明膠紙封上、貼好，再上面打一個圓洞。這樣，每一個人都擁有一張代表自己的「識別證」了，這會有助於幼兒發展良好的自我概念。因為幼兒可以由此學習辨別自己和別人的代表符號或照片。這些符號可能是一個杯子、一棵數或一個△……等等。學習辨認這些象徵符號，也等於是培養幼兒的認知能力。告示欄的優點在於：

1、幼兒可以不用問老師，就看得出有沒有空位。

2、每個學習角落活動的人數控制後，幼兒彼此間的衝突次數自然會減少。

3、幼兒在選擇遊戲活動時會考慮得比較多，也比較會在同一個學習角落內待久一些。他們會開始學習「計畫」自己的時間分配。有了告示欄後，你會發現，幼兒在教室裡亂跑的情形也減少了。

（四）如何幫助幼兒學習分享玩具？

當孩子用積木組合成一樣東西時，他們邊做邊玩，並在他們的腦海裡，將過程內化為大家共同的想法，也因此，下一次再玩時，他們能夠很順利地展開。但要一起玩組合好了的東西，就沒有那麼容易了，因為，多數人一起玩積木，其實很難取得共識。因此，多數人一起玩積木，其實很難取得共識。因此，老師對於一些想要藉堆好的東西繼續玩耍的幼兒，必須要幫助他們，讓他們儘可能地勾勒出遊戲的藍圖。（王真瑤譯，民86）

十三、教師在積木區所扮演的角色

單位積木既蘊涵豐富的教育價值，但當幼兒進入積木區後，許多問題也隨之而來，如何在不干擾幼兒遊戲進行的情況下，誘導幼兒發軔語言與思考能力，老師除了繼續扮演環境規畫者角色外，更需積極地扮演觀察、誘導及仲介者等多重角色，如此才能發揮積木區的本質。

（一）誘導幼兒到積木角玩

有些幼兒一到自由活動時間，就直奔積木角；有些幼兒從來不玩積木。您認為為什麼有的幼兒不喜歡積木？其原因很多，可能是：

1、有些幼兒害怕嘗試新活動。

2、幼兒不知道怎麼玩。

3、害怕做錯。

4、有的幼兒害怕積木角的聲響。

5、太忙於做其他活動。

6、有的女孩以為只有男孩才能玩積木。

假設有一個幼兒很害羞，或不願到積木角去玩，身為老師的您在這種情況下，該怎麼辦？這裡有一個例子，告訴我們如何誘導幼兒到積木角去玩。

老師說：「我要去玩積木，你跟我一起去，好嗎？」

到了積木角，老師先拿一塊積木，說：「我把這塊積木放在這裡。」說著，老師便和幼兒席地並坐。

老師又拿一塊積木說：「我要把這塊擺在剛剛那邊。」

然後，老師一連擺了五塊，很高興地說：「你看！我拼成一塊地板了！」

隨後，老師徵求幼兒的意見：「你想，下一塊放那裡好呢？」（陳竹華譯，民75）

（二）幫助幼兒將自己的積木作品「語言化」及「概念化」

幼兒在堆疊積木中，自會發現或體會一些數理關係，但是他們卻無法自行用專有術語描述之，或有系統的將之概念化。而有時，幼兒甚至是不了解自己的搭建作品所代表的意義。因此，老師必須時時「隨機應變」；先觀察幼兒的搭建行為及成品，然後藉由描述、建議或討論其作品的方式，幫助幼兒將自己的行為作品「語言化」及「概念化」，進而培養發現問題、解決問題的能力。

例如，老師可以說：「哇！你用了好多三角形和正方形的積木，你要不要數數看一共有幾塊三角形和幾塊正方形？」

「你左邊和右邊所排的積木都一模一樣耶！」

「你要弄一個圓的東西呀？可是沒有圓的積木耶，怎麼辦呢？那些積木湊起來可以變成圓的？」

「火車要開進山洞了，可是這裡沒有山洞啊？山洞要怎麼搭呢？」

老師需切記的是在和幼兒討論或描述其作品時，應避免用下列的詞句，例如：

「哇！你搭的好棒！」、「你搭的好漂亮！」、「你搭的是什麼東西？」、「你搭的是火車吧！」類似這些「可愛」且又直接了當的問話方式，常會予人空洞的感覺，並不能讓幼兒覺得你真的關心或了解他的作品。而更不好的結果是，這些話語都是屬於「單向溝通」模式；常在一個問題，一個答案，甚至是不用回答的情況下，就終止對話，絲毫不能幫助幼兒成長。老師應就幼兒搭建作品所使用的：積木量、形狀、特點、搭建方式和過程、新技巧的運用等，和幼兒做雙向溝通，如此才能讓幼兒感受你真的重視他的作品，進而讓他仔細研究自己的作品，而幼兒的語言與思考能力，也就是在這樣的師生互動中，得到潛移默化。（戴文青，民88）

（三）教師要營造氣氛，刺激幼兒挑戰新技巧

　　一般而言，幼兒搭建積木的技巧會隨著年齡增長，或經由觀察模仿，而得以精進，但在某些情況下（如：缺乏環境刺激、缺乏耐心等），還是會有許多孩子常停在某一能力階段上原地打轉，或者無法突破一些架構技巧而放棄之。面對這樣的孩子時，老師不妨試著用下列方法，加以引導：在積木區四周張貼一些積木搭建作品之大張圖片，營造氣氛，刺激幼兒向它「挑戰」！若有幼兒連續三、四星期，一直重覆搭建同一作品形式，或在同一技巧上打轉時，老師可在其身旁「不聲不響」地，搭建難度較高的作品，讓他「意外」發現後模仿之。或者，直接建議他、邀請他一起搭建，然後「趁機」示範其新的搭建技巧。

　　當幼兒搭建失敗而氣餒時，老師的精神鼓勵與協助常有事半功倍之效。例如：老師可以說：「這高速公路好像不太好搭！我們來看看什麼地方有問題！」「大概是你底下這些積木太小了，所以才會倒下來，你要不要換大的積木再試試看？」（戴文青，民88）

（四）引發女孩對積木遊戲的興趣

　　在許多教室裡，積木角幾乎看不到女孩的踪影。有些女孩兩、三歲時會去玩積木，可是年紀稍大後，卻以為積木是男孩的玩意兒，而不再碰積木了。為什麼呢？在許多教室中，男孩常把積木角佔為己有，他們用言語和行動向女孩表示，女孩這裡不受歡迎。女孩們常常在教室裡或其他地方得到「暗示」，以為建築是男孩的事，這也是女孩覺得自己不屬於積木角的原因之一。

　　女孩去積木角的機率小，玩積木的經驗自然也少，因此，女孩和同年齡的男孩比起來，玩積木的階段總是較落後。一般老師們提出的方法有：

　　1、老師帶著女孩到積木角去，讓她覺得在那裡很愉快自在。

2、支持女孩，鼓勵女孩玩積木。例如當有男孩說：「她搭的東西好好笑喔！女生根本不會搭積木嘛！」您可以回答說：「每一個人都可以搭自己喜歡的東西啊！大家做的當然不一樣啊！」

3、您一定要讓幼兒明白，您重視「所有的」積木作品，不只是那些看起來像真實建築物的。

4、替女孩的積木作品拍照，展示出來。

5、利用說故事時間，講講關於女性建築師的故事。（陳竹華譯、民75）

（五）與幼兒做具體的對話

如上述和幼兒談他的積木作品時，應該儘量避免使用諸如「好棒」「了不起」「真好」「真可愛」之類的字眼或直截了當的問話方式，甚至自己給幼兒的作品取名字。

那麼，我們應該要說什麼？您可以敘述您所看到的，告訴幼兒，您注意到他

1、使用了哪些積木。

2、積木的擺設位置。

3、用了多少積木。

4、所用的積木是不是同一型式。

5、您喜歡這個積木作品的哪些特點。

6、這些積木是如何連接的。

7、這些積木是如何平衡的。（陳竹華譯、民75）

（六）與缺乏自信的孩子互動

當老師經由觀察而暸解孩子個別的發展和社會階段之後，他們可以為這些孩子做計畫。大部分的孩子在沒有大人干預之下，都可以把積木建築

得很好，然而，對於某些尚未產生參與感的孩子，也許是因為他們還不知道該怎麼玩，這時候，老師可以決定介入。

把他們安排在積木區當觀察員是一個有效的技巧，可以誘導孩子逐漸進入這個區域。幼童常會選擇在老師所捏定的區域活動。因為他們要老師的注意，如果他們不來，老師可以邀請他們來;如果他們拒絕，老師也不應該給這樣的孩子壓力，因為他們可能還沒有準備好。老師可以讀先前提過的建築書籍給積木區的個別孩子聽，老師最後會暸解哪些孩子在最初就可以完全放任他們自己去玩。

但對於經由老師的邀請才進積木區的孩子而言，老師開始從架子把積木拿下來，建築自己的作品。她甚至可以開始建造一個簡單的結構。把自己當成建造積木的示範角色，可能是促使一些被動的孩子開始動手的唯一要素。另一方面，一個害羞或缺乏自信的孩子可能需要直接的處理方式。「拉比，您甘在架子上找到另外一塊像這塊一樣的積木嗎？對了，就是那種，它叫一單位積木，您能不能把那塊積木放在這個建築物上？放在您想放的地方。很好，謝謝，我們還需要一些和那塊一樣的單位積木。」一旦孩子開始自己參與之後，老師便可以毫不受阻地自該活動引退。（貝爾悌，民 88）

十四、結語

孩子喜歡玩積木，喜歡木頭平滑的感覺，他們喜歡聽您在堆積木時發出的「匡噹聲」，他們尤其樂於自行創建無數的建築物，老師不需要告訴他們該做什麼或怎麼做，在積木的世界裡是沒有所謂的對錯的。

積木遊戲中常看到的現象是，當兒童建構好之後，先做好的人會帶著自己的作品進行想像遊戲，或找幾個好朋友一起進行團體性的遊戲，但我們發現他們創作的目的，不單只為了創作這個動機而已，從他們創作之後

進行的活動我們可以看出：兒童建構積木不僅為了用積木作一個物體，而是為了拿做出來的物體，去進行想像扮演的遊戲，亦即兒童建構玩具的目的，其實是藉由玩具當媒介，讓自己能很順利的進入想像情節。（馬嘉鴻，民93）

　　既然堆建積木有助於孩子在身體、認知、語言、社會、情緒以及創造性領域的發展。孩子也從握取、堆放和平衡積木中學習身體的技巧，從分享和合作中學到社會的技巧，他們的語言也透過對別人講話、聽別人說話而豐富了，他們的創造力也因能建築自己設計的驚人構造而增強了。這個活動的一切助長了讓他們肯定自己是受尊敬的人。至於他們在認知方面的發展，幾乎每一種智商的技巧，從分類、數數兒到問題的解決，孩子在經由知識豐富的老師所安排的積木區都可以獲得。（貝爾悌，民88）

　　也因為孩子可以自己進行，不需要老師的幫助或干預，它是一個一經安排好就可以不再費心的教室活動區。玩單位積木的益處超乎我們所預想的。孩子玩積木時，即在自我建構知識的關鍵，孩子可以在積木區裡以其他學習活動少有的方式，完成他們自己每一面的成長和發展。（貝爾悌，民88）

　　基於同一個理由，老師也應該喜歡積木，因為孩子喜歡。具創造力的老師在有效地滿足每個孩子的需求下，應學會提供適合的附屬品安排積木區，敏銳的觀察孩子怎麼玩積木、堆積木，知道如何重新安排並增加這個課程區，讓此快樂的學習花朵每天都在綻開。

參考書目

王真瑤譯（民 86）：積木──遊戲與活動計畫。台北：成長文教基金會。

馬嘉鴻（民 93）：學前幼兒在積木角中打鬧遊戲歷程之研究───一位幼稚園老師的教學反思。台北市立師範學院國民教育研究所碩士論文。

陳竹華譯（民 75）：積木角的設計與使用。台北：信誼基金會。

戴文青（民 88）：學習環境的規劃與應用。台北：心理出版社。

貝爾悌（Beaty, Janice J.）（民 88）：學齡前兒童的適切實作。台北：／桂冠。

張子方譯（民 76）：小腦中的世界。台北：允晨文化。

Beaty, J.J.（1995）.Converting conflicts in preschool. Fort Worth, TX：Harcourt Brace.

Remsey, P.B.（1991）.Making friends in school：Promoting peer relationships in early childhood. New York：Teachers College Press.

國家圖書館出版品預行編目

幼稚教育的理論與實務研究 / 黃文樹編. --
　　一版. -- 臺北市：秀威資訊科技，2007.10
　　　冊 ； 公分. -- (社會科學類 ; AF0071 , AF0072)
　　ISBN 978-986-6732-35-5 (第 1 冊 : 平裝). --
　　ISBN 978-986-6732-36-2 (第 2 冊 : 平裝)

1.幼兒教育 2.初等教育理論 3.文集

523.2107　　　　　　　　　　　　96021639

 社會科學類　AF0072

幼稚教育的理論與實務研究（二）

作　　者 / 黃文樹
發 行 人 / 宋政坤
執行編輯 / 賴敬暉
圖文排版 / 黃莉珊
封面設計 / 蔣緒慧
數位轉譯 / 徐真玉　沈裕閔
圖書銷售 / 林怡君
法律顧問 / 毛國樑　律師
出版印製 / 秀威資訊科技股份有限公司
　　　　　 台北市內湖區瑞光路 583 巷 25 號 1 樓
　　　　　 電話：02-2657-9211　　　傳真：02-2657-9106
　　　　　 E-mail：service@showwe.com.tw
經 銷 商 / 紅螞蟻圖書有限公司
　　　　　 台北市內湖區舊宗路二段 121 巷 28、32 號 4 樓
　　　　　 電話：02-2795-3656　　　傳真：02-2795-4100
　　　　　 http://www.e-redant.com

2007 年 11 月 BOD 一版
定價：360 元

讀 者 回 函 卡

感謝您購買本書，為提升服務品質，煩請填寫以下問卷，收到您的寶貴意見後，我們會仔細收藏記錄並回贈紀念品，謝謝！

1.您購買的書名：_____

2.您從何得知本書的消息？

　　□網路書店　　□部落格　　□資料庫搜尋　　□書訊　　□電子報　　□書店

　　□平面媒體　　□　朋友推薦　　□網站推薦　□其他_____

3.您對本書的評價：(請填代號　1.非常滿意 2.滿意 3.尚可 4.再改進)

　　封面設計_____　版面編排_____　內容_____　文/譯筆_____　價格_____

4.讀完書後您覺得：

　　□很有收獲　　□有收獲　　□收獲不多　　□沒收獲

5.您會推薦本書給朋友嗎？

　　□會　□不會，為什麼？_____

6.其他寶貴的意見：_____

_____

_____

_____

讀者基本資料

姓名：_____　年齡：_____　性別：□女 □男

聯絡電話：_____　E-mail：_____

地址：_____

學歷：□高中(含)以下　　□高中　　□專科學校　　□大學

　　　□研究所(含)以上 □其他_____

職業：□製造業 □金融業 □資訊業 □軍警 □傳播業 □自由業

　　　□服務業 □公務員 □教職　□學生 □其他_____

To：114

台北市內湖區瑞光路 583 巷 25 號 1 樓

秀威資訊科技股份有限公司　　　收

寄件人姓名：

寄件人地址：□□□

(請沿線對摺寄回,謝謝!)

秀威與 BOD

BOD（Books On Demand）是數位出版的大趨勢，秀威資訊率先運用 POD 數位印刷設備來生產書籍，並提供作者全程數位出版服務，致使書籍產銷零庫存，知識傳承不絕版，目前已開闢以下書系：

一、BOD 學術著作—專業論述的閱讀延伸
二、BOD 個人著作—分享生命的心路歷程
三、BOD 旅遊著作—個人深度旅遊文學創作
四、BOD 大陸學者—大陸專業學者學術出版
五、POD 獨家經銷—數位產製的代發行書籍

BOD 秀威網路書店：www.showwe.com.tw
政府出版品網路書店：www.govbooks.com.tw

　　永不絕版的故事・自己寫・永不休止的音符・自己唱